U0661366

高级旅游经济学
进阶二十讲

杨 勇 著

上海交通大学出版社
SHANGHAI JIAO TONG UNIVERSITY PRESS

内容提要

本书使用主流和专业化的经济学分析方法和工具,结合管理学、旅游学、地理学等多学科的知识,深入探究和分析旅游经济现象,充分体现了经济学在旅游研究中的具体应用。全书包括五篇二十个专题章节,主要包括旅游经济学的基本问题、旅游需求、旅游资源、旅游产业、旅游聚集、旅游业发展效率等相关研究领域,内容涉及旅游学的学科现状及旅游经济学的发展演变、社会收入和收入来源对旅游需求的影响、旅游方式、旅游资源与文化、公共地悲剧及公共地陷阱、旅游产业的内容及发展路径、旅游产业聚集的机制和效应、旅游产业聚集密度、以及旅游业效率等具体内容。各章内容均遵循规范的经济学研究框架,不仅自成体系,而且具有较强的理论性和应用性和系统性。

本书可作为普通高等院校旅游管理专业博士生、硕士生和本科生的教科书,也可作为旅游科研和管理人员的培训及参考教材。读者对象包括旅游产业研究领域的专家学者、企业界运营者和政府决策、咨询管理者,对其他对旅游研究有兴趣的读者也有一定的参考价值。

图书在版编目(CIP)数据

高级旅游经济学进阶二十讲/ 杨勇著.—上海:
上海交通大学出版社,2018(2020 重印)
ISBN 978-7-313-18618-8

Ⅰ.①高… Ⅱ.①杨… Ⅲ.①旅游经济学-高等学校
-教材 Ⅳ.①F590

中国版本图书馆 CIP 数据核字(2017)第 323659 号

高级旅游经济学进阶二十讲

著　　者：杨　勇
出版发行：上海交通大学出版社　　　　　　　地　　址：上海市番禺路 951 号
邮政编码：200030　　　　　　　　　　　　　电　　话：021-64071208
印　　制：上海万卷印刷有限公司　　　　　　经　　销：全国新华书店
开　　本：787 mm×1092 mm　1/16　　　　　印　　张：17.25
字　　数：340 千字
版　　次：2018 年 2 月第 1 版　　　　　　　印　　次：2020 年 7 月第 2 次印刷
书　　号：ISBN 978-7-313-18618-8
定　　价：65.00 元

版权所有　侵权必究
告读者：如发现本书有印装质量问题请与印刷厂质量科联系
联系电话：021-56928178

旅游经济学研究—怎么学，做么做？

经济学代表了一种研究经济行为和现象的分析方法或框架。要做好旅游经济学研究，研究者必须真正深入研究旅游现象的特点和事实，从现象背后归纳、抽象出能够解释旅游实际问题的理论。经济学分析框架是被研究者广泛接受的研究和分析范式，一般由视角、参照系和分析工具等部分组成。在实证研究过程中，上述范式体现为模型、数据和变量等维度。鉴于经济学理论在旅游情境中的适用性限制，在使用有关经济学理论和经济学方法进行旅游研究时，需要保持必要的谨慎，紧密结合旅游业具体实际进行创新，以不断推进旅游经济学的发展。

一、旅游经济学研究的定位

经济学代表了一种研究经济行为和现象的分析方法或框架。近年来，不时看到有人声称进行旅游经济学研究。但是，一些所谓的旅游经济学研究往往只给出了观点。既没有明确的前提假设条件和分析框架，也没有逻辑推理和严格证明；既拿不出周密可靠的数据做依据，也没引用基本的经济理论，随随便便就得出了自己的结论，并将所谓"自己创新的观点"的作用无限放大。也经常有研究者对旅游经济学进行批判，但这些研究者的大多数议论，都没有建立在经济学分析问题的方法上，有的甚至完全凭自己的主观臆断，也没有弄清经济学的基本分析框架和研究方法。

还有研究者用旅游问题的特殊性质疑，甚至否定经济学在旅游领域中的应用。他们认为经济学的分析框架和研究方法考虑的变量及因素过于狭隘，不能用来分析旅游情境中的复杂因素。实际上，"理论研究和学术研究并不是为了直接产生政策影响，但是它会帮助我们理清思路，建立框架，聚焦问题。这对我们想清楚问题,避免陷入误区,十分关键。……学术研究是为了揭示基本道理,而政策研究是为了解决实际问题。有的人对解决问题非常热衷,也很急切。但是,在基本道理没有搞清楚的情况下,忙于解决问题往往就会出错。急功近利会因小失大,取近失远。所以,在这种环境下,我们要更加重视学术研究。"①

此外,由于经济学存在各式各样的理论,不少理论还用到了较为复杂的数学知识。这些让不少人感到经济学的基本分析框架和研究方法难以把握,从而对经济学及其分析框架在旅游研究中的适用性持怀疑、批判、甚至否定的态度。这些观点和言论,不仅误导了旅游经济学研究的方向,而且使研究者迷失了学习旅游经济学的正确方向——特别是对经济学和旅游经济学不太了解的人,甚至使研究者对旅游经济学研究采取轻视、忽视,甚至是抵触的态度。

任何经济学的结论都是有条件的结论,而不是放之四海而皆准的绝对真理。一方面,如果想从经济学角度研究某个旅游问题或现象,或希望给出一个新的理论,让它具有较强的解释旅游行为和旅游现象的能力,能够指导现实旅游问题,那么,就要严格依据经济学分析原理和框架,采用特定的分析工具或方法,进行严谨的理论推导和论证。另一方面,对于做旅游经济学研究的人来说,研究者可以根据旅游情境,对经济学理论进行借鉴、修正、改进,可能会得到非常不同,甚至是重大的结果,这也是规范的旅游经济学研究的第一步。

因此,如果要推广和改进原有的经济学理论结果,需要分析原有的关于经济环境、行为假设及模型结构是否符合现实,是否能够结合旅游的特点放宽前提假设条件,得出新的或者更一般的结果。比如,作为评价经济发展水平和效率的重要指标,劳动生产率是解析区域经济差距和均衡发展的关键视角,受到学术界和管理者的广泛关注。凡登效应(Verdoorn effect)是这一研究领域中的代表性成果之一,研究者也在区域层面上得出了中国省域经济运行显著地受凡登效应支配的结论,揭示了服务经济活动密集度与劳动生产率间凡登效应的存在。那么,旅游业发展中是否也存在凡登效应呢? 据此,需要结合旅游业特点建立区域旅游业活动密度与旅游企业劳动生产率之间的关系模型,分析我国旅游企业劳动生产率增长中的旅游业密度效应,验证凡登效应在中国旅游业发展过程中的适用性,以及我国旅游企业劳动生产率增长过程中的行业自身动态循环累积机制的存在,为地区间旅游企业劳动生产率的差异提供新的解释视角②。

实际上,如果要真正领悟经济学分析原理,并融会贯通于旅游研究中,却不是一件容

① 钱颖一. 理解经济学研究[J]. 经济学报,2017,(1): 1-12.
② 详请参阅杨勇. 集聚密度、多样性和旅游企业劳动生产率——兼对产业聚集理论观点的拓展研究[J]. 财贸经济,2015,36(2): 148-160.

易的事。近些年，旅游经济学研究正逐步朝着规范化与科学化的方向发展。尤其是，越来越多的年轻一代经济学者，积极运用经济学的理论框架和实证方法，来研究旅游发展中的各种问题。不过，许多想做旅游经济学研究的人，尽管他们对旅游已经有了相当的了解，读了许多旅游的论文，但是，仍然感到自己做起研究来很难，不知道怎么做研究，或做不出让别人认可和有意义的研究工作。

二、要学会提出学术问题

要做好旅游经济学研究，研究者必须真正深入研究旅游现象的特点和事实。了解旅游现象，从现象背后归纳、抽象出能够解释旅游实际问题的理论。任何一个旅游现象都可以从不同角度来观察，解释一个旅游现象也就会有许多不同理论，这些理论中有些是竞争的，有些则是互补的。

经济学分析框架和研究方法，具有非常的普遍性、高度的规范性和逻辑的一致性，经济学许多分析方法和理论，已被延伸到政治学、社会学、人文学科等学科，广泛用于研究其他领域的社会现象和人类决策行为。同样，经济学分析原理也可用来研究特定地区在特定时间内的旅游行为和现象。了解经济学及其研究方法和分析问题的方法，有利于更好地思考旅游领域的现象。

(一) 从现实问题提炼出学术问题

对旅游现象进行研究的第一步，需要从现实问题或现象中，提炼出"学术问题"。做旅游学术研究时一定要分清楚什么是现实问题，什么是学术问题。不少研究者经常把"现实问题"当成"学术问题"，这其实是不妥的。这使旅游经济学学术研究偏离了重心，不仅不利于旅游经济学学科的发展，而且对研究者的学术生涯也非常不利。

"你看到的是你能看到的"。从现实现象提炼和升华成学术问题，需要特定的理论和技术。这就像医生看病一样，症状是病人表现出来的基本现象，但是，判断到底是什么病，不仅需要基本的医学理论，而且需要化验、胸透、CT 等一些特定的技术。这些理论和技术的来源就是我们分析旅游现象所依赖的学科。

一些刚刚开始旅游学术研究的硕士或博士研究生，经常对如何开展学术研究感到迷惑。其实，研究之初，最重要的是找到一个学科，特别是一级学科。这个学科，可以是经济学，可以是地理学，也可以是社会学。不管哪个学科，都发展出了特定的理论、分析工具和方法，这些理论、工具和方法，是研究者对现实现象进行分析、判断，提炼学术问题的基本依据。研究者掌握了某一学科的特定理论和技术，就可以对旅游现象进行分析，归纳出特定的学术问题。

笔者曾构建指标体系，对全国 31 个省市自治区的旅游产业竞争力进行了比较分析。

后来,从旅游产业竞争力的区域差异出发,将之归结为旅游产业发展的区域不均衡现象,并延伸和归纳到"产业聚集"理论上来,进行了一系列的深入研究和分析①。曾经有一位在读的博士生,计划做关于休闲方面的毕业论文。在构建系列指标体系方面做了大量基础性工作,收集了几年的指标数据。这些指标包括一级指标、二级指标,以及数量可观的三级指标,计划通过指标的计算衡量和评价有关城市的休闲发展水平。但是,就学术研究而言,仅仅停留在指标以及指标数据的计算与比较上,是远远不够的。如果要真的把博士论文做好,一定要搞清楚与之相关的"学术问题"是什么?休闲指标评价更多停留在现象层面上,要深入研究这一问题,就必须归纳、提炼出学术问题。比如,如果能够根据休闲指标,研究休闲产业链问题,就不一样了。这不仅可以借鉴有关理论,对居民休闲以及与之对应的休闲产业供给或满意度等问题从特定角度进行深入的研究,而且对于研究者研究理论和技术方法的训练,以及此后研究领域的拓展、研究路径的形成、研究生涯的发展,都非常关键。

你能不能观察到眼前的现象取决于你运用什么样的理论,理论决定着你到底能够观察到什么。那种认为可以不需要任何理论指导,而直接去"看真实世界"的想法或许过于天真了。旅游经济学研究最重要的是,建立起观察旅游问题和旅游现象的理性视角,强调经济学理论的理性视角和分析方法,以及在旅游现实中的运用,为旅游经济学研究做出贡献。运用经济学的分析框架,分析旅游现象,需要系统的经济学训练。这些经济学理论的学习和训练,主要体现在微观经济学、宏观经济学以及经济学的各专业课程上,比如金融学、财政学、发展经济学、产业经济学、劳动经济学等。

(二) 以学术问题为研究的着力点

学术问题是从事旅游经济学研究的突破口和着力点。产业聚集是笔者近年在旅游经济学研究中涉及的主要方向之一。旅游经济学研究涉及很多具体研究内容,旅游产业聚集是其中之一,也是应用经济学的主要领域之一。首先,需要明确这是一个什么样的现实问题?从现象上来看,不管我们是否经过了仔细、慎重的研究,聚集已经成为旅游发展过程中一个非常常见的重要现象。一方面,我们在旅游规划、旅游政策、旅游发展等有关文本中,经常(自觉不自觉地)使用"聚集"一词;另一方面,旅游聚集在实际中表现为各种各样的形式,特色街区、特色小镇、主题公园、旅游度假区等,都是旅游聚集的具体表现。

其次,需要明确如何分析这一旅游现实问题。为了对上述问题进行研究,需要从旅游现实现象总结、提升出学术问题。这是旅游经济学学术研究的第一步。那么,应该怎么提升出理论问题呢?事实上,如何对这一旅游现象进行研究,需要明确的学科思维。在经济

---

① 详请参阅杨勇. 中国省际旅游业竞争力分析——ARU结构与影响因素[J]. 山西财经大学学报,2007,29(10):53-60.

学研究中,聚集是作为相关产业高度集中于某个特定地区的一种产业成长现象,一直是学术界关注的热点问题,其在制造业和高新技术产业中应用所取得的瞩目成果吸引研究者把眼光投入到更广泛的领域。鉴于此,使用"聚集"相关理论对旅游现象进行研究就显得非常必要。具体说来,从旅游经济学研究角度,旅游产业聚集到底是什么样的一种现象?我们应该如何评价这种现象? 以及这种现象背后存在什么样的发展机制呢? 产业聚集理论为此提供了丰富的研究理论、研究工具和方法。

旅游资源是旅游业发展的前提,是旅游业的基础,也是旅游经济学研究中的另一关键领域。根据中华人民共和国标准《旅游资源分类、调查与评价(GB/T18972 - 2003)》以及《旅游区(点)质量等级的划分与评定(GB/T17775 - 2003)》的界定,旅游资源是指"自然界和人类社会中凡能对旅游者产生吸引,可以为旅游业开发利用,并可产生经济效益、社会效益和环境效益的各种事物和因素。"旅游资源不仅包括自然风景旅游资源,还包括人文景观旅游资源。从旅游业发展角度来说,上海是一个较为特别的城市。上海开埠较晚,传统资源局限在"一园(豫园)、一街(南京路)、一寺(玉佛寺)",缺乏大型历史或者人文景区。但是,上海旅游收入却一直在全国居于前列,表现出较高的旅游产业发展水平。而有些地区,旅游资源丰富,且等级较高,但是,旅游业发展却不够理想。这一方面,可以从"资源创新"的视角来进行解释。比如,上海旅游业的发展主要得益于1997年上海提出的"都市旅游"发展定位,一条马路,一个故居,甚至一道菜,都成为吸引游客的旅游资源。另一方面,好好研究这一问题,更需要从理论角度,归纳出与资源相关的学术问题,"公共地悲剧(Tragedy of the Commons)"、"资源诅咒"等都是与之相关的有效视角。

从理论上讲,旅游资源既构成了旅游业发展的基础性条件,又是旅游业发展过程中的重要约束性因素,丰富而高质量的旅游资源无疑有助于旅游业的发展。但是,一个不得不面对的问题却是,旅游资源在一个国家或地区的旅游业发展中到底扮演着什么样的角色?是有力的助推器还是隐藏的障碍物? 如果一个地区拥有丰富的旅游资源,却取得了较差的旅游业发展绩效或表现出较差的旅游业发展水平,那么,一个可能的解释是,一方面,旅游资源开发中的"公共地悲剧""反公共地悲剧"等因素可能阻碍了旅游资源的有效开发;另一方面,旅游资源的存在,为阻碍旅游业发展转型的因素提供了生存的土壤,正是这些因素导致的负面效应超过了旅游资源本身的正面效应,表现出旅游发展过程中的"资源诅咒"问题[①]。

(三) 从旅游现象出发建立分析框架

旅游从来都是我们日常生活中的内容之一。每逢节假日,人们都要为去哪儿旅游纠

---

① 详请参阅杨勇. 旅游资源与旅游业发展关系研究[J]. 经济与管理研究,2008,(7)：22 - 27.

结。旅游者想获得快乐的旅游体验，又不得不面临拥挤的窘况。尤其是，带着孩子，带有美好预期的旅游经常会演变为"赶集"式的形式，匆匆而来，拥挤一番，忙不迭地逃离而去，发誓再也不再去凑这个热闹了。可是，政府每每呼吁大家错峰出游，现实中却又周而复始地重复着同样的行为。景区、航班、铁路、公路、住宿等高度紧张，游客频繁遭遇出游难的尴尬。

这是中国旅游业发展过程中的典型场景。虽然大家都认为不应该这样，但是，现实恰恰是这样。正视它、研究它、理解它，是我们应该采取的积极态度。那么，应该如何进行研究呢？直面上述问题，需要回到问题的原点。也就是，人为什么要旅游呢？

"世界很大，我想去看看"，"壮美或者秀美的人间美景，总是令人心向往之"，"去别人的生活中打自己的酱油"，"有机会经历不一样的事，接触不一样的人，看看不一样的文化，是一种人生经历"，"Jump out of the comfort zone"，如此等等，不一而足。归纳总结而言之，寻求不同的体验、经历不同的情景，是关键的旅游目的之一。

在中国"重家庭"的传统东方文化氛围中，家庭成员、亲戚朋友间的交流也是人们生活中的重要组成部分。繁忙的工作、快速的生活节奏，使人们可以交流的时间和机会越来越少。上班一族为了生活打拼，早出晚归，没有时间陪伴家人、孩子，对家人和孩子有着无奈的愧疚。尤其是，"黄金周"给人们的旅游行为提供了基本的时间保障，也使一家人、亲戚朋友等终于有机会同时休假，可以聚在一起。

由是观之，旅游的效用是多种多样的。旅游者从旅游中获取的效用来源，不仅来自其所体验和观赏过的景点、服务或美食，而且来自家人、朋友之间的交流。大家拥有共同的旅游经历，是此后一段时间（甚至是一生）当中的谈资，或共同语言。旅游的效用就不再局限在旅游终止的那一刻，它甚至可以无限延伸，成为家人、亲戚朋友的共同记忆，其效用也在时间的流逝过程中慢慢发酵。

旅游效用的来源多样化，需要延伸经济学消费理论的范畴，将旅游特色和效用元素纳入进去，在经济学的统一框架中分析上述旅游现象。旅游者需求行为是倍受国内外学术界普遍关注的关键领域之一，研究者多基于西方主流经济学的消费行为理论，将 GDP（或 GNP）、人均可支配收入等纳入消费者旅游需求函数。但是，传统消费函数强调了"个体"在消费决策中的作用，将旅游者视为"问题解决者"和"体验者"，自我概念与建立在其上的个体生活方式及相关因素成为研究消费者行为的重点和主线，缺乏对基于中国特定国情和社会特点的多元旅游需求影响因素系统性的理论构建与分析。

因此，如何将旅游中的社会交往、旅游情境等纳入到传统的经济学理论分析框架中，扩展经济学理论在旅游研究中的应用领域，对旅游消费进行逻辑严谨的分析，是研究中要考虑的一个关键问题。2016 年，笔者在遵循一般的经济学分析框架的基础上，结合

Becker 的社会交往理论（Social Interaction Theory），从个体特征、社会互动和消费情景角度，构建分析旅游者需求行为的规范经济学分析框架，分析旅游者收入及其通过主动性努力选择、塑造和营造其旅游社会环境和具体的旅游情景，进而对旅游者需求影响的作用机制进行分析①。在拙文的分析框架中，单个旅游者需求不再是简单的收入约束下效用最大化行为，其效用函数还受到其旅游过程中其他人特征和具体旅游环境的影响，尤其表现为对社会交往环境、具体消费情景等因素的明显依赖。在此基础上，借助于调查问卷方式，我们对春节"黄金周"期间旅游者需求行为进行了专题调研和实证研究，"解剖麻雀"，总结分析了我国旅游者的旅游需求行为特征及影响因素。

三、像经济学家那样思考

对于经济学研究者所应该具备的条件，20世纪英国著名的经济学家约翰·梅纳德·凯恩斯在为马歇尔所写的传记中有过精彩的描述，"经济学研究似乎并不需要任何极高的特殊天赋。与更高深的哲学或纯科学相比，经济学不是……一门极其容易的学科吗？一门容易的学科，但这个学科中很少有人能出类拔萃！这个悖论的解释也许在于杰出的经济学家应该具有各种天赋的罕见的结合。在某种程度上，他应该是数学家、历史学家、政治家和哲学家。他必须了解符号并用文字表达出来。他必须根据一般性来深入思考特殊性，并在思绪奔放的同时触及抽象与具体。他必须根据过去、为着未来而研究现在。他必须考虑到人性或人的制度的每一部分。他必须同时保持果断而客观的情绪，像艺术家一样冷漠而不流俗，但有时又要像政治家一样脚踏实地。"

（一）遵循系统性分析框架

经济学分析框架是当代在世界范围内，被研究者广泛接受的研究和分析范式。正是由于经济学这一被广泛认同和使用的分析框架，才使得经济学发展得更快，应用范围更广，影响力更大。作为理论分析框架，旅游经济学研究由三个主要部分组成：视角（perspective）、参照系（reference）或基准点（benchmark）和分析工具（analytical tools）。接受旅游经济学研究的训练，需要从这三方面入手。

首先，"你看到是你想看到的"。旅游经济学提供了从实际现象，提炼出学术问题的角度或"视角"。这些视角指导我们避开纷繁复杂的现实细枝末节，把注意力引向关键的、核心的问题。这也是开展旅游经济学研究的第一步。这就是所说的"像经济学家那样思考"（Think like an economist）。"公共地悲剧"表示，如果一项资源的产权界定不清，最终将会导致对该资源的过度使用。旅游资源的"公共品"属性，导致了旅游资源的开发过程中

---

① 详请参阅杨勇. 社会交往、旅游情境对旅游需求的影响研究——基于春节"黄金周"的实证分析[J]. 旅游学刊，2016，31（10）：56-69.

的"公共地悲剧"现象。因此,界定产权,让利益相关者参与是特定旅游资源开发获得成功的关键。但是,界定产权仅是实现旅游资源合理开发的一个方面,其所关注的是既定产权结构下不同开发者之间的博弈行为,而忽略了开发者与其他利益相关者之间的博弈关系分析。即当多个利益相关者都对某种旅游资源的使用拥有排他性的权利时,就有可能导致该项旅游资源开发和利用的不足。一个特征事实是,当在研究中引入利益相关者时,会由于很多人同时对同一旅游资源具有排他性权利,而产生了开发过程中的推诿扯皮、开发不足等"反公共地悲剧"现象。利用简单的公共品模型,通过引入利益相关者分析可知①,"公共地悲剧"现象在我国旅游资源开发中固然严重,但是,并不能笼统地认为我国旅游资源产权制度变迁的方向就是建立排他性产权、私有化或产权分割。因为这些产权制度是双刃剑,它们在解决"公共地悲剧"的同时,却产生了一个新的问题,即由于大量利益相关者对同一项旅游资源拥有排他性权利所导致旅游资源的闲置或开发不足。尤其是,如果旅游资源的利益相关者数目是一个不完全信息,则开发者有可能掉入"公共地陷阱"(Trap of the Commons)。

第二,经济学提供了多个研究的"参照系"或"基准点"。这些参照系本身的重要性并不在于它们是否准确无误地描述了现实,而在于建立了一些让人们更好地理解现实的标尺。这一方面要避免,以为这些理论描述的就是现实世界,将它们到处套用。却不知在通常情况下,它们是用来做进一步分析的参照系,与现实的距离因地而异。另一方面要避免,观察到这些定理与现实的差距,而认为它们都是胡言乱语,并据此认为毫无所用。却不知它们本身的价值并非直接解释现实,而是为解释现实的进一步理论提供参照系。

参照系的建立对任何学科的建立和发展都极为重要,旅游经济学也不例外。实际上,受过现代经济学系统训练的经济学家的头脑中总有几个参照系,这样,分析经济问题时就有一致性,不会零敲碎打,就事论事。比如,我们经常讨论旅游发展中的要素问题。大家经常会说,文化、风俗都是旅游发展所带来的关键性要素。但是,如此说来,旅游发展过程中的生产要素就会变得纷繁复杂。对此的研究,也由此变得凌乱不堪。大家彼此讨论,却又"公说公有理,婆说婆有理",难以达成共识,在理论贡献上也差强人意。

实际上,经济学的生产者行为理论中,提出的经典柯布-道格拉斯(Cobb-Douglas)生产函数,对此进行了清晰的界定。该函数将生产要素分为资本和劳动力,并辅以技术效率,形成了对生产行为的简洁而准确地表达。就旅游发展过程中的要素而言,文化、风俗无疑都非常重要,但是,如果要这两种资源产生现实的旅游生产力,最终必然要结合资本和劳动力者两种基本的要素,产生基本的生产力和生产绩效。因此,我们经常见到,一些

---

① 详请参阅杨勇.从"公共地陷阱"到"反公共地悲剧"——基于利益相关者视角的旅游资源经营行为分析[J].四川师范大学学报(社会科学版),2008,35(2):133-139.

人对旅游现实问题的洞察力很强，发表的观点也非常有感染力。然而，他们与受过经济学训练的研究者的不同之处，往往是因没有参照系而会显得分析缺乏主线和深度，其发表的观点也往往会流于散乱的经验层面。

第三，经济学提供了一系列强有力的"分析工具"，以及众多的图示模型和数学模型。这种工具的力量在于可以用较为简明的图示和数学结构，帮助我们深入分析纷繁错综的旅游行为和现象。比如，根据 Dixit 和 Stiglitz 模型以及 Fujita、Krugman 和 Venables 等的研究，可建立一个空间旅游业发展模型，在考虑空间距离的情况下，将空间外部性对地区旅游业发展水平的影响机制用简易的模型表述出来，分析旅游业发展的内在机制。

上述三部分合在一起，构成了旅游经济学的理论分析框架。这也是理解旅游经济学的关键所在。经济学提供的这种由视角、参照系和分析工具构成的分析框架，是一套科学的研究方法。旅游经济学并不是一些新鲜的旅游名词和概念的汇集，旅游经济学研究者的工作也不是任意套用某些经济学概念，而是运用这些概念所代表的分析框架来解释和理解旅游行为和现象。

（二）避免理论的机械应用

旅游业的特点决定了旅游产业集聚和其他产业集聚的不同。旅游业以需求为导向为主，当前主要旅游统计数据也从需求端进行统计，旅游也由此成为围绕着旅游者需求来组织有关产业要素的产业组织形态。就旅游产业链来说，不是与制造业类似的，从上游到下游的链条式产业链，而是围绕旅游者需求形成的网状式产业链。由此，相关产业聚集在一起，成为旅游业发展过程中的常见现象。

上述研究的第一步，是从理论上严谨地判断旅游产业聚集的存在。旅游产业聚集研究中一个不可忽视的基本前提是，产业聚集现象在旅游产业中是存在的。一直以来，对于产业聚集的研究和实证都集中于制造业领域，而非制造业领域如文化产业、服务业等是否存在聚集现象，能否用产业聚集理论进行研究一直存在争议。旅游产业边界识别的困难则进一步增加了相关研究的难度。当前大部分旅游产业聚集研究起点，只是先验地认为旅游产业存在空间聚集现象，基本停留于把产业聚集的相关理论机械地应用到旅游产业的研究中。对此，可以采用赫芬达尔系数（Herfindahl Index）、胡佛系数（Hoover Coefficient）、泰尔指数（Theil Entropy）、EG 指数和基尼系数（Gini Coefficient）等多种方法，对旅游产业聚集现象进行测度。尤其是，结合旅游产业的特点，可以采用空间基尼系数、行业区域聚集系数和区域共同聚集系数等旅游产业聚集现象进行的测算和分析[①]，为我国旅游产业聚集现象和理论分析提供稳健的证据。

---

① 详请参阅杨勇. 中国旅游产业区域聚集程度变动趋势的实证研究[J]. 旅游学刊,2010,25(10)：37-42.

掌握了经济理论以后,才能应用经济理论对旅游现象进行分析。那么,通过有关指标,判断产业聚集现象的存在以后,就可以将产业聚集理论应用到旅游业和区域旅游经济的研究和实践中,对旅游产业聚集的理论和实践进行诸多探索。从动态演化角度来看,旅游业聚集展示出旅游业发展的新维度,尤其是,旅游业聚集带来的外部性经济效应的不断自我积累和强化促使聚集效应不断增强,形成了基于产业聚集的系统性的可持续发展能力。

(三) 探究理论分析新视角

影响旅游产业聚集的因素很多。一个关键问题是,旅游产业聚集是资源导向,还是市场导向? 对于旅游资源来说,资源是"紧脚(fixed foot)"的,不能随便移动。但是,有些旅游企业是"松脚(loose foot)"的,它们会通过在市场中的移动,形成聚集现象,那么,这些企业聚集和移动的路径是什么呢?

一些情况下,旅游产业要素会聚集在旅游资源周围,但是,也有可能聚集在旅游需求较大的区域。那么,到底是什么力量在影响着旅游企业的选址,以及旅游产业在空间区域上的分布呢? 在封闭条件下,市场需求是影响旅游企业选址的关键因素。但是,在开放条件下,如果考虑游客在不同区域之间的流动,交通等基础设施的完善和升级等方面因素,空间地理学提到的"市场潜能函数(market potential)",可以更为精准地测度旅游市场需求规模。鉴于此,某一地区所面临的潜在市场容量即表现为一个空间加权平均值,即 $MP_i = \sum w_{ij} Y_j$,其中,Y_j 为 j 地区的本地旅游需求水平;w_{ij} 距离加权变量。在市场潜能函数中,旅游者的旅游需求随距离递减,距离对旅游需求行为的影响效应,借助旅游者流动等途径,成为特定区域旅游业之间相互依赖的主要原因。因此,旅游市场潜能函数通过旅游企业与旅游者距离加权变量这一平衡变量准确地衡量了我国各地区旅游业对广泛市场的接近性。

进一步而言,在旅游业发展过程中,旅游景区(点)构成了旅游产品发展的第一阶段,而在现代旅游业一方面随着旅游者需求的变化,购物、娱乐、休闲等新型旅游资源不断出现,尤其是,对经济发达地区而言,传统资源禀赋式的发展思路正逐渐转向市场驱动型。另一方面,旅游企业选址有着明显的松脚(foot loose)特性,并倾向于集中在接近市场的区域,市场潜能构成了影响旅游企业区位选择的重要因素。

此外,传统上,经济学家多在企业间知识、技术溢出或动态外部性的基础之上,试图从经验上确定是产业专业化(specialization),还是多样化(diversity)主导了各个地区的产业增长,并由此导致相关产业在特定空间的聚集。但是,这仅是着眼于传统柯布道格拉斯函数中的效率参数(A)关注于厂商发展过程中相互之间形成的静态外部性机制,忽视了需求方面的市场规模效应以及产业聚集所带来的社会网络效应。新经济地理学认为,市场需求的规模差异会对产业在各地区间的非平衡分布产生重大影响，并在规模经济和运输成本存在的情况下通过企业在市场潜能较大地区的主动性选址过程形成空间聚集现象。以是观之，旅游业聚集表现为企业经营区位选择过程中聚集力和分散力相互作用的动态平衡，而在企业倾向于定位或选址于接近市场区域的情况下，市场需求规模即成为影响旅游企业区位选择的重要因素。特别是考虑旅游流距离衰减效应，旅游地入游旅游者人数随旅行距离增大而减小，旅游业发展更多依赖于本地市场需求状况。并且，由于技术、知识外溢受企业间距离影响，距离增加会减少隐形知识、共享市场获取的数量和质量，因此，在市场潜能较大的地区对相关旅游企业有更强吸引力的情况下，不同旅游企业在地理上与相关知识源临近、客源市场共享等需求下形成了在地理位置上相对集中的空间现象。

此外，新经济地理学强调了企业经济活动或行为相互作用的空间维度，相关旅游企业类似的选址决策结果通过企业间空间邻近性提升了旅游业聚集密度，增强了特定区域空间内的旅游活动强度，逐渐形成了集群内部独特的网络结构，提升了不同旅游企业间的社会联系及其活动的"密度"。旅游聚集密度越高，旅游企业越能够从旅游者交通成本的节省、知识（特别是隐性知识）溢出和共享、有效地实现产品创新、旅游者多元需求的满足等方面获取合作性的收益，使集群内旅游企业获得了稳定的发展基础和机制。

四、采用恰当的研究方法

模型、数据和变量是旅游经济学实证研究中的三个重要维度。数据不会"自己说话"，分析过程中，需要借助有关理论，使用计量或统计软件，运用适当的计量方法进行统计推断。因此，为了进行旅游经济学研究，我们需要掌握一定的计量方法与统计软件（比如SPSS、Stata等）。这也是旅游经济学研究中的一个关键方面。这一方面可以验证有关理论旅游研究领域中的适用性，一方面可以寻求对旅游现象的重新阐释，拓展旅游研究的视野，探究有关旅游现象背后的故事。

(一) 进行恰当的变量设计

虽然旅游统计数据不够理想，但是，依然给我们提供了一些可资使用的数据。结合现有旅游业和旅游统计数据的特点，进行变量指标的构建，是旅游经济学实证研究中的关键环节。比如，作为无边界的产业，尤其是在"全域旅游"的发展背景下，多元化是旅游业发展关键维度。那么，如何来构建旅游业的多元化指标呢？这和一般制造业的多元化指标应该是不一样的。

一般而言，学术界普遍采用市场结构理论中的 Herfindhal 集中性指数的倒数来度量其多样化程度，即 i 地区 j 产业的多样化指数被定义为除 j 产业外所有其他产业在 i 地区总产值（除 j 产业外的）中的份额平方和的倒数。但是，囿于我国旅游统计的现状和旅游业的特点,该指标在旅游业中的应用依然面临巨大的困难,这需要通过其他途径来构造我国旅游产业多样化指标。

首先,在现有国民经济核算体系框架内描述旅游产业规模存在困难的一个主要原因是,在国民经济核算体系内,产业是建立在其产出基础之上的,而非建立在它们消费对象数据的基础上。就旅游产业的一个显著特点而言,从理论上来说,有关研究对旅游产业主要从需求方进行定义,而在供给方面无单一的供给或产业与之对应,与旅游产业相关的旅游经济活动流量隐藏于一国的国民经济核算体系中,或隐藏于现有的不同宏观经济变量中。因此,旅游产业是满足旅游者各种需求的产品要素组合体系,其满足旅游消费者需求的过程就成为国民经济体系中相关产业部门产品创新性地再实现和组织过程。但是,这并不表明旅游产业在国民经济中不存在。实际上,旅游消费、一些旅游生产要素在现实中也是可以观察到的,并且,目前我国采用和施行的相关旅游统计制度和体系,也为我们的研究提供了可资借鉴的基础数据。

一般而言,旅游的统计定义是从需求方反映的,我国旅游总收入则通过统计调查游客的花费计算得来。国内旅游总收入根据国家统计局城调总队和农调总队对我国城镇居民和农村居民进行的入户抽样调查,推算出我国居民国内旅游的出游率和国内旅游的人均花费,并在此基础上计算出中国居民国内旅游的总花费,即中国国内旅游收入。入境旅游收入则根据公安部出入境管理局汇总的口岸入境人数和通过抽样调查获取的入境游客平均花费情况,用入境人数和入境游客平均花费相乘得出入境游客的总花费,即中国的入境旅游收入。

其次,作为一种动态的休闲行为,旅游者旅游目的日益呈现出更为多元的消费需求状态,旅游产业的发展也逐渐涉及多样化的产业内涵,呈现出强烈的综合性特征,并导致识别和分离旅游产业要素上的困难。根据"国民经济核算恒等式",总需求等于总供给,旅游消费需求对应着相应的旅游产业供给,因此,可用需求方面的数据来衡量旅游产业总规模的大小。另一方面,从我国现行的旅游产业供给方调查情况来看,涉及星级酒店、旅行社、旅游景区(点)、旅游车船公司等企业,但是,这主要是针对旅游行业管理范围内的企业进行调查,无法涉及旅游行业管理之外的产业,与旅游相关的其他产业的数据也就相对缺乏。

从旅游者角度看,旅游经历应当被看作是与个人体验相融合的一种产品,这种产品从游客离开家到回到家这段时间里,涉及种类繁多的服务类型和服务内容。因此,为了满足旅游消费者多元化的需求,旅游产业边界获得了快速的拓展。尤其是,随着旅游者消费需求取向的多元化以及旅游新潮的不断涌现,旅游业态呈现出动态发展的特征。仅仅依赖星级酒店、旅行社、旅游景区(点)、旅游车船公司等企业,已不能满足旅游消费者的需求,越来越多的产业被纳入到旅游产业的发展过程。由此,旅游产业的多元化构成了旅游业发展的重要维度。

根据上述分析,根据旅游需求和旅游供给方面的统计现状,可以利用如下指标衡量旅游产业的多样化程度,

$$\mathrm{div}_i = 1 - \frac{\mathrm{rev}_i}{\mathrm{total}_i}$$

即,基于旅游产业是满足旅游者各种需求的产品要素组合的综合性产业体系,total_i 衡量了区域 i 的旅游总收入,显示了该区域旅游产业的基本规模。星级酒店、旅行社、旅游景区(点)、旅游车船公司等企业,构成了当前统计体系中相对明确的基本旅游产业供给,rev_i 衡量了上述企业的收入总水平。div_i 则衡量了区域 i 除星级酒店、旅行社、旅游景区(点)、旅游车船公司等企业之外的其他旅游相关企业收入总和占旅游总收入的比例,表征为了满足旅游消费者多样化的需求所涉及相关产业内容广泛性程度和多样化程度。该数值越大,旅游产业多样化程度越强。反之,则旅游产业的多样化程度越弱。

(二) 通过实证探究新思想

旅游经济学研究经常遇到的另一个重要问题,是计量与实证。现代经济学的一个明显特点是越来越多地使用数学(包括统计学)。从现代经济学作为一种分析框架来看,参照系的建立和分析工具的发展通常都要借助数学。数学现在已经成为现代经济学研究中最重要的工具,主要是作为一种工具被用来考虑或研究经济行为和经济现象。经济学家多用数学来更严格地阐述、更精炼地表达他们的观点和理论,用数学模型来分析各个经济变量之间的相互依存关系。

从实证研究角度看,使用数学和统计方法的优势至少有三个:其一,以经济理论的数学模型为基础,可以发展出可用于定性和定量分析的计量经济模型;其二,证据的数量化使得实证研究具有一般性和系统性;其三,使用精致复杂的统计方法,让研究者从已有的数据中最大程度地汲取有用的信息。因此,运用数学和统计方法做经济学的实证研究可以把实证分析建立在理论基础上,并从系统的数据中定量地检验理论假说和估计参数的数值。这就可以减少经验性分析中的表面化和偶然性,可以得出定量性结论,并分别确定它在统计和经济意义下的显著程度。

有人质疑,计量偏于实证,拙于思想和理论上的贡献。但是,我们在实际研究过程中,也不得不承认,计量实证中确实也出现了很多新理论和新思想。如果发现理论推论、实证结论和经验事实不一致,要坚持的不是现有的理论,而是进一步去了解这些现象背后的机制,然后,根据经验现象构建可以解释这种现象的理论。尤其是,当计量结果和预想中差别很大的时候,倒逼研究者重新回到理论基础和理论设定上,寻求解释这一差别背后的原

因,甚至重新进行理论分析和设定。这时,研究者"不要死抱理论,成为现有理论的俘虏,……其实,这正是对理论发展做出贡献的绝好机会。"①

根据产业聚集理论,旅游产业经济活动在特定的地域范围内的聚集,通过要素共享、产业间关联效应等渠道产生了广泛的外部性效应。笔者在一篇研究文章中②,基于外部性理论构建分析模型,就旅游产业聚集密度及其伴生的产业环境多样化,对我国星级酒店、旅行社、旅游景区(点)等旅游企业劳动生产率影响,分类进行的实证研究表明,虽然资本深化是影响旅行社等旅游企业劳动生产率增长的重要因素,但是,旅游企业整体资本深化水平却对旅行社等不同类型旅游企业劳动生产率不具显著的影响效应,显示出旅游企业劳动生产率提升过程中的"合成悖论"现象,也说明不同类型旅游企业生产要素之间并未形成明显的互动性聚集外部效应。

此外,旅游产品的创新需要借助多样化的产业供给才能实现。但是,多样化的旅游产业环境对星级酒店、旅游景区(点)等企业劳动生产率的影响没有得到有效证实,且对旅行社等传统旅游企业产生了消极的负面影响,造成了旅行社劳动生产率的"多样化悖论"现象,这也和其他有关理论研究文章中的研究设定和结论明显不同。究其因,这可能是由于不同旅游企业的生产经营过程和劳动生产率具有显著的异质性差异,多样化旅游产业环境并未通过共享市场、产品组合、人员流动等方式惠及酒店、景区等旅游企业,且来自相关产业企业竞争力度的增强压缩了旅行社等传统旅游企业的市场和营运空间,对其劳动生产率产生了负向影响效应。如此等等,均在理论和实践层面上实现了些微的创新。

(三) 采用合适的研究方法

对于要研究的问题,需要寻求恰当的研究理论和研究技术。因此,根据研究的现象,确定相应的理论(当然,在提炼出学术问题的过程中,也需要理论的分析),找寻到合适的研究工具是进行旅游经济学研究的基本路径。笔者在评审期刊论文时发现,很多文章是缺少理论分析和构建的,研究者直接进行实证检验,这其实是不严谨的。还有的作者直接把一些理论或研究方法"原封不动"地引进来,这样的话,这些内容还可以"原封不动"地用到其他文章中去,这不仅比较拙劣,也是不负责任的。研究者至少要结合旅游业的特点和要研究的具体旅游现象和旅游场景,对研究理论和方法进行重新表述和修正。只有我们经常这样做,我们才能真正地进入旅游经济学研究的轨道,也才能真正地为旅游经济学的发展做出贡献。

在经济学分析工具中,经济学家针对不同的问题发展出了不同的研究工具和方法。

---

① 林毅夫. 经济学研究方法与中国经济学科发展[J]. 经济研究,2001,(4): 74-81.
② 详请参阅杨勇. 集聚密度、多样性和旅游企业劳动生产率——兼对产业聚集理论观点的拓展研究[J]. 财贸经济,2015,36(2): 148-160.

比如，生产效率分析，这也是经济学研究中非常主流的一个领域。这个领域中不仅有成熟的理论模型，而且产生了大量的研究方法和技术。

一般而言，旅游产业发展可以通过资本或劳动力等要素投入或生产率的提升来实现。1978 年以来，我国旅游业投入实现了稳步增长，这也引发了政府和研究者对我国旅游业发展方式、质量与可持续性问题的广泛关注。虽然研究者认为我国旅游业发展呈现出低效率的"高投入—低产出"模式，但是，我国旅游业效率上升也逐渐成为明显发展态势，并且，在我国旅游业效率区域分布格局上呈现出，与区域旅游业总体发展水平相吻合的东高西低的空间分布状态，并在微观机制层面导致我国旅游发展水平的区域差异。一般来说，研究者基于投入产出关系采用生产函数法、DEA 方法等对旅游业效率进行研究，对旅游业效率进行描述、测算或分解。但是，我国幅员辽阔，各地旅游资源、经济社会发展水平带有明显的区域特色，我国旅游业发展效率必然受到多元因素的影响。因此，要将旅游业发展效率的系列影响因素纳入统一的分析框架，探究这些因素对旅游业效率的具体影响。具体来说，可以采用随机前沿分析（stochastic frontier approach，SFA），将系列影响因素同时纳入旅游企业效率分析框架中，较为准确地考察各因素对旅游企业效率的影响。

五、需持必要的谨慎态度

当前，我国旅游经济学研究基本上还处于起步阶段，没有成型的研究体系。旅游经济学研究群体相对较小，但是，研究成果的显示度逐渐提高。在这一阶段，我们也更需要"母学科"的支持，从"母学科"中汲取更多的养分。当在研究过程中发现自己进入到瓶颈期的时候，回到经济学母学科里，阅读一些国内外高等级经济学学术期刊上的文章，你必将会觉得自己的思路被打开，大大开阔了自己旅游经济学研究视野和思路。在这一过程中，经济学不仅能给研究者观点性的启发，而且为旅游经济学研究提供了非常多元而有效的工具。

我们经常会说经济学不尊重我们，管理学不尊重我们。我们既要尊重母学科，也要找到自己的自信，真正把旅游故事讲好。在旅游经济学研究中，回到经济学框架下，用经济学研究方法做好旅游经济学研究，讲好旅游的故事，在主流学科当中逐渐寻求我们自己的话语权，不仅是旅游经济学研究发展的关键步骤，而且是旅游经济学研究者自身职业发展的关键路径。

有人认为，旅游研究已经发展很多年了，也有流派了，是不是到了"一统江湖"的时期了？笔者认为现阶段旅游研究发展，只能说是一个"各放异彩"的时期，说体系形成为时尚早。树碑立传，尚待时日；分门成派，何必着急。旅游经济学学术研究，需要每一个人的努力，也需要每个人坚守在自己的努力方向上做好自己。旅游学科体系的构建必然还有很长的路要走,在条件成熟之前,研究者在各自学科中精耕细作的基础上积极地进行拓展、交叉和融合,是旅游学科体系构建的必由之路。

旅游经济学的学术大厦不是一天建立起来的,而是通过千百位学者长期的艰苦工作而造就的。在现代经济学发展的漫长过程中,绝大多数经济学者起的仅仅是添砖加瓦的作用。真正集大成者如凯恩斯、弗里德曼、卢卡斯等,往往须得几代经济学者的艰苦工作积累,才能逐步形成。所以,中国的旅游经济学研究者们要脚踏实地,从一些旅游经济现实中选取针对性强,但同时是非常重要的问题出发,加强对中国旅游现实的理解和分析。特别是年轻的一辈,更应该加强基础知识的训练,而不要急于进行选题与研究。

现代经济学的发展就是在反复的分析与论证中逐步发展起来的。许多优秀的论文只是提出或者解决经济学中的一个小小的问题,但是,真正要讲清楚一个经济问题是需要大量的时间与精力投入。"中国的经济学工作者要改变'西天取经'的思维方式"(林毅夫语)。很多经济学理论在旅游情境中可能都不适用。经济学理论模型中所探讨的关系是在一定的限制条件才成立的。旅游业有自身的特点,经济学在旅游研究中的应用,必然会遇到许多特殊的复杂问题。因此,在使用有关经济学理论和经济学方法时,需要保持必要的谨慎,紧密结合旅游业具体实际进行理论创新,不断推进旅游经济学学术研究的发展。

目　录

第三篇 旅 游 资 源

第四篇 旅 游 产 业

第五篇　旅　游　聚　集

第六篇　效　率　及　其　他

第一篇
旅游经济学的基本问题

　　旅游经济学是运用经济学理论、方法和工具,研究旅游活动中所发生的经济现象、经济关系和发展规律的学科。经济学分析有助于我们站在严谨的理论高度,观察貌似纷乱无序的旅游现象,是研究旅游行为和现象的重要途径之一。

　　本篇主要讨论如下内容:
- ➤ 旅游学科的学科位置
- ➤ 旅游学科的研究领域
- ➤ 旅游学科的发展现状
- ➤ 旅游经济学的发展演变
- ➤ 旅游经济学的研究内容
- ➤ 旅游经济学的研究方法

第1讲 旅 游 学

时至今日,现代意义旅游发展已有170多年的历史,对旅游现象的研究也已长达一个多世纪。但是,我国国内关于旅游的研究仅有30多年的历史。从学科发展的历史和进程来看,相对于其他比较成熟的学科而言,旅游学还是一个年轻的学科,甚至有学者并不认同将旅游学作为一门独立的学科。不过,随着我国旅游业的发展,旅游学研究表现出强大的生命力,以及与其他学科深度交融的特性。旅游现象的复杂性、产业发展的联动性与带动性,使旅游研究越来越多地得到有关学者的关注,旅游学研究也呈现日益丰富与多样的发展态势。

1.1 旅游学

从世界范围来看,现代意义上的旅游,始于1841年托马斯·库克组织的旅游专列。[①] 而将旅游作为一种社会现象,并对其进行研究,则始于1899年意大利政府统计局的博迪奥(Bodio)发表的《在意大利的外国人的移动及其消费的金钱》,这是最早涉及旅游经济研究的文献。之后,意大利人尼塞福罗(Niceforo)和贝尼尼(Benini)分别于1923年和1926年发表了《外国人在意大利的移动》和《关于游客移动计算方法的改良》,较早地从学术研究角度对旅游产生的经济社会效益进行分析和研究。1927年,意大利罗马大学的马里奥蒂出版了《旅游经济讲义》一书,被认为是第一次对旅游经济进行系统化研究的尝试。

---

① 1841年6月,托马斯·库克乘坐火车去参加一次禁酒活动,途中他突发奇想,决心利用当时新出现的火车有组织地运送公众去参加禁酒活动。事后,他将这一想法告诉禁酒会主席。得到禁酒会的支持。他又与铁路公司联系,铁路公司也答应为他这次活动开一趟专列。于是,托马斯·库克便四处奔走,广为宣传。1841年7月5日,经托马斯·库克精心组织到拉夫巴罗参加禁酒大会的540人(一说570人)登上由莱斯特开往拉夫巴罗的专车,参加完禁酒大会,当天又返回莱斯特。托马斯·库克自始至终随同照顾,使这次活动圆满成功。托马斯·库克组织的这次莱斯特—拉夫巴罗之行,被公认为是世界近代旅游业的开端。随后,在1842—1844年间,托马斯·库克多次组织禁酒会成员和学校的孩子在假期或周末进行铁路旅行,以低廉的活动价格和贴心的服务,受到普通劳动者的欢迎。于是,他与英格兰米德兰铁路公司订立合同,由他负责组织客源,铁路公司为他安排火车,由此,成为一名真正的火车旅行代理人。1845年,正式成立托马斯·库克旅行社,总部设在莱斯特,专门从事旅行代理业务。这便是世界上第一家旅行社。

1.1.1 研究进展

早期人们对旅游现象的研究,普遍基于旅游产生的经济效益进行,且一直持续到20世纪20年代初期。二战之后,旅游研究的中心逐渐转向了北美,在研究方法上也显示出了多学科渗透的学科特点。经济学、地理学、社会学、人类学、心理学、环境科学和生态学等学科的有关学者,逐渐开始关注旅游现象,以及旅游产生的经济社会效应。从涉及的学科角度看,从单科独进的分散研究向跨学科的综合研究发展,人们对旅游现象的研究和认识逐渐走向综合和成熟。

通过对 Annals of Tourism Research(《旅游研究纪事》)、Tourism Management(《旅游管理》)和 Journal of Travel Research(《旅行研究纪事》)等国际公认的旅游权威期刊的检索分析和相关综述性的文献的分析,近年来国际旅游研究的历程可以划分为如下 5 个阶段[1]:

第一阶段(20 世纪 60 年代),推荐阶段,即旅游的倡导阶段。这个时期的研究主要是研究和分析旅游的积极的、正面的经济效益。

第二阶段(20 世纪 70 年代),警示阶段。在这一阶段,研究者对旅游现象的研究,从一味强调旅游带来的经济效益,逐渐地意识到旅游可能对当地的环境等带来负面的不利影响。

第三阶段(20 世纪 80 年代),适应阶段。在这一阶段,研究者开始注意到,通过改进旅游的方式,可以减少旅游带来的负面影响。

第四阶段(20 世纪 90 年代),知识更新阶段。随着经济的全球化以及人们闲暇时间的增多和可自由支配收入的增加,旅游业得到了前所未有的发展,成为一个巨大的产业。在这一阶段,研究者在更广泛的学科背景下研究和分析旅游现象,不再局限于讨论旅游业的学科定位。而是以知识更新为基础,与其他学科日益融合,逐渐开始系统、深入地研究旅游业发展。

第五个阶段(21 世纪以来),深度融合阶段。进入 21 世纪以来,全球旅游业获得快速发展,成为一种突出的社会现象,受到了产业内外和社会各界的广泛关注。在这一阶段,旅游研究的多学科和跨学科性更加突出和明显。旅游业与其他产业以及领域的融合和交叉,使得旅游成为没有哪一个的学科可以独立概括、研究或理解旅游的学科,研究者通过多学科的视角,分析和研究旅游所表现出来的多面性,对旅游的认识和理解也更加全面和深入。

总体而言,国外学者对旅游研究的研究范围广且比较深入。对旅游的研究不仅集中

---

① 详请参阅依绍华. 旅游学科研究进展及当前研究热点领域[J]. 旅游学刊,2011,26(5):22-29.

在实用性旅游,更多是站在理论的视角来分析旅游,关注旅游影响、旅游者行为与市场和理论与方法。从研究方法上看,国外学术界对旅游学的研究,多通过数理统计和构造模型进行研究,从定量角度对旅游现象较为精准的研究。

我国国内旅游学的研究始于 20 世纪 70 年代末,是伴随着改革开放的步伐逐渐发展起来,经历了从无到有、从零散到系统、从翻译借鉴到自主创新、从肤浅到深刻的发展过程。21 世纪的前 10 年是我国旅游业发展处于转型升级的时期,也是旅游研究的黄金 10 年。2011 年,全国开设旅游系(专业)的普通高等院校已达 1 115 所,而 2002 年仅 407 所,10 年期间平均增长 10.6%,而同期旅行社和星级饭店的数量年均增长率分别为 7.4% 和 2.8%(张凌云,兰超英,齐飞等,2013)。① 经过 30 多年的改革开放和旅游发展,我国旅游研究已经逐步走出早期理论研究滞后于行业实践的困境,呈现了理论研究指导行业实践,科学研究适度超前的良好态势,形成了以多学科和跨学科交叉融合的旅游学术研究个人与团队。但是,与国外旅游学研究相比较而言,国内研究依然不够成熟和深入,且就旅游学学科体系的建立和内容仍有很大的争论和异议,旅游学研究缺乏被广泛认同的学科理论体系,以及逻辑严密的研究方法论体系(陈才,2007)。②

1.1.2　研究特性

通过旅游学研究演进脉络的梳理可以发现,旅游学研究内容、范围、方法等呈现日益多样化的态势。旅游学研究热点涉及旅游行为和心理研究、旅游市场、旅游管理、文化旅游、旅游效应、旅游管理与决策、生态环境与旅游、战争政治与旅游、旅游组织与旅游业发展、探险旅游和旅游安全以及旅游伦理等诸多方面。

旅游学研究跨学科性质的历史演进,植根于旅游学研究对象的复杂性和综合性。旅游活动涉及社会发展的多个方面,旅游研究需要对社会发展的问题进行多维度分析,采取多学科领域的多元化分析方法。因此,旅游研究包括不同理论和方法,以及多种研究侧重点与主题,旅游学的研究范围扩展到旅游、酒店管理、休闲与节事、体育运动等多个方面。根据旅游的多学科基础,图 1-1 显示了旅游学课程设置的广泛性及其相关学科的多元性。

由于旅游学仍处于初创期,对于旅游学学科结构的研究也处于初级阶段。研究者对于学科内部结构的认识具有明显的开放性特点,其外延边界是不确定的,随着旅游学者研究范围的不断扩大而延伸。旅游学的分支学科大多数都是与其他学科交叉而产生的边缘学科,旅游学成为由这些边缘学科形成的各分支学科的集合。

---

① 张凌云,兰超英,齐飞,等. 近十年我国旅游学术共同体的发展格局与分类评价——基于旅游学术期刊论文大数据的视角[J]. 旅游学刊,2013,28(10):114-125.
② 陈才. 旅游学研究方法论体系研究——一种社会学视角的探讨[J]. 旅游学刊,2007,22(1):84-89.

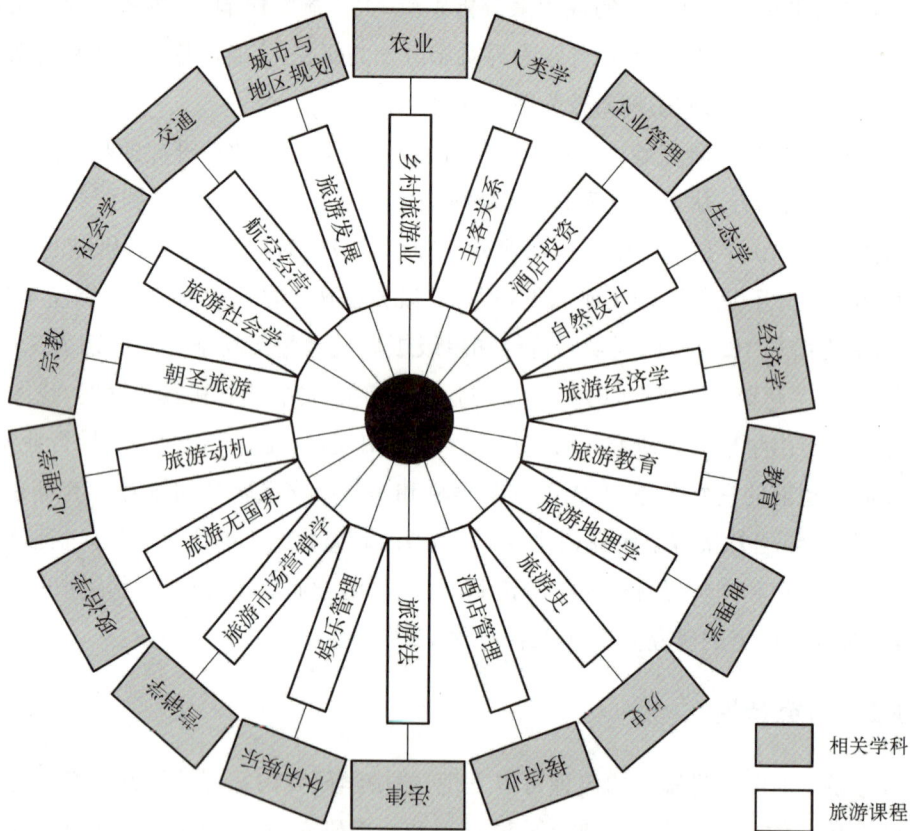

图 1-1　旅游研究的多学科基础①

杜江和张凌云(2004)在查尔斯·格德纳等人的基础上提出了一个改进的同心圆学科结构框架(见图 1-2)。②③ 同心圆的最外圈层,是其他学科如经济学、地理学、信息技术等;第二圈层,是旅游学与相应的外层学科交叉而形成的分支学科,如旅游经济学、旅游地理学、旅游电子商务等;第三圈层,是由多学科共同形成的最核心的部分——旅游学。

朴志娜等(2005)④基于 Mill 和 Morrison(1985、2012)的旅游系统理论⑤⑥,构建了崭新的旅游研究系统分类框架(the tourism research system categorization framework),识别了旅游学研究的方向特征和研究主题的受关注程度。通过绘制旅游学学科树,进一步

①　依绍华. 旅游学科研究进展及当前研究热点领域[J]. 旅游学刊,2011,26(5):22-29.
②　杜江,张凌云. 解构与重构:旅游学学科发展的新思维[J]. 旅游学刊,2004,19(3):19-26.
③　张凌云. 我国旅游学研究现状与学科体系建构研究[J]. 旅游科学,2012,26(1):13-25.
④　朴志娜,吴必虎,Morrison,沈晔,李梦姣. 全球旅游研究格局的综合分析(2003—2012)[J]. 旅游学刊,2015,30(7):108-118.
⑤　Mill RC,Morrison AM. *The tourism system: An introductory text* [M]. New York:Prentice-Hall International,1985.
⑥　Mill RC,Morrison AM. *The tourism system* (the 7th Edition)[M]. New York:Kendall Hunt Publishing,2012.

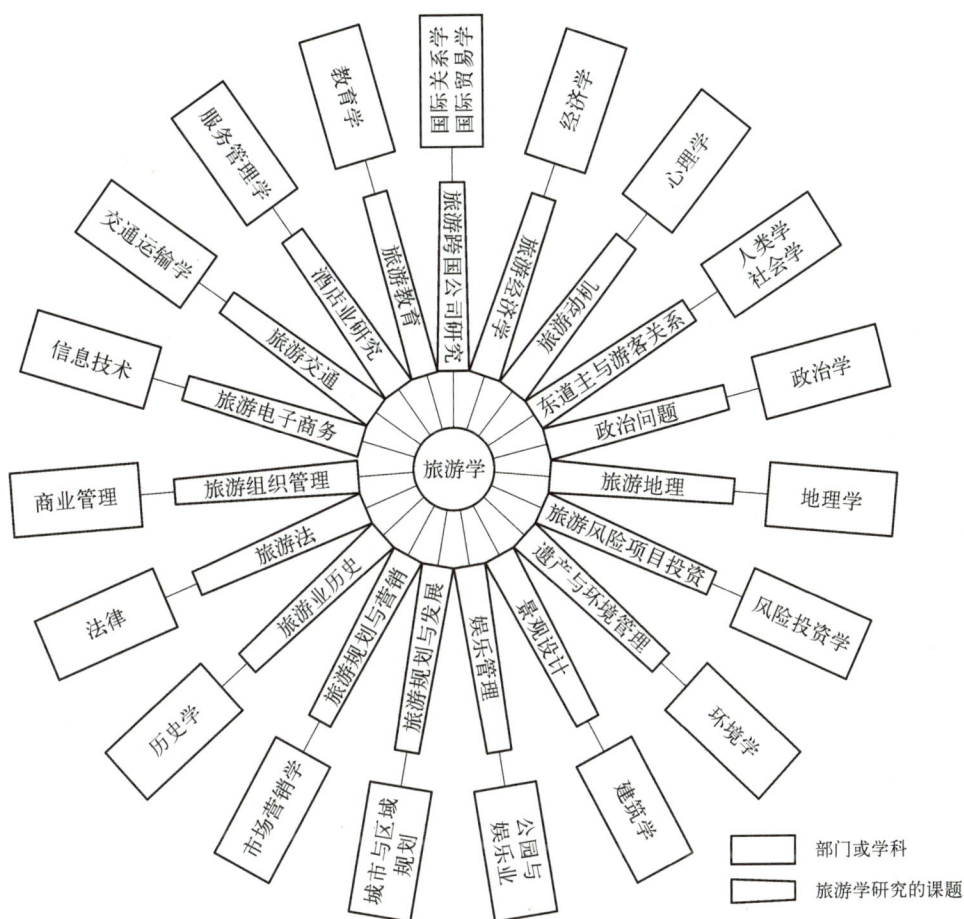

图 1-2　旅游学学科

掌握旅游研究系统分类框架的学科属性,建立起旅游学的立体框架(见图 1-3)。从旅游管理学、旅游资源(旅游地)开发与管理、旅游学理论与旅游技术、旅游心理学、旅游人类学与社会学、旅游经济学、旅游规划与设计、休闲研究与户外游憩、旅游政治学和旅游美学等角度来解读旅游学学科的构建,表明了旅游研究的跨学科特征,体现了旅游学研究对其他学科的依赖性。

　　遗憾的是,虽然有关学者对于旅游学科的构建做出了积极的探索,但是,旅游学仍不是一门成熟的学科。用衡量是否构成一个学科的标准去考察旅游学,旅游学还有不完全具备的地方。一方面,虽然有大量的专业组织和人员从事旅游研究工作,但是,旅游学研究还没有形成独特的语言表达体系和概念,缺乏特殊的研究方法和理论范式,在研究过程上也没有公认的规则。另一方面,现有的管理学、地理学、经济学等学科,对旅游学研究都有理论和概念上的贡献,但是,如果把旅游学归属到上述任何一门学科之中,都颇为勉强。

		旅游研究系统亚类 Sub-categories of TRS

市场细分
市场和营销研究
目的地发展
可持续旅游发展
旅游管理
教育和培训
人力资源
接待和好客度
服务和服务质量
组织机构
外部性因素
旅行模式
旅游客流
合作和战略联盟
品牌和识别度
客户关系管理
竞争力分析
绩效评价
旅游影响

旅游管理学
Tourism management

客户忠诚度
吸引物和节庆
基础设施
交通(目的地)
旅游设施
产品和生产
原真性
季节性
资源管理和环境影响
利益相关者
旅游市场/目的地营销
营销渠道
营销组合
促销和宣传

旅游资源(旅游地)开发与管理
Tourism resource (destination) development and management

旅游学学科树
Discipline tree of tourism studies

旅游学理论与旅游技术
Tourism theory and technique

理论和方法

旅游心理学
Tourism psychology

形象和感知
动机和需求
选择
满意度
情感和情绪

旅游人类学与社会学
Tourism anthropology and sociology

社区参与
社会和文化影响
限制
游客行为

旅游经济学
Tourism economics

市场(游客)特征
经济影响
企业
需求预测

旅游规划与设计
Tourism planning and design

旅游市场
空间和区位
规划

休闲研究与户外游憩
Leisure study and outdoor recreation

战略和计划
活动和参与
旅游体验

旅游政治学
Tourism politics

政府和政策

旅游美学
Tourism aesthetics

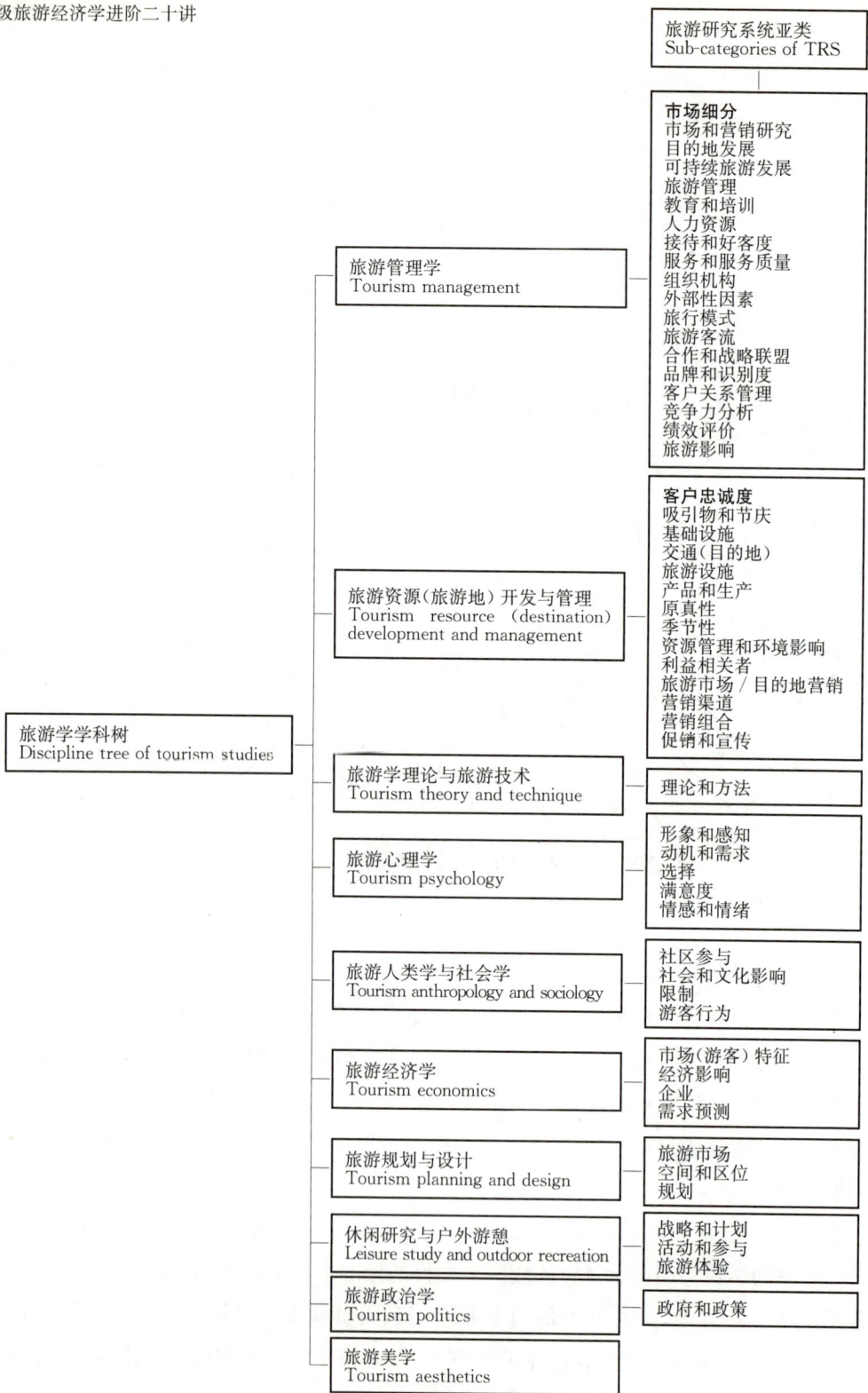

图 1-3 旅游学学科树①

① 朴志娜,吴必虎,Morrison,沈晔,李梦姣. 全球旅游研究格局的综合分析(2003—2012)[J]. 旅游学刊,2015,30(7):108-118.

1.2　学科现状

1.2.1　学科位置

鉴于旅游学具有跨学科、多学科交叉和综合性特点,旅游学科的分类归属在旅游学术界内还存在着不同的意见。从院校教学和科研工作实践中的一些与此相关的工作文件和参考标准来看,管理部门、学术界和出版界对于旅游学科的分类差异也比较大。

1.《学位授予和人才培养学科目录》

该目录由国务院学位委员会办公室于2011年颁布,是在1997年《授予博士、硕士学位和培养研究生的学科、专业目录》和1998年《普通高等学校本科专业目录》的基础上修改而成。旅游学科被归入管理学学科门类(代码12)中工商管理一级学科下的二级学科(见表1-1)。

表1-1　国务院学位办《专业目录》目录中旅游学科归属

门类(代码)	一级学科(代码)	二级学科(代码)
管理学(12)	管理科学与工程(1201)	
	工商管理(1202)	会计学(120201)
		企业管理(120202)
		旅游管理(120203)
		技术经济及管理(120204)
	农林经济管理(1203)	
	公共管理(1204)	
	图书馆情报与档案管理(1205)	

资料来源:国务院学位委员会办公室,2011.

我国普通高等院校本科教育专业按"学科门类"、"学科大类(一级学科)"、"专业"(二级学科)三个层次来设置。旅游学科主要是被列入"管理学"(学科门类)中"工商管理"(一级学科)下的"旅游管理"(二级学科)。这种制度性的学科安排,人为地割裂了旅游学科与其他人文学科之间的亲缘关系,消解了旅游现象研究与管理学以外的人文学科,如社会学(人类学)、地理学、心理学、行为学等,之间的逻辑关系,缩窄了旅游学的概念范畴和研究领域。将旅游现象研究局限在工商(企业)管理的范围内,不仅大大削弱了旅游在宏观经济上的功能,也不利于其社会效益的发挥。

2.《学科分类与代码》

国家标准《学科分类与代码(GB/T13745-2009)》,是由中国标准化研究院和中国科学院联合起草、1992 年首次发布、2009 年第一次修订，主要应用于基于学科的信息分类。在这个国家标准中，旅游学科没有被归入管理学，而是分别置于经济学（二级学科：旅游经济学）和地球科学（三级学科：旅游地理学）项下（见表 1 - 2）。

表 1 - 2 《学科分类与代码》中旅游学科的归属

门类（代码）	一级学科（代码）	二级学科（代码）	三级学科（代码）
E. 人文与社会科学（710 - 910）	经济学（790）	旅游经济学（79067）	旅游经济学理论（7906710）
			旅游经济管理学（7906720）
			旅游企业管理学（7906730）
			旅游事业史（7906740）
			旅游经济学其他学科（7906799）
A. 自然科学（110 - 190）	地球科学（170）	地理学（17045）	旅游地理学（1704539）

资料来源：《学科分类与代码》（GB/T 13745 - 2009）。

在国家标准《学科分类与代码（GB/T13745 - 2009）》中，旅游地理学是 2009 版新增加的，但是，在其他一级学科或学科群下均未出现旅游学的分支学科，如心理学（190）下未列旅游心理学，社会学（840）下未列旅游社会学，民族学与文化学（850）下未列旅游民族学、旅游人类学或旅游文化学等。

3.《中国图书分类法》（1999 年版）

《中国图书分类法》原称《中国图书馆图书分类法》，是目前国内图书馆使用最广泛的图书（文献）分类体系，初版于 1975 年，最新版是 1999 年修订的第 4 版。《中国图书分类法》通过对各学科学术研究发表的成果进行分类，用于图书编目和检索，在出版业界、图书馆界有着广泛的影响力，这也可以视作是一种学科分类的参考方案。《中国图书分类法》共有 5 个基本部类及下设的 22 个大类，但没有"管理学"和"工商管理"类别，而在"F 经济学"大类下的"F2 经济计划与管理"中列"F27 企业经济"（其中"F270.7 企业现代化管理"等）；而旅游学科则归属于"F 经济学"之下的"F5 交通运输经济"的亚类"F59 旅游经济"（见表 1 - 3）。

表 1 - 3 《中国图书分类法》旅游学科及分类

大类	一级分类	一级（亚类）	二级分类	三级分类	四级分类
F 经济学	……				
	F4 工业经济	F49 信息产业经济（总论）			

续　表

大类	一级分类	一级（亚类）	二级分类	三级分类	四级分类
F 经济学	F5 交通运输经济	F59 旅游经济	F590 旅游经济理论与方法	F590.1 旅游规划与管理体制	
				F590.3 旅游事业建设与发展	
				F590.6 旅游企业组织与管理	F590.63 旅游服务业务
					F590.65 旅游企业
					F590.66 旅游财务管理
				F590.7 各类型旅游	
				F590.8 旅游市场	
			F591 世界旅游事业	F591.9 旅游事业史	F591.99 旅游经济地理
			F592 中国旅游事业	F592.0 方针政策及其阐述	
				F592.1 规划与管理体制	
				F592.3 旅游事业建设与发展	
				F592.6 旅游企业组织与管理	
				F592.7 地方旅游事业	
				F592.9 旅游事业史	F592.99 旅游经济地理
			F593/597 各国旅游事业		
	F6 邮电经济				
	……				

资料来源：《中国图书分类法》，1999.

　　采取国家标准《学科分类与代码》（GB/T13745－2009）的学科分类，结合旅游文献中的具体研究内容，可以将旅游研究分为旅游理论和研究、旅游地理、旅游策划及规划、旅游公共管理与行业管理、旅游教育、旅游道路与交通、旅游环境、旅游心理、旅游营销、旅游信息化及应用、旅游法、旅游人文、旅游经济、目的地和区域旅游发展、其他等 15 个大类，在大类下设 90 个二级分类和 120 个三级分类。[1]

---

　　[1]　张凌云，兰超英，齐飞，等. 近十年我国旅游学术共同体的发展格局与分类评价——基于旅游学术期刊论文大数据的视角[J]. 旅游学刊，2013，28（10）：114－125.

学科是科学知识体系的分类,不同学科就是不同的科学知识体系。一般认为,构成一门独立学科须满足三个基本条件:① 具有独特的、不可替代的研究对象或研究领域;② 具有特有的概念、原理、命题、规律等所构成的严密的、逻辑化的理论体系(知识体系);③ 具有一定的学科知识产生方式和研究范式。旅游研究要成为一门学科,必须从纷杂的旅游活动和旅游现象中寻找到其本质,界定其独特的、不可替代的研究对象或研究领域;形成一套具有特有的概念、原理、命题、规律等所构成的严密的、逻辑化的理论体系(知识体系),并建立起由个别到一般、由经验到理论的研究范式。

总体而言,我国旅游理论研究相对滞后,尤其是旅游基础理论研究还很薄弱。"旅游学"作为旅游学科的基础,仍处于探索初创阶段,学科固有的研究对象、研究范围、独特的研究命题和术语体系、较为成熟的研究方法和"范式"、明确的研究目的和目标、脉络清晰的学科分支谱系等特征尚未形成。学科发展还不够成熟,符合学科规范的、相对独立的知识体系结构尚不够完善,甚至不被主流学术圈所认同。旅游学科要成为一门独立的、被学术界公认的学科,还有很长的路要走。

1.2.2　发展现状

旅游活动涉及社会发展的多个维度,旅游研究也因此成为兼具跨学科、交叉学科特征的新兴学科。在发展过程中从经济学、社会学、人类学、地理学等学科借鉴了理论范式、分析方法和研究成果,在初步建立了自己研究体系的同时,也为其他传统学科拓展出新的研究领域。

旅游研究领域的学科分类归属在旅游学术界内存在不同的意见,研究者多通过研究学科分类、研究主题、统计期刊信息等来评估旅游研究趋势。根据旅游研究者主要研究方向以及侧重点的不同,依据朴志娜等(2015)[①]的旅游研究系统分类框架,可将旅游研究者的学科领域划分为旅游管理学、旅游规划与设计、旅游经济学、旅游人类学与旅游社会学、旅游心理学、旅游学理论与旅游技术以及旅游资源(旅游地)开发与管理等类别。进一步,鉴于地理学对旅游学科的重要贡献,在上述"旅游研究系统分类框架"的基础上,根据旅游研究者所在研究机构或系所的具体情况,可以增加"旅游地理学"一个分类。在对旅游研究者的研究内容和方向进行整理和归类的基础上,本讲结合 Ht 指数对近 20 年我国旅游研究的主题特征以及研究学科发展趋势进行分析和研究,识别出旅游研究的跨学科特征和各个学科的受关注程度,分析我国旅游研究的演变趋势[②]。

---

① 朴志娜,吴必虎,Morrison,沈晔,李梦姣. 全球旅游研究格局的综合分析(2003—2012)[J]. 旅游学刊,2015,30(7):108-118.

② 杨勇,许鑫. 我国旅游研究者学术影响力及学科发展研究—基于 CNKI 旅游学术论文的统计分析[J]. 旅游学刊,2017,32(9):103-115.

1. Ht 指数

H 指数是美国物理学家 Hirsch(2005)[1]提出的用于评价研究者科研绩效的文献计量学指标,在数值上等于某研究者至多有 H 篇论文分别被引用了至少 H 次。H 指数越高,表明研究者所发表论文的影响力越大。H 指数综合了研究者学术论文数量和质量两方面的因素(Hirsch,2005),不仅可以遏制研究者片面追求论文数量的倾向(Egghe 和 Rousseau,2006)[2],而且在评价研究者科研绩效方面弥补了同行评议的不足。因此,自 H 指数提出以来,被广泛应用到学者、期刊、学科研究热点等方面的科研绩效评价,相关应用领域涉及生物学、文学和历史学、消费者及旅游等具体领域(王玉和许昌泰,2010[3];丁楠、周英博和叶鹰,2009[4];Saad,2006[5];董亚娟和薛玉刚,2014[6];张凌云、齐飞和吴平,2014[7])。

不过,H 指数虽然应用较广,却受到研究者学术生涯长短的影响,不利于从事学术研究时间较短的年轻研究者。并且,H 指数作为相对稳健的累积性指标,缺乏时间敏感性,在时间序列上表现为单调的上升或不变形态,不能客观地反映研究者的学术衰退和停滞状态,不利于激发研究者探索深层次科学问题的热情,也无法动态地反映的学术研究热点和学科发展趋势。因此,有关学者对 H 指数进行了系列扩展,提出了各种 H 指数衍生指数(相关研究可参考王梅英和刘雪立(2011)[8]关于近年来 H 指数及其扩展指标研究综述)。

针对 H 指数在时间维度上存在的缺陷和不足,Hirsch(2006)探讨了 H 指数与时间之间的线性关系,但是,并未给出其实证模型。Sidiropoulos 和 Kassayova(2006)[9]通过赋予每一次被引以不同的时间权重提出了时间相关 H 指数(Contemporary h-index)。Liang(2006)[10]则构建了 H 指数序列和 H 指数矩阵以反映不同时间跨度研究人员的科研绩效和影响力。有关学者进一步提出了加入时间维度的 Ht 指数,从时间序列维度对 H 指数进行了完善。但是,现有关于 Ht 指数的实证研究多局限于分子生物学等领域,将 Ht 指数应用于旅游学科领域的实证分析还比较少见。

---

①　Hirsch J E. An index to quantify an individual's scientific research output[J]. *Proceedings of the National Academy of Sciences*, 2005,102(46): 16569 - 16572.

②　Egghe L, Rousseau R. An informetric model for the Hirsh-index[J]. *Scientometrics*, 2006, 69 (1): 121 - 129.

③　王玉,许昌泰. 中国科学院部分院士 H 指数分析[J]. 现代情报,2010,(10): 23 - 25.

④　丁楠,周英博,叶鹰. h 指数和 h 型指数研究进展[J]. 图书・情报・知识,2008,(1): 72 - 77.

⑤　Saad G. Exploring the h-index at the author and journal levels using bibliometric data of productive consumer scholars and business-related journals respectively[J]. *Scientometrics*, 2006,69(1): 117 - 120.

⑥　董亚娟,薛玉刚. H 指数: 面向科研绩效评价的统计理念革新[J]. 内蒙古财经大学学报 2014,12(2): 33 - 35.

⑦　张凌云,齐飞,吴平. 近十年我国旅游学术共同体成果的 h 指数测度与评价[J]. 旅游学刊,2014,29(6): 14 - 23.

⑧　王梅英,刘雪立. h-指数及其扩展指标的研究进展[J]. 中国科技期刊研究,2011,22(2): 184 - 189.

⑨　Sidiropoulos A, Kassayova K. Law of the constant ratio. Towards a better list of citation superstars: Compiling a multidisciplinary list of highly cited researchers[J]. *Research Evaluation*, 2006,15(3): 154 - 162.

⑩　Liang LM. H-index sequence and h-index matrix: Construction and applications[J]. *Scientometrics*, 2006, 69(1): 153 - 159。

在旅游研究领域,有关学者通过分析 *Annals of Tourism Research*、《旅游学刊》《地理学报》等学术期刊,中国知网(CNKI)、SCIE、SSCI、A&HCI、CSSCI 等检索文献的文献库,以及国家自然和社科基金旅游项目、旅游类博士硕士学位论文来认识和分析国内外旅游学术界的研究动态(张凌云等,2013[①];曾丽,2010[②];朱竑和刘迎华,2004[③];唐顺英,2013[④];张薇、钟晟和张晓燕,2009[⑤];刘庆余,2008[⑥])。上述研究对于认识我国特定时期、特定方面的旅游学科发展概况和基本特征具有较强的参考价值。但是,旅游学科综合性、交叉性和跨学科等方面的特性使得有关研究涉及的样本范围受到了较大的局限,且有些研究的抽样范围局限在部分旅游或与旅游学科密切相关的学术期刊,不利于全面认识和客观评价旅游研究者学术成果绩效。

Ht 指数建立在 H 指数的基础之上,其原理是在被引论文的数量和被引频次的维度上,加入时间维度,将研究者被引论文发表时间以及研究者的学术活跃度考虑在内,对研究者科研绩效进行有效地评价。根据许鑫和徐一方(2014)[⑦]的定义,将旅游研究者发表的论文按照被引次数降序排列,并给每篇论文从 1 开始标上序号,然后统计出有多少篇论文的被引次数不小于论文序号,即获得该旅游研究者的 H 指数。然后,计算该旅游研究者 H 指数中所包含的每篇论文的距今年数,将距今年数加权平均得到年数均值,并统计出距今年数量小于上述均值的论文数量,即可获得该旅游研究者的 Ht 指数。

H 指数重点着眼于研究者高影响力论文,Ht 指数则关注于研究者尚具时效性的高影响力论文,这些论文与研究者相对近期的研究方向有关,且可能会继续被引用,反映了该论文及其所代表当前研究领域受关注的程度,可以使我们较为准确地把握学科发展的主题和领域。因此,Ht 指数强调旅游研究者学术论文持续被关注的时间态势,也是其所在旅游学科领域影响力和成长性的动态体现,那么,旅游研究者 Ht 指数可以在分析旅游研究者科研绩效的同时,分析旅游学科的重点领域,探究旅游学科领域的成长规律和动态发展态势。

2. 发展现状

不同领域旅游研究者 Ht 指数反映出其科研主动性及其在该学科领域的主导性程

① 张凌云,兰超英,齐飞,等. 近十年我国旅游学术共同体的发展格局与分类评价—基于旅游学术期刊论文大数据的视角[J]. 旅游学刊,2013,28(10):114-125.
② 曾丽. 从 2000~2009 年《旅游学刊》载文统计探究旅游学术研究的发展[J]. 旅游学刊,2010,25(5):92-96.
③ 朱竑,刘迎华. 从《旅游学刊》和 Annals of Tourism Research 的比较看中外旅游研究的异同和趋向[J]. 旅游学刊,2004,19(4):92-95.
④ 唐顺英. 近十年中国旅游类博士学位论文分析与展望[J]. 旅游学刊,2013,28(3):106-113.
⑤ 张薇,钟晟,张晓燕. 1998~2007 年全球旅游研究进展—基于 SCIE、SSCI 和 A&HCI 三大检索文献计量分析[J]. 旅游学刊,2009,24(12):78-83.
⑥ 刘庆余. 20 年来中国旅游研究进展:国家自然、社科基金旅游项目反映的学术态势[J]. 旅游学刊,2008,23(3):78-84.
⑦ 许鑫,徐一方. Ht 指数—基于时间维度的 H 指数修正[J]. 情报学报,2014,33(6):605-613.

度。旅游研究者学术影响力了显示了其所从事研究领域被关注的程度,也展示了当前旅游学科领域的热点、前沿及发展趋势。随着旅游业从单一产业逐步成为一种社会现象,旅游业对经济的拉动作用也日益获得各方面的重视,旅游学科以及旅游研究获得快速发展,成为一个跨学科的研究领域。如果以改革开放作为中国旅游学术研究的正式开始,那么,20 世纪 70 年代末期到 90 年代中期,是中国旅游研究的初期阶段,旅游研究者的背景多以地理学、历史学等为主;90 年代以后,随着管理学以及经济学研究的迅速发展和崛起,其在旅游研究中也获得了广泛的应用,成为备受瞩目的旅游研究领域。

　　每位旅游研究者都有自己的研究方向,分别对应着不同的旅游学科领域。对旅游研究者 Ht 指数及其研究方向所代表学科进行分析,有利于把握旅游领域近期的研究热点和学科发展趋势。通过对旅游研究者 Ht 指数的分析发现,旅游规划与设计、旅游管理学、旅游地理学等一直是近 20 年间旅游领域的研究热点,显示了持久的生命力。侧重于研究旅游规划与设计的旅游研究者最多,其次是旅游地理学和旅游管理学领域的旅游研究者,且旅游规划与设计、旅游管理学两个领域旅游研究者的 Ht 指数普遍较高,显示出较高的影响力。

　　我国旅游研究学术领域呈现出较强烈的协同性特色和趋势。旅游管理学、旅游资源(旅游地)开发与管理、旅游经济影响和旅游地规划与设计等是旅游业发展过程中人们关心较多的最需要解决、最先反映出来的实际问题,因而受到研究者的普遍关注,与之相关的学科能迅速发展,同样与此有关。旅游资源(旅游地)开发与管理、旅游地规划设计等学科方向也属于旅游地理学的应用领域,在其中发表论文的作者也大多是从事地理学研究,由此,旅游经济学、旅游地理学、旅游资源(旅游地)开发与管理、旅游地规划设计等构成了旅游作为一个独立学科所需的主要分支,旅游也成为不同学科协同发展中的综合性交叉学科。

　　对旅游业的研究是从其对经济的拉动作用开始的。随着人们对旅游经济效应的认识逐步加深,经济学理论和研究方法开始进入旅游研究领域。经济学在旅游学科的研究中占据了一定的地位,并以实证研究为主,以定量的方法来分析旅游业。相关旅游研究者多经过系统规范的经济学科训练,研究方法更为严谨。鉴于此,旅游经济学在旅游研究中一直处于显著的地位,且在考虑时间因素的情况下,维持了一个稳定的态势,显示出其对旅游学术研究的持续性影响,也必将是未来旅游研究的关键领域。

　　在考虑时间因素的情况下,与实际问题关系紧密的应用类旅游分支学科的学术研究进入了边际效应较低的阶段,而理论类、注重挖掘旅游内涵的其他分支学科逐渐获得了研究者的普遍关注。旅游学理论与旅游技术、旅游经济学等学科一直受到旅游研究者的关注,为其他旅游研究者提供了来自旅游学理论上的参考和借鉴,在旅游理论的建构上做着努力。并且,随着旅游研究的深入,传统的旅游管理学、旅游地理学研究已不能满足当前旅游业发展的需要,研究者逐渐回归旅游业和旅游理论的本身,根据旅游业的特点,从社会学、人类学等视角对旅游业展开多学科的研究,这也为人们认识旅游业及其发展机制提供更为全面的视角。经济学不仅日益受到学者的关注,而且在旅游研究领域中也将会有更大的应用空间,发挥更大的作用。

第 2 讲　旅 游 经 济 学

　　旅游经济学是研究旅游活动及其发展规律的新兴综合性学科,是一门应用经济学方法研究旅游现象的学科。与农业经济学、工业经济学、商业经济学等研究国民经济中某一部门的经济学科类似,旅游经济学主要研究旅游活动过程中的各种经济关系和发展规律。

2.1　发展与演变

　　虽然我国旅游经济学研究的起步较晚,但是,随着旅游业的蓬勃发展,旅游经济学逐渐成为旅游研究的热点领域,取得了相当数量的研究成果。从时间上划分,改革开放以来,我国旅游经济学研究大致有以下几个阶段。

2.1.1　初始认知阶段(1980—1990)

　　1982 年,王立纲、刘世杰合著出版了《中国旅游经济学》,该书是国内第一本较为系统地研究旅游经济的专著。这一时期,我国出现了《旅游学刊》等一批学术性或准学术性的旅游刊物,对旅游经济的研究起到了推波助澜的作用。1987 年,著名经济学家孙尚清主持了《中国旅游发展战略研究》的重大课题,提出中国旅游业要适度超前发展的战略,把中国旅游经济的研究从理论推向实践。

2.1.2　全面探索阶段(1991—2000)

　　1992 年,中共中央国务院《关于加快发展第三产业的决定》明确把旅游业列在第三产业中重点发展的第一位,旅游经济的研究逐步转向战略研究规划研究和深化研究。

　　20 世纪 90 年代中期以来,中国旅游经济的研究进入高潮,各种旅游经济学著作和论文如雨后春笋不断问世,推动了旅游经济学这一学科在国内的成熟和发展。其中较有代表性的研究成果有:《新编旅游经济学》(王大悟、魏小安主编,上海人民出版社,1998 年)、《旅游经济学》(罗明义编著,南开大学出版社,1998 年)、《旅游经济学》(林南枝、陶汉军主编,南开大学出版社,2001 年)、《旅游经济学原理》(张辉、厉新建编著,旅游教育出版社,2004 年)等。

2.1.3　深入发展阶段（2000 年以来）

进入 21 世纪以来，不断有学者在各期刊、论文中对改革开发以来我国旅游经济学的研究对象、研究方法等方面提出质疑，认为我国对于旅游经济学研究只是用传统经济学理论框架套上旅游活动而进行的研究。在 2007 年 11 月出版的张辉、魏翔编著的《新编旅游经济学》中，提到"在我国，旅游经济学的理论研究还处于一个初级阶段，对旅游经济的研究无非是利用正统经济学的知识在旅游的标签下演练一些并不复杂的经济学习题而已，……，因此，旅游经济理论需要突破……"该书在双维动态路径上对旅游经济学进行探索，以空间位移为基础研究，并引入了对闲暇时间的考虑；注重旅游经济学中研究模型的建立，并对相关的技术作了准备，介绍了重要的概率论知识、非线性规划与灵敏性分析、稳定性与最优控制论、博弈论等。在这个阶段，还出现了许多在旅游经济学的理论体系、研究角度等方面创新的研究成果。我国的旅游经济学在质疑、反思中不断前进，不断与国际先进理论靠近，结合中国旅游业的发展特点和规律不断创新。

在形式上，旅游经济学逐渐进入重视经济分析方法阶段等三个阶段。经济学研究方法的引入使旅游经济学的形式产生了极大的改观，推动旅游经济学从简单的部门经济学上升到应用经济学层次上来，使其逐渐成为一门独立的学科。经济学研究方法的应用使旅游经济学的研究形式提升到模型与方法的层面，逐渐形成了"以旅游经济活动的主体为依据，以高级经济分析方法为标准，构建理论模型与分析方法"的旅游经济学内容体系，也使旅游经济学初步形成了独特的分析方法和理论体系，将旅游经济学向高级分析阶段推进。进一步，旅游经济学从简单的理论研究中走出来，经济学方法与研究范式应用赋予其逻辑性和科学性，形成复杂的研究工具以及所匹配的理论发展水平。

不过，需要指出的是，尽管相关的论文、专著和教材数量众多，旅游经济学在学科体系、内容和方法上仍然存在许多不成熟的地方。研究者队伍较小、旅游经济学研究范畴边界模糊、对旅游经济现象研究的理论提升不够、研究方法以定性为主等，制约了旅游经济学的发展。

鉴于此，一方面，要加强旅游经济学基础理论研究。经济学是旅游经济学的基础性学科，但是，经济学研究中的一些最新研究成果和前沿探索应用在旅游经济学中的应用却相对滞后。旅游经济学研究的进一步深化，需要基础理论平台的提升与创新，要全面借鉴和吸收经济学领域的最新理论成果，构建更具解释力的理论体系，形成一个包括微观、中观、宏观在内的多视角的、结构完整的旅游经济学理论新范式。另一方面，强化旅游经济学方法论研究。应用经济学方法完成旅游现象的描述研究、解释研究、预测研究和规范研究四个连续的层次，结合数理统计和构造模型等方法对旅游现象进行深层次的研究。在上述基础上，对旅游经济学研究的众多成果进行梳理总结并进行深入的思考，既有利于我们进一步深化旅游经济学研究体系,又有利于在我国国内旅游经济学学科建设上有所创新和发展,使经济学在旅游活动中的应用潜力进一步得到挖掘。

2.2　研究对象和内容

旅游经济学是经济学的应用学科,是经济学及有关理念和方法在旅游领域中的应用。旅游为旅游经济学的研究提供了特定的场景,也就是研究对象;经济学为旅游经济学的研究提供了研究的方法和目的,也就是研究内容。

2.2.1　研究对象

每门学科都有各自不同的矛盾和规定性,决定了不同学科都有各自不同的研究对象。对于某一领域特有的现象进行研究,构成了某一门学科的研究对象。因此,特定学科的研究对象就是对该门学科的研究方向、范围和内容的高度概括,既是进行科学研究的重要起点,也是建立科学理论体系和确立研究内容的基础。

旅游经济学的研究对象是旅游经济活动的运行及其所产生的经济现象、经济关系和经济规律。旅游经济领域作为国民经济的一个组成部分,其生产关系具有独特的、不同于一般社会生产关系的特殊规律。旅游经济学研究要结合旅游经济现象的特殊性,以旅游经济现象的发展规律研究为主,对旅游经济活动的运行规律内涵进行科学、全面的研究。

进入 21 世纪以后,随着旅游业成为世界经济中最大的新兴产业和国民经济的重要产业,学术界对旅游经济实践总结和理论研究也进入了热潮,对如何构建更加符合旅游经济发展实际的旅游经济学体系也展开广泛的研究。部分学者对旅游经济学的研究对象、理论体系和研究内容提出了讨论和反思,推动了旅游经济学研究的不断发展对旅游活动中的经济现象、经济问题的不同认识和理解,形成了以下几种较有影响的观点。

一是,以林南枝、陶汉军(2001)[①]等为代表的主流旅游经济学观点,主要是应用经济学理论和方法来分析和研究旅游活动中的经济问题,认为旅游经济学的研究对象是旅游经济活动中旅游产品需求与供给的矛盾,并指出这一矛盾贯穿于旅游经济活动过程的始终。

二是,以张辉(2003)[②]为代表的反思与批判旅游经济学观点,主要是通过对主流旅游经济学的研究对象进行反思,认为以旅游产品为核心或以其为主线而展开研究难以全面把握旅游经济现象的实质,从而提出旅游经济学的研究对象是由旅游者的空间移动而引起的旅游客源地、旅游目的地和旅游联结体三者运动而表现出的经济现象、经济关系以及

---

① 林南枝,陶汉军. 旅游经济学[M]. 天津:南开大学出版社,2001.
② 张辉. 旅游经济论[M]. 北京:旅游教育出版社,2003.

经济规律。

三是,以斯洛博丹·翁科维奇(2003)①为代表的产业经济学观点,认为旅游经济学是研究旅游业运行与发展中各种经济现象和经济关系的学科。因此,既要把旅游业作为宏观经济范畴来对待,又必须把旅游业当作微观经济范畴来对待。旅游经济学首先应当来确定、分析和解释旅游业的基本经济范畴,使人们看清旅游业作为经济部门在国际经济中以及本国经济中的位置。

从经济学视角来看,旅游主要涉及旅游活动中旅游者、旅游经营者和旅游组织之间的经济行为和经济关系。因此,旅游经济学的研究对象是旅游活动中的经济问题,即旅游活动中有关旅游者、旅游经营者、旅游组织之间的各种经济现象、经济关系和经济规律。目的是揭示旅游活动中各种经济问题的主要矛盾、内在规律及其运行机制,以采取合理有效的政策措施,科学地指导旅游经济的实践与发展。进一步来说,对旅游活动中的经济问题,即有关旅游者、旅游经营者、旅游组织之间的各种经济现象、经济关系和经济规律的研究,不仅成为旅游经济学的研究对象,而且它们相互联系、相互作用,共同构成了旅游经济学的理论体系和研究内容。

2.2.2 研究内容

进入 21 世纪以后,旅游业逐步成为世界经济新的增长点和我国国民经济的重要产业,然而旅游经济学理论研究明显落后于旅游业的实际发展。作为经济学的应用学科和旅游学的基础学科之一,旅游经济学的研究迫切需要建立一个包括微观、中观、宏观在内的多视角的、结构完整的旅游经济学理论新范式。旅游行业的特殊性决定了旅游经济学的研究对象研究方法和理论体系有必然具有其特定的研究对象、理论体系和研究内容。

为了理解旅游经济学的研究对象,首先必须掌握科学研究的基本研究方法。通常,科学研究有两种基本研究方法,一种是从事物的表面现象和联系研究的方法,从而概括出事物发展的客观规律性,是一种静态的和比较初级的研究方法;另一种是从事物的内在本质联系研究的方法,既要认识事物变化发展的表面现象和外部联系,更要掌握事物变化发展的内在本质联系和主要矛盾,是一种动态的和比较成熟的研究方法。旅游经济学在长期发展中已经逐渐成为一门成熟的科学,因此只有从旅游活动的内在本质联系中,从旅游经济的主要矛盾入手,掌握旅游活动中的经济现象、经济关系和经济规律,才能真正把握旅游经济学的研究对象,从而构建起旅游经济学的理论体系和研究内容。

---

① [塞黑]斯洛博丹·翁科维奇. 旅游经济学[M]. 北京:商务印书馆,2003.

旅游经济学的研究对象,是旅游活动中有关旅游者、旅游经营者、旅游组织之间的各种经济现象、经济关系和经济规律,及其涉及的旅游者、旅游经营者和旅游组织的经济行为。在此基础上,旅游经济学主要包含如下研究内容。

1. 旅游者行为研究

从旅游者角度研究人们为什么要旅游、选择何种旅游产品以及怎样消费旅游产品等问题,对这些问题的研究就形成了旅游经济学中的旅游者行为研究,包括旅游需求、旅游消费和决策等内容。

2. 旅游企业行为

从旅游经营者角度研究为谁提供旅游产品、提供何种旅游产品以及怎样提供旅游产品等问题,对这些问题的研究就形成了旅游经济学中的旅游企业行为研究,包括旅游产品、旅游供给、旅游投资和收入等内容。

3. 旅游市场

旅游者和旅游经营者之间的经济交换活动必须通过一定的载体和媒介,于是形成了旅游经济学中的旅游市场、旅游价格、旅游供求平衡机制等研究内容。

4. 旅游发展

在市场经济条件下,由于旅游市场机制的自发作用,总是存在着无序竞争和市场失灵等问题,并引起旅游需求与旅游供给不平衡的主要矛盾,由此产生旅游经济运行中的其他各种矛盾,需要从政府旅游组织管理角度对旅游市场进行规制,对旅游经济运行进行宏观调控。上述研究内容形成了旅游经济学中的旅游宏观调控、旅游经济结构优化、旅游经济效益评价、旅游经济增长与发展等内容。

总之,旅游经济学作为一门新兴的应用经济学科,其研究领域涉及微观经济学、产业经济学等经济学领域。具体而言,其研究对象应涵盖旅游经济活动涉及的诸多主体,如旅游产品、旅游者、旅游市场以及旅游目的地,研究内容既包括微观经济学领域关于旅游产品的生产和销售、产品的生命周期、以及满足"食住行游购娱"不同需要的旅游业元素之间的相互关系,旅游者的旅游需求和消费、旅游企业规模、行业市场集中度以及行业进入退出壁垒等问题,还包括旅游目的地的投入产出分析、区域竞争合作、国际贸易、乘数效应等旅游宏观经济政策的分析。具体研究对象和主题如下(见表 2-1)。

表 2-1　旅游经济学的研究对象和研究主题

研究对象	研究主题
旅游产品	旅游产品:生产、成本构成、生命周期;产品定价方法 旅游生产要素市场:劳动力、资本 旅游产品的不同组成部分:餐饮、住宿、交通、景区等;及其相互关系

续　表

研究对象	研　究　主　题
旅游者	旅游需求 旅游消费
旅游市场	旅游市场结构：企业规模、市场集中度、进入/退出壁垒
旅游目的地	旅游国际贸易旅游区域竞争与合作 旅游投入产出分析市场失灵分析：外部性、公共物品、交易成本 旅游卫星账户旅游宏观经济政策：旅游扶贫政策等 旅游乘数效应

从研究逻辑上来看,旅游产品的研究是旅游经济学研究的基本出发点。其次是旅游活动中的供给和需求问题,并在旅游价格和市场竞争机制作用下实现旅游产品的供求平衡。再次是旅游市场是旅游者和旅游经营者进行旅游产品交换的载体,旅游企业作为旅游市场的主体,其企业规模、市场集中度,行业进入和退出壁垒,都直接体现了旅游业的发展水平。最后是从旅游目的宏观调控的角度优化旅游经济结构,促进经济核算和综合效益的评价,以促进旅游代际公平和可持续发展。

旅游经济学理论体系,一要研究旅游产品区别于其他商品的本质特征;二要从微观旅游经济角度研究旅游者、旅游经营者等单个经济主体围绕旅游产品形成的需求和供给、生产和消费;三要研究旅游产品、旅游生产要素通过旅游市场进行交换、分配和有效配置的机制;四要从宏观旅游经济角度研究整个旅游经济运行,主要涉及旅游经济生产、交换、分配和消费的经济运行过程等内容。在上述内容板块的基础上,初步建立起旅游经济学的理论体系(见图2-1)。

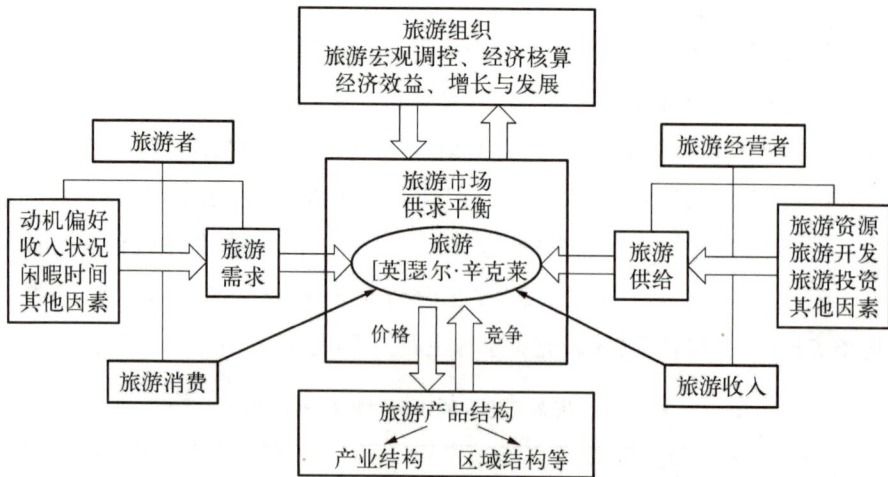

图 2-1　旅游经济学的理论体系框架[1]

---

[1]　转引自罗明义. 论旅游经济学的研究对象和内容[J]. 旅游研究,2009,1(2)：8-12.

2.3 研究方法

旅游经济学研究要在本学科多年研究积累的基础上,充分借鉴其他学科的研究方法和规律,形成独特的研究方法体系,说明和解释旅游业以及旅游现象的现状和发展。

2.3.1 定性分析和定量分析相结合

旅游经济现象在不断的发展变化过程中,实现了量和质的统一。研究旅游经济现象中"质"的规定性,才能区分各种旅游经济现象的本质。分析旅游经济中"量"的规定性,才能判断旅游经济现象的发展状况。只有将定性分析和定量分析相结合,才能全面、客观地分析旅游经济现象,解决旅游经济中的问题。

2.3.2 宏观分析和微观分析相结合

宏观经济学是相对于微观经济学而言的,微观经济学研究的是经济个体的经济行为及其后果,而宏观经济学研究的是经济整体的经济行为及其后果,产业经济学则从中观的角度来研究产业组织、产业结构和产业发展。

旅游经济在运行的过程中,既要涉及微观的企业、政府、旅游者、居民等,也要关注旅游业在国民经济中的地位和影响作用等宏观问题,还要重视旅游业组织结构的合理性和协调性对旅游业发展的影响。因此,只有坚持宏观经济、中观产业和微观经济相结合的分析方法,才能更全面的理解旅游经济的系统性,才能实现旅游微观主体更活跃健康地发展,宏观作用更好地发挥以及中观产业协调的动态发展。

2.3.3 实证分析和规范分析相结合

实证研究是经济学中的重要的研究方法,是解释事物或现象是什么的问题,是对事物会现象的客观描述。在解释事物或现象的过程中不涉及主观的判断,只是表述旅游经济活动和旅游现象发生和发展的客观过程,揭示旅游经济现象的内在联系。

规范研究分析方法是研究应该是什么的问题,是从主观价值判断出发,对旅游经济现象进行逻辑思维和科学推理,探寻其发展变化的规律性。在对旅游经济现象进行实证的分析后,客观的描述事物,在此基础上,从规范分析出发,判断旅游经济现象的影响,进而解决旅游经济现象中存在的问题。

2.3.4 理论研究和实际情况相结合

任何问题的分析和解决若脱离其产生的具体环境就会失去意义。旅游是一种多产业融合的现象,旅游经济学从旅游经济的角度来解读旅游业的现状和进展,要从客观实际出发,运用经济学理论来分析旅游经济活动中的各种现象和关系,揭示其发展变化的客观规律,通过总结、归纳和提炼,上升为科学的理论来指导实践。

现代系统科学认为,任何事物都是以系统的方式存在的,系统具有整体性、结构性、层次性和开放性。旅游经济是国民经济的一个方面,需要多学科渗透、融合的研究方法。就其本身而言,旅游经济学也是一个系统,有自身的发展规律和特殊性,只有系统、科学、深入地展开旅游经济学研究,才能准确地把握旅游经济学的整个理论体系和方法,有效地指导实践。

第二篇
旅游需求

旅游需求是受国内外学术界广泛关注的关键领域之一,旅游需求决策涉及复杂的多元因素。以往关于消费者需求行为的研究多基于传统经济学框架的设定展开,本篇将消费者收入水平及来源结构、社会交往、旅游情境以及旅游方式等系列重要因素,纳入消费者旅游需求的分析模型中,提出了若干研究命题。

本篇主要讨论如下内容:

➤ 旅游效用

➤ 旅游动机

➤ 旅游需求

➤ 社会收入

➤ 社会交往理论

➤ 心理账户

➤ 不同来源收入

➤ 旅游方式

➤ 自主权

第 3 讲　社　会　收　入

现代的社会学家和人类学家在研究中强调了社会成员间的"社会相互作用",19 世纪几位杰出的经济学家甚至把这些作用视为行为的基石。现代经济学家对于社会相互作用的忽视可能既不是由于这一问题难于分析,也不是因为概念上的偏见,而是因为对经济学规范化发展的过分关注。本讲从社会成员彼此间的关系出发,运用经济学的基本理论,分析一些旅游者与其他具有不同特征旅游者之间的相互作用。本讲分析的中心概念是"社会收入",它是个人的自身收入(个人的报酬等)同其他人的有关特征(本讲称为"社会环境")对他的货币价值之和。借助社会收入,本文得以分析不同收入,与包括社会环境"价格"在内的不同价格变化对旅游需求的影响。从方法论的角度看,本讲分析表明,在纳入经济理论的分析框架时,社会学和人类学中相当重要的一种关系如何得到有益的阐述。

3.1　效用与动机

3.1.1　效用

效用(Utility),是经济学中最常用的概念之一。指消费者消费某种物品得到的满足程度。一般而言,效用是指对于消费者通过消费或者享受闲暇等使自己的需求、欲望等得到的满足的一个度量。经济学家用它来解释有理性的消费者如何把他们有限的资源分配在能给他们带来最大满足的商品上。

效用理论是消费者行为理论的核心,效用理论按对效用的衡量方法分为基数效用论和序数效用论。基数效用是指按 1,2,3 等基数来衡量效用的大小,这是一种按绝对数衡量效用的方法,与基数效用分析方法相关的方法为边际效用分析方法。但是,效用更多是一种心理感受,要准确计量非常困难。序数效用则是指按第一、第二、第三等序数来反映效用的序数或等级,这是一种按偏好程度进行排列的方法。

效应函数是表示消费者在消费中所获效用与所消费商品组合之间数量关系的函数,被用以衡量消费者从消费既定的商品组合中所获得满足的程度。运用无差异曲线能分析两种商品的组合,而运用效用函数则能分析更多种商品的组合。一般而言,效用函数可以表示为,

$$U = U(x_i) \qquad\qquad (3-1)$$

其中，U 表示消费者消费商品组合获得的总效用，x_i 代表消费者所拥有或消费 i 商品的数量。

效用函数表明了消费者效用来源的多样性。在杰文斯、瓦尔拉斯、马歇尔、门格尔等人开始形成消费者需求理论之前，经济学家经常讨论什么是决定欲望的基本因素。边沁（Bentham，1789）分析了 15 种基本的快乐与痛苦——所有其他的快乐与痛苦都被认为是这些基础集的组合，提到"与他或他人存在良好交往……的快乐"，"声誉的快乐"，"当善举的对象享有快乐时的快乐"[1]。纳骚·西尼耳指出："追求特色的欲望……考虑到它的普遍性和永久性，就是：它在一切时间影响一切的人，从我们呱呱坠地它就随之而来，直到我们进入坟墓它才会离人而去，则这种情感可以说是人类情感中最有力的了"。[2] 马歇尔（1962）在开始表述他的著名的边际效用理论之前，简要分析了需求的几种基本决定因素，强调了追求特色的欲望，通过分析食物、衣饰、住房和生产性活动来说明它的影响。[3]

由于精确化分析趋势逐渐主导了消费者需求理论，特色、声誉或善举等变量越来越被忽视。每个消费者或家庭通常被认为具有一个效用函数，该函数直接依赖于其所消费的产品与劳务。然而，这并不等于说消费者或家庭之间的相互作用被排除在外，庇古（Pigou，1903）[4]、费雪（Fisher，1926）[5]、帕提里奥尼（Panteleoni，1898）[6] 将系列其他因素的作用纳入了效用函数，有关文献则分析了"示范效应和相对收入"对储蓄与消费的影响。凡勃伦关于炫耀消费的研究就表明，"如果说明为什么对商品进行消费必然会引起对商品进行积累的动机，那就得撇开其最初的简单含义；只有在相去甚远的另一种意义下才能有所领会。之所以要占有物品，之所以会产生所有权制度，其间的真正动机是好胜心。"而且，"同僚对他的尊重，往往是他产生自尊心的基础。"[7]

3.1.2　旅游动机

动机是指由特定需要引起的、欲满足各种需要的特殊心理状态和意愿，构成了效用的基础。消费者基于旅游动机形成旅游需求，其旅游需求获得满足的过程，就是为其带来旅游效用的过程。

1. 旅游动机分类

旅游动机是一个人外出旅游的主观条件，包括旅游者身体、文化、社会交往、地位和声

---

① Bentham J. *Principles of morals and legislation*[M]. Oxford：Clarendon，1789.

② 转引自 Marshall A. *Principles of economics*[M]. London：Macmillan，1962，p.87.

③ 转引自 Marshall A. *Principles of economics*[M]. London：Macmillan，1962，p.90.

④ Pigou AC. Some remarks on utility[J]. *Economic Journal*，1903，13(49)：58-68.

⑤ Fisher I. *Mathematical investigations in the theory of value and price*[M]. New Haven：Yale University Press，1926.

⑥ Panteleoni M. *Pure economics*[M]. Clifton：Kelly，1898.

⑦ Veblen T. *The theory of the leisure class*[M]. New York：Modern Library，1934，p.25，30.

望等方面的动机。在个人因素之外,促发旅游动机产生的心理需要主要有探新求异的积极心理和逃避紧张现实的消极心理等方面。

具体说来,旅游者一般性的旅游动机,具体分为生理性动机和心理性动机两大类,前者是指旅游者由于生理本能的需要而产生的旅游动机,后者是指旅游者由于心理需要而产生的旅游动机。随着人们生活需要的多样化和复杂化,旅游动机日益变得多种多样,由此也产生了多元化的旅游动机。

美国学者罗伯特·麦金托什和沙西肯特·格普特在他们合编的《旅游的原理、体制和哲学》一书中将所有人的旅游动机分为四类:

一是,身体健康的动机。这个动机的特点是以身体的活动来消除紧张和不安。它包括休息、运动、游戏、治疗等动机。

二是,文化动机。这类动机表达了一种求知的欲望。它包括了解和欣赏异地文化、艺术、风格、语言和宗教等动机。

三是,交际动机。这类动机表现为对熟悉的东西的一种反感和厌倦,出于一种逃避现实和免除压力的欲望。它包括在异地结识新的朋友,探亲访友,摆脱日常工作、家庭事务等动机。

四是,地位与声望的动机。这类动机表现为在旅游活动交往中搞好人际关系,满足旅游者的自尊。它包括考察、交流、会议以及满足个人兴趣所进行的研究等。

2. 影响旅游动机的主要因素

旅游需求的形成,必须同时具备主观和客观两个方面的条件。即主观上要有外出旅游的愿望,客观上要具备一定的支付能力和闲暇时间,而且身体状况允许等。就影响人们旅游愿望产生的主观因素而言,主要包括安全感、个性因素、身体等;而就客观条件而言,主要包括人们有自己支配的时间、足够可供支配金钱、可供旅游者使用的交通工具和现代化的旅游设施、鼓励旅游的社会风气等。

激发旅游者的旅游动机,就是要调动旅游者旅游的积极性,刺激旅游者的兴趣与需要,促使潜在旅游者积极地参与到旅游活动中去。由于旅游者所处社会环境以及旅游者心理活动的复杂性,影响旅游动机的因素主要有以下几个方面。

一是,旅游者对外界刺激物或情境的心理反应不同影响旅游动机。兴趣爱好广泛,想象力丰富的旅游者,在刺激物作用下,能迅速形成旅游动机;性格沉稳、观察问题深刻、独立性强的旅游者,动机形成较慢,但理智性和稳定性较强,也就是说,一旦动机形成,行为很快发生。

二是,旅游者价值观和期望影响旅游动机。旅游者对旅游产品和服务以及从事的旅游活动都有一定的期望和评价。期望高、评价好,动机形成迅速,坚定;期望低、评价差,动机形成缓慢,犹豫。

三是,旅游产品和服务影响旅游动机。旅游产品和服务为旅游者提供了具体的体验经历,旅游刺激物的好坏直接影响着旅游者的期望和评价。旅游产品的独特、优良,配上亲切、感人、优质的旅游服务能刺激旅游者留下美好印象,促使其旅游动机的形成。

3.2 社会相互作用

消费者旅游需求是倍受国内外学术界普遍关注的关键领域之一,涉及经济学、社会学、管理学等多元学科方法。研究者普遍基于绝对收入假说、相对收入假说、预防性储蓄理论等西方消费理论将收入视为影响旅游需求的关键变量,将 GDP(或 GNP)、人均可支配收入等纳入消费者旅游需求函数的同时,识别了影响旅游需求的价格、交通成本、目的地形象、汇率等多元因素,详情可参阅有关综述性文章[①]。

但是,旅游作为一种普遍的社会、文化现象,从形成过程来看,消费者旅游需求逻辑上是消费者个体经济特征、旅游过程中的社会交往、置身其中的旅游情境等内外部因素综合作用的结果,个人经济因素之外的社会交往、旅游情境给消费者带来了多维效用,对上述因素的忽略无疑会使旅游需求研究有失偏颇。

3.2.1 消费者特征

当前研究中将消费者生活方式纳入旅游需求研究渐成趋势,且随着消费者出游经历和经验的增加,旅游习惯成为影响旅游需求的重要因素。相关研究发现,消费者以往旅游经历对其旅游决策有着显著的影响,并提升了消费者的重游意愿。比如,随着休闲度假的生活理念和意识逐渐深入人心,"黄金周"出游也在行为习惯层面上影响着消费者旅游需求,使"黄金周"制度呈现出沿特定路径发展的惯性特征。

在消费者实际的旅游决策过程中,涉及影响因素远比上述理论描述的要复杂。随着旅游需求研究主体向主体与客体并重的转化,研究者普遍认识到,消费者旅游需求是其经济条件、决策过程和消费环境等因素共同作用的结果。研究者从个人经济环境、消费者特征、参照群体、购买情境等角度确定了影响消费者行为的多维因素,以动态学方法建立了系统化的消费行为模型。消费者旅游需求是一个包括若干步骤的理性过程,其旅游需求不仅表现为一定收入和时间约束条件下的最优化选择,而且表现为旅游过程中社会交往、消费情境效用的最大化行为。

---

① Crouch GI. A Study of international tourism demand: A review of findings[J]. *Journal of Travel Research*, 1994,33(1): 12-23. Lim C. A Meta-analytic review of international tourism demand[J]. *Journal of Travel Research*, 1999,37(2): 273-284. Witt SF, Witt CA. Forecasting tourism demand: A review of empirical Research[J]. *International Journal of Forecasting*, 1995,11(3): 447-475. Song H, Li G. Tourism demand modeling and forecasting: A review of recent research[J]. *Tourism Management*, 2008,29(2): 203-220.

3.2.2　社会交往

就社会交往效用而言,传统消费函数强调了"个体"在消费决策中的作用,将消费者视为"问题解决者"和"体验者",自我概念与建立其上的生活方式及消费情境因素成为研究消费者行为的重点和主线。但是,有关理论的中国化应用却面临东方文化背景下家庭、亲情或友情的考量,子女状况、家庭人口规模等因素均对我国居民消费需求产生了显著影响。遗憾的是,国内相关实证研究多遵循"个体"经济约束下最优化的思路,将旅游需求视为个体收入和时间约束下效用最优化的理性过程,忽略了社会环境约束导致效用水平的变化,这也使中国式旅游需求的理论和实证研究还相对少见。

家庭是社会群体中最基本的单元,家庭结构及成员间情感交流对个体旅游需求具有最为直接的影响,家庭也普遍成为旅游体验和决策单位。旅游过程中家庭成员间的互动可以增进相互之间的情感,在维持家庭关系、增加家庭和睦、提升家庭共同兴趣等方面,给消费者带来额外的旅游效用。因此,消费者旅游需求受到个体之外家庭等因素的影响,这在具有浓厚家族(家庭)意识的中国文化背景下表现得尤为明显。研究者将个人旅游决策扩展到家庭旅游决策,根据中国特有的家庭结构与意识形态,探索了家庭旅游决策研究的本土化理论视角与分析思路。但是,关于消费者旅游需求一般性框架构建和实证的研究依然有所欠缺。

在家庭因素之外,消费者在旅游过程中与自己的朋友、同事甚至陌生人之间的各种互动给其带来了非惯常环境下的社会交往体验和效用,成为其旅游效用的关键来源之一。因此,旅游同伴的选择是影响消费者旅游需求的重要因素和关键动机。具体而言,有无同伴是消费者旅游需求决策的重要条件,且通常优先考虑朋友或家人等相对熟悉的群体,以此获得旅游过程中必要的帮助和安全感。此外,在"逃—寻"二分法旅游动机模型中,消费者往往基于离开日常环境的愿望("逃"),在非惯常环境中重构人们之间的关系,寻获内在心理回报和额外的效用("寻")。尤其是,由于其与同伴之间的角色、地位关系发生了异于日常生活的转变,消费者与旅游同伴间的社会交往过程更加"原真"和有效,促进了彼此间的友好共处和社会认同,旅游也由此成为缓解社会疏离的新途径。

3.2.3　旅游情境

旅游消费具有高度情境性的特点,消费者旅游需求受到旅游过程中具体环境的影响。具体说来,旅游情境不确定性所产生的风险会导致消费者旅游效用的损失,这在旅游目的地范围的扩大、旅游方式多元化、行业监管不力、经营者恶性竞争等情况下尤其如此。尤其是,"黄金周"期间交通拥挤、食宿不便、游客超载、旅游产品供给不足、旅游环境恶劣和服务质量低下等成为影响消费者旅游体验和效用的系列因素。

在实际的旅游决策过程中,消费者往往会积极地通过多途径收集和加工有关信息,降低其未来旅游行程中的情境风险。一方面,旅游业是一个信息敏感性产业,获取旅游信息是消费者出游决策过程中最重要的准备工作之一。随着搜索引擎的优化、电脑便携性的增加和智能手机的普及,网络信息搜寻被认为是功能最好、效率最高、成本最低的重要信息获取渠道,提升了其选择、设计、塑造与营造旅游情境能力,对消费者旅游需求产生了明显的影响。一方面,消费者旅游需求及其效用最大化往往在对特定旅游目的地选择的基础上通过对旅游形式的选择实现。旅游目的地是影响消费者旅游需求的拉力性因素,出游方式则决定着消费者效用获取的具体过程。鉴于女性对安全需求较高,女性消费者在无固定伴侣的情况下通常考虑以团队游的方式出行,且对自然美景、历史文化遗址、购物等安全系数较高的常规旅游活动表现出较大的兴趣,而对于徒步旅游、郊外宿营等安全系数相对较低的活动表现消极。

作为一种典型的社会消费现象,有关文献述及的有关因素虽然在个体或家庭旅游需求研究中得到了一定的应用,但大都局限于对旅游需求的定性研究,缺乏基于中国国情和多元影响因素的系统性理论构建与实证分析,使其研究结论带有一定的局部性。此外,基于宏观数据的旅游需求计量模型分析了国家或地区层面带有共同倾向的旅游需求特征和行为方式,忽略了消费者的社会互动、旅游情境等外部因素的作用。并且,有关研究结合调查问卷方法分析了消费者旅游需求的影响因素,但是,却由于缺乏统一的理论基础使有关分析带有一定的随机性,这不仅限制了有关研究的逻辑严谨性,而且影响了有关结论的科学性和现实适用性。

鉴于此,需要借鉴消费者旅游需求影响因素的一系列研究成果,根据 Becker 的社会交往理论(Social Interaction Theory)[①],综合个人经济因素、消费者特征、社会交往、旅游情境等方面的因素,构建与传统经济学理论相一致的旅游需求系统理论分析框架,检验有关理论命题,期冀促进中国本土特色旅游需求研究的发展。

3.3　旅游需求模型

消费者旅游需求实现的实质在于旅游过程中对效用最大化的追求,消费者旅游效用不仅来源于旅游产品或服务本身,还来源于其旅游过程中的社会交往和旅游情境。但是,在数量化实证分析主导消费者需求理论的情况下,旅游过程中人与人之间的社会交往、消费者所处的具体旅游情境等变量均被排除在基本的分析模型之外,消费者旅游效用被简化为收入约束条件下其"个体"所消费旅游产品和服务数量的函数。然而,当消费者试图

---

① Becker GS. A Theory of social interactions[J]. *The Journal of Political Economy*,1974,82(6):1063 - 1093.

通过主动性努力影响其旅游过程中其他人的特征,选择、设计、塑造和营造旅游情境时,仅使用传统收入概念分析其旅游需求是存在缺陷的。在收入水平约束之外,纳入消费者旅游效用函数的还应包括社会交往、旅游情境等获得性因素(acquired component)。

一般而言,社会交往表现为消费者旅游过程中与心理上所喜好或依赖参照群体间的交流。根据对其旅游需求影响程度的不同,依次为家庭、朋友、所属的工作团体或特定的购买团体等,旅游过程中消费者与亲人、朋友、同时间的交往会产生亲情、友谊、安全等方面的效用,促进其旅游需求的形成与实现。旅游情境则是促成或延缓消费者旅游需求实现的辅助因素,既包括旅游景点类型所提供的不同旅游特色环境,也包括具体旅游过程中所遭遇的拥堵等外部客观环境。良好的旅游情境能使消费者保持良好的旅游情绪状态,提升其旅游效用水平;而拥挤等旅游情境则会给消费者带来不愉快的旅游体验,影响其旅游效用水平。

消费者旅游需求是在具体的社会交往过程和旅游情境中完成的,上述因素旅游需求模型建立的基本前提。相较于西方人注重个人自我(personal self)而言,中国消费者更加关注社会自我(social self)中与他人间的社会交往因素,这对于我国最为传统的春节期间消费者旅游需求来说尤其如此。进一步,本讲根据 Becker(1974)的研究[1],将消费者面临的旅游需求约束由个人收入扩展为"社会收入",即消费者个人自身收入和旅游过程中包括其他人有关特征在内的社会交往、旅游情境等对其货币价值总和,且不同类型收入对消费者旅游需求产生了相异的作用。

3.3.1 需求函数

设消费者 i 旅游效用函数为,

$$\mathrm{Max} U_i = U_i(\gamma_h) \tag{3-2}$$

其中,γ_h($h=1,2,\cdots,m$)表示消费者 i 的各种旅游需求。鉴于消费者旅游需求的日益个性化和多元性,消费者 i 旅游消费不仅包括旅游产品本身,还包括旅游产品消费过程中的社会交往以及参观体验的具体旅游情境等多个方面。γ 来源于消费者 i 在市场上获取的旅游产品要素及社会交往、旅游情境等具体旅游环境,

$$\gamma_i = f_j^i(\psi_j, \theta^i, u_j^1, \cdots, u_j^r) \tag{3-3}$$

其中,ψ_j 表示消费者 i 在市场获取的旅游产品要素,θ^i 表示消费者 i 的教育程度、经历、性别等个体特征变量。

[1] Becker GS. A Theory of social interactions[J]. *The Journal of Political Economy*,1974,82(6):1063-1093.

根据上述分析,鉴于偏好、效用来源等方面的个体差异,消费者 i 旅游需求受到其教育、旅游习惯等自身特征的影响。

u_i^1,……, u_i^n 表示消费者 i 通过主动性努力获得的社会交往、旅游情境等方面的旅游效用,体现的是消费者 i 在基本旅游产品之外,通过主动性努力选择、设计、塑造和营造旅游过程中的社会交往环境、旅游情境而获取的额外效用。如果 u_i 完全不在消费者 i 的控制之内,且不受其主动性努力的影响,那么,消费者 i 效用(U_i)被界定为既定社会交往和旅游情境(u_i)中收入约束下的最大化过程,这也是以往消费需求理论中关于"其他条件一定"的前提假设所强调的关键一点。

但是,该假设忽略了消费者出于效用最大化考虑,通过个人努力对旅游情境的影响和塑造过程。实际上,旅游者 i 可通过选择游伴、旅游情境等主动性努力塑造和营造其具体的旅游环境(u_i),并从中获取额外的效用。作为一次完整经历,消费者 i 旅游效用最大化不仅是"个人"收入约束下的最大化过程,而且受到游伴等集体性的社会交往、拥挤与否等旅游情境等因素的影响。那么,消费者 i 旅游最大化效用可表示为,

$$U_i = \gamma(\psi, u) \tag{3-4}$$

ψ 表征旅游产品的不同组成要素。假定式(3—4)中消费者 i 的旅游社会交往、旅游情境不受其自身主动性努力的影响,u 可以表示成如下函数,

$$u = G_i + K \tag{3-5}$$

其中,G_i 衡量消费者 i 旅游过程中不付出努力时外在的既定旅游社会交往和旅游情境,K 衡量消费者 i 主动性努力的影响。一般来说,消费者 i 可以通过选择同伴、景区类型或出游时间等主动性努力设计、塑造和营造其旅游社会交往和旅游情境,提升其效用水平。在这种情况下,消费者 i 寻求的是一种系统化的旅游利益,他们在旅游过程中投入了多种资源(社会关系、时间和金钱等),通过具体旅游情境下参观体验活动、社会交往获取多元效用,主动性努力成为其旅游需求实现的显著特征。

3.3.2 社会收入

与传统团队旅游为消费者提供程式化的产品不同,消费者 i 往往通过主动性努力选择、设计、塑造和营造旅游社会交往、旅游情境,以获得满足自身个性化需要的特殊效用。进一步,消费者 i 实现式(3—4)效用最大化的预算约束条件可以写成,

$$p_\psi \psi + p_u K = Inc \tag{3-6}$$

鉴于旅游支出仅仅是消费者需求的特定部分,消费者收入水平越高,其用于旅游需求的开支越高,本讲用 Inc 表示消费者 i 用于旅游的货币收入。p_ψ 表示消费者 i 旅游产品或

服务不同组成要素的价格；$p_u K$ 表征消费者 i 选择、设计、塑造和营造旅游社会交往环境、旅游情境过程中对 u 的支出数量,体现的是消费者 i 的主动性努力水平。随着收入水平的提升和旅游经验的提升,消费者基于个性化需求会增加对主动性努力的投入。p_u 为消费者 i 对一单位 u 所付出的成本(或价格)。如果消费者 i 不进行任何主动性的努力,那么,$u = G_i$ ($K = 0$),p_u 便是衡量了既定外部旅游环境(u)对消费者 i 边际旅游效用的"影子"价格。将式(3-5)带入式(3-6),可得,

$$p_\psi \psi + p_u u = \mathrm{Inc}_i + p_u G_i = SI_i \tag{3-7}$$

式(3-7)右边表征了消费者 i 用于旅游的货币收入及旅游社会交往、旅游情境等对其效用之和,根据 Becker 的定义,本讲将其界定为消费者 i 旅游相关"社会收入(social income)"。左边表示了消费者 i 旅游相关社会收入的"支出"方向和内容,即一部分用于消费基本的旅游产品(ψ),一部分通过主动性努力选择、设计、塑造和营造旅游社会交往环境、旅游情境等外部环境特征(u),以获取特定的多元效用。

进一步,根据上述理论设定,消费者 i 的旅游需求均衡可以借助旅游效用相位图进行表示(见图 3-1)。图 3-1 假定,在消费者 i 对旅游产品(γ)的消费过程中,u 的边际旅游效用为正值,衡量的是消费者 i 从旅游产品消费过程中通过旅游同伴、景区类型的选择等方式,从社会交往、旅游情境中获取的效用,数量 OM 衡量了消费者 i 的旅游社会交往、旅游情境,$O\psi_0$ 衡量了消费者 i 经济收入中用于旅游的开支水平。当消费者 i 不通过 SDSC 进行主动性努力影响其旅游需求社会交往和旅游情境时(即对 u 的支出为零),E_0 为消费者 i 旅游效用最大化均衡角点解。

在图 3-1 中,当消费者 i 通过旅伴、景区类型选择等主动性努力选择、设计、塑造和营造其旅游社会交往和旅游情境时,消费者 i 最大化效用均衡点将沿 $E_0 S_0$ 移至更高的均

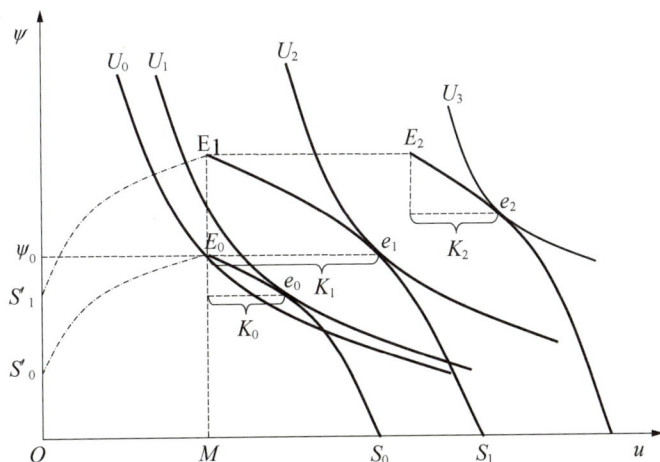

图 3-1　消费者旅游效用相位图

衡点 e_0。线段 K_0 衡量了消费者 i 对 u 的均衡支出量,表征了消费者 i 为了获取旅游效用最大化进行主动性努力的程度。

根据上述分析可知,消费者倾向于通过主动性努力选择、设计、塑造和营造旅游社会交往环境和旅游情境获取最大化旅游效用水平。

3.3.3 收入效应

在旅游产品或服务各要素价格(p_ψ)或社会交往、旅游情境等保持不变的情况下,消费者 i 自身收入的增加将在提升其旅游产品或服务各要素(ψ)之处的同时,强化其主动选择、设计、塑造和营造旅游社会交往和旅游情境(u)方面的支出(假设 ψ 与 u 是普通商品,不是劣质商品)。具体说来,在不考虑消费者 i 旅游社会交往和旅游情境变化的情况下,消费者 i 自身收入中用于旅游部分的增加在图 3 − 1 中表现为 E_0 到 E_1 点的垂直变化。

在 p_u 已知且独立于 K 和 ψ 的情况下,将(3−7)式对 Inc_i 进行微分,可得消费者 i 旅游需求收入弹性,

$$\eta_\psi = \frac{1}{\phi_\psi(=1-\varphi_u)}(1-\delta-\phi_u\eta_u) = 1 - \frac{\delta+\phi_u(\eta_u-1)}{1-\varphi_u} = 1-\beta \qquad (3-8)$$

其中,$\eta_\psi = \dfrac{d\psi}{d\mathrm{Inc}_i} \cdot \dfrac{\mathrm{Inc}_i}{\psi}$,是消费者 i 的旅游需求收入弹性。$\beta = \dfrac{\delta+\phi_u(\eta_u-1)}{1-\varphi_u}$,衡量了消费者 i 旅游需求的社会交往和旅游情境因素。$\phi_\psi = \dfrac{p_\psi\psi}{SI_i}$,表示消费者 i 旅游相关社会收入中用于购买旅游产品或服务各要素的部分,$\phi_u = \dfrac{p_u u}{SI_i} = 1-\phi_\psi$,是其旅游相关社会收入中用于选择、设计、塑造和营造社会交往、旅游情境等的部分。$\delta = \dfrac{p_u G_i}{SI_i}$,表示消费者 i 社会收入中用于社会交往、旅游情境等的份额。消费者 i 越是倾向于通过主动性努力选择、设计、塑造和营造旅游外部环境,其旅游需求对外部环境的依赖性越大,收入因素的影响越小。进一步,$\eta_u = \dfrac{\mathrm{d}u}{\mathrm{d}\mathrm{Inc}_i} \cdot \dfrac{\mathrm{Inc}_i}{u}$,是消费者 i 的社会交往、旅游情境收入弹性,消费者通过主动性努力影响社会交往、旅游情境的能力越大,其旅游需求对收入因素的依赖程度也越小。

根据上述分析可知,旅游社会交往、旅游情境越重要,消费者旅游需求对社会交往、旅游情境的依赖性越大,收入因素的影响就越弱。

3.3.4 主动性努力效应

消费者 i 收入水平的增加为其旅游需求提供了现实的经济条件,促使其为了满足自

身的旅游需求而主动地进行旅游产品和同伴的选择,设计、塑造和营造有利于自身旅游效用最大化的旅游情境。图 3-1 所示消费者 i 旅游效用曲线由 U_1 变换至 U_2,其旅游效用最大化均衡位置由 e_0 变化至 e_1 点,社会交往、旅游情境等 u 的变化体现为消费者 i 通过一定程度的主动性努力($K_1 - K_0$)对其产生的影响。

根据式(3-8),消费者 i 旅游需求不仅受到其收入水平的影响,而且受到社会交往和旅游情境的影响,且社会交往环、旅游情境越重要,消费者 i 的旅游效用越来自旅游社会交往和旅游情境,收入变化对其的影响越小。进一步,消费者 i 的用于旅游收入每 1% 变化引起 ψ 和 u 的相应变化为,

$$\bar{\eta} \equiv \varphi_\psi \eta_\psi + \varphi_u \eta_u = 1 - \delta \tag{3-9}$$

由式(3-9)可知,消费者 i 单位收入变化引起旅游产品或服务各要素(ψ)与社会交往、旅游情境(u)需求相应变化率是比 1 小 δ 的数值。

根据式(3-5),鉴于消费者 i 环境性效用(u)可以表示为主动性努力(K)与既定环境(G)的和,那么,图 3-1 中 u 的变化率显然低于 K 的变化率。如果 R 通过消费者 i 自身收入的提高而增加,其效用将在 e_1' 点实现最大化均衡,那么,u 的变化百分率大于 0,且在代数值上超过 K 负的变化率。

根据上述分析可知,社会交往、旅游情境的影响意味着消费者旅游需求具有相对较低的收入弹性,消费者旅游需求对社会交往(其他人的)特征会产生较强的依赖性。

3.3.5　共同效应

如果社会交往、旅游情境等对消费者 i 旅游需求的影响效应为正,那么,社会交往环境、旅游情境等的变化会通过消费者 i 社会收入水平的提高促进其旅游需求的提升。在图 3-1 中,社会交往、旅游情境因素的提升使其贡献从 E_1 移至 E_2,消费者 i 旅游效用最大化均衡点 e_1 移至一条更高的效用无差异曲线上(e_2),消费者 i 主动性努力的影响从 K_1 减至 K_2。

如果消费者 i 的自身收入与社会收入均有变化,那么,消费者 i 旅游效用最大化过程便是两者各自变化的结合。如果消费者 i 的两种收入均增加,社会交往、旅游情境等社会收入的增加可以在一定程度上强化消费者 i 自身收入对其旅游需求影响。当然,拥挤等旅游情境则可能削弱消费者 i 自身收入的旅游需求效应。在收入一定或降低的情况下,消费者 i 以通过主动性努力选择、设计、塑造和营造社会交往、旅游情境等途径的增加提升、强化其旅游需求水平,而消费者进行选择、设计、塑造和营造社会交往、旅游情境等的努力成本(p_u)的提高通常会使其减少在这些方面的努力。

根据上述分析可知,消费者社会交往、旅游情境效用的增加将提高其旅游产品的需求

水平,并倾向于提升其选择、设计、塑造和营造社会交往、旅游情境的努力程度。

此外,鉴于拥挤、强迫购物、游客乱丢垃圾等现象会对消费者旅游体验产生显著的负面影响,图3-2假定消费者 i 旅游过程中社会交往、旅游情境等因素(u)的边际效用为负,旅游者 i 效用受到外部社会交往、旅游情境等社会环境的负面影响,并对其旅游需求产生了消极的影响。

消费者 i 社会收入曲线在 E_0 点右下方的区域,消费者 i 通过主动性努力减少了社会交往、旅游情境等的负面影响,其效用均衡点沿左下区域的 $E_0 S_0'$ 移至 e_0 点,线段 K_0 依然衡量了消费者 i 对 u 的均衡购买量,在此处具体表现为旅游者 i 通过主动性努力使外部负面环境 u 减少了 K_0。

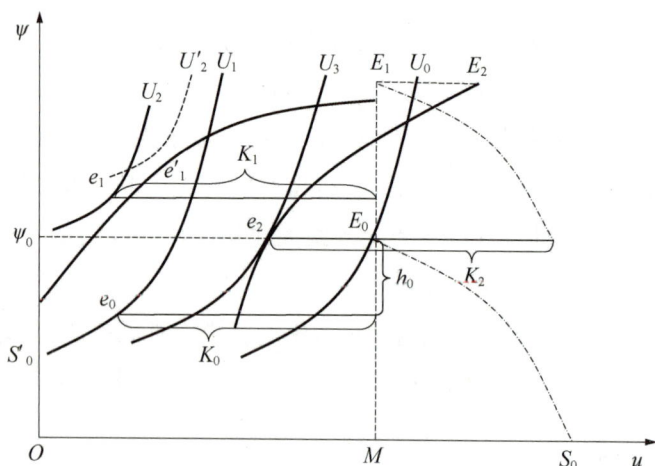

图3-2　消费者旅游效用相位图

鉴于消费者 i 环境性效用(u)可以表示为主动性努力(K)与既定环境(G)的和,那么,在图3-2中,由于 K 小于0,K 的变化率大于零,u 的变化率为负,其数值低于 K 的变化率。如果 u 通过消费者 i 自身收入的提高而增加,其效用将在 e_1' 点实现最大化均衡,那么,u 的变化百分率大于0,且在代数值上超过 K 负的变化率。

从图3-2来看,消费者 i 社会交往、旅游情境的变化通过其位置的水平移动表示。在图3-2中,消费者 i 旅游效用最大化均衡点从 e_1 移至一条更低的效用无差异曲线上(e_2),消费者 i 主动性努力的影响从 K_1 增加至 K_2。

根据上述分析可知,经营混乱、拥挤不堪等乱象丛生的旅游环境会降低消费者旅游效用,进而减少其旅游需求。

鉴于以往消费者行为的研究者过分专注于经济学视角下的规范化发展,普遍地忽视消费者行为中的社会交往和情境,本讲在遵循一般的经济学分析框架的基础上,结合社会交往理论,从个体特征、社会交往和旅游情境角度构建了消费者旅游需求理论分析框架,提出了系列研究命题。在本讲理论框架中,单个消费者旅游需求不再是简单的收入约束下效用最大化行为,其效用函数的实现对社会交往、旅游情境等因素有着明显的依赖。

在理论模型的基础上,杨勇(2016)[①]设计调查问卷,对 2014 年我国消费者春节"黄金周"旅游需求展开调研,借助排序选择概率模型对影响消费者春节"黄金周"旅游需求的因素进行了深入的计量分析,通过计量结果对有关命题进行了验证。研究发现:① 个人经济因素对我国消费者春节"黄金周"旅游需求影响较小,休假制度依然是影响其旅游需求的关键约束因;② 家庭结构、合适的同伴等社会交往因素是影响消费者春节"黄金周"旅游需求的重要因素,显示出消费者对旅游过程中社会交往方面效用的关注;③ 消费者春节"黄金周"出游呈现团圆和个性并重的特点,在基本的休闲度假和游览观光目的之外,宗教祈福、探亲访友等社会交往效用是其旅游效用的关键组成部分;④ 我国消费者对于春节"黄金周"出游过程中的遭遇的拥堵、旅游市场混乱等旅游情境问题具有一定的容忍度,但是,严重的供需失衡依然会对其春节"黄金周"旅游需求产生显著的负面影响。

通过结合消费者个人经济因素及社会交往、旅游情境等因素,可以从较为全面的维度理解消费者旅游的效用来源,分析影响其旅游需求的系列因素,有助于我们更深刻地理解当前的旅游市场。旅游业发展的指导理念要立足于具体经济、社会、文化情境,增加消费者的社会文化认同价值,从政府、企业、个人等多个层面积极引导,规范旅游企业经营行为,提升服务水平,净化旅游情境,多角度优化消费者旅游情境,提升消费者旅游效用总体水平。

---

① 杨勇. 社会交往、旅游情境对旅游需求的影响研究——基于春节"黄金周"的实证分析[J]. 旅游学刊,2016,31(10):56-69.

第4讲 收 入 来 源

家庭收入水平是居民旅游需求的重要来源和基础,也是影响居民外出旅游意愿的主要因素之一。本讲对居民收入与旅游需求间的关系进行系统研究,分析居民收入构成的基本特征,探讨不同来源收入对旅游需求的影响,揭示不同来源收入对旅游需求影响的差异。这不仅有利于更好地了解影响居民旅游需求的深层次原因,而且有利于研究居民收入与旅游需求间的长期动态规律,探索破解居民旅游消费困境、促进居民旅游消费的有效途径。

4.1 收入与旅游需求

随着我国旅游业的迅速发展,居民旅游逐步成为业内人士关注的热点问题,相关研究主要涉及居民旅游市场、旅游需求预测、旅游需求及行为特征等方面。其中,居民旅游需求影响因素是研究的重要内容之一。

在西方主流经济学的消费行为理论中,收入水平是影响消费支出的重要变量,也是实现旅游需求的首要因素,国内学者普遍通过构建旅游需求计量模型实证研究了居民旅游需求行为及相关影响因素间的关系。虽然我国居民旅游需求水平有其复杂性,但是,研究者基于统计模型的分析证实收入水平是影响旅游需求能力的直接因素,且居民经济收入增速的放缓及波动幅度的增大,逐渐成为制约旅游需求提升的重要因素。

4.1.1 心理账户

需要说明的是,居民收入在有关研究中普遍表现为总体性的收入水平,研究者多在总量基础上分析居民总收入与旅游需求之间的关系,忽视了居民收入来源的多样性。例如,就我国农村居民收入而言,现行农村居民收入统计口径中包含工资性、经营性等不同来源收入,尤其是,自 1978 年改革开放以来,我国农村居民单一的收入来源结构伴随收入分配制度改革而被逐渐打破,形成了包括工资、劳务报酬、各类生活补贴等在内的日益多样来源的收入。

以往相关分析的一个基本前提是,居民不同来源的收入在满足旅游需求时是没有"标签"和差异的,也是可以相互替代的。而实际上,不同来源的收入有着各自不同的性质、特点和增长趋势,居民收入因素对旅游需求的影响必然通过不同来源收入体现出来。

根据消费者心理学中的"心理账户"(Mental Account)理论,消费者通常会无意识地把不同来源财富划归不同的账户进行管理,每个分账户有单独的预算和支配规则,收入并不能容易地从一个账户转移到另一个账户(Thaler,1990)[①]。且不同来源收入的性质差异、边际消费倾向差异及其在收入结构中地位的变迁必然使不同收入来源对居民旅游需求的影响产生较大差异,通过分析不同来源收入及其结构变迁对居民旅游需求行为的影响,可使我们精确地了解影响居民旅游需求的收入因素。

4.1.2　收入效应

研究者从居民收入分配及分配结构演变的角度,对我国居民国内旅游需求及其特征进行了理论性分析,认为提升货币性收入水平是提高居民旅游需求意愿的关键。但是,关于居民收入不同来源对旅游需求影响的研究还不够深入,尤其是从居民收入结构变化视角展开的研究还比较少见,且有关研究多停留在定性探讨的层面,缺乏定量的或实证性研究,总体上呈现出研究不够深入、研究范围及对象比较狭窄和研究方法比较单一等方面的问题。

就研究不够深入而言,在对居民收入与旅游需求关系的探讨中,目前国内研究主要是从居民收入总量入手,研究其与旅游需求的关系,基本都得出了居民收入与旅游需求之间呈正相关关系的结论,而对居民不同来源收入与旅游需求之间关系则缺乏进一步的深入研究。就研究范围狭窄和对象单一而言,以往关于居民收入与旅游需求关系的研究多局限于二者之间数量关系或因果关系的讨论,对居民收入结构及其状态演进、收入分配等与旅游需求的关系等问题没有给予太多的关注。

从研究方法看,早期的旅游需求影响因素文献主要采用了定性的研究方法,由于研究结论的不确定性,逐步为定量研究所取代,并逐渐引入了新近发展的空间计量分析方法。但是,研究者或基于全国以及各地区数据采用截面数据模型进行研究,或基于某一特定区域进行,多通过时间序列数据运用协整分析、格兰杰因果检验等方法来讨论居民收入与旅游需求之间的因果关系,无法反映各区域之间自然资源禀赋、经济结构与人口素质等特质性因素的区别。有关区域性研究也只是简单反映地区旅游需求的差异性和消费特征、结构等共性问题,没有更具体地进行区域差异性比较分析,这不仅在不同区域居民消费习惯、教育程度、外部环境等异质性条件下影响了有关结论的科学性和准确性,而且限制了有关政策建议的适用性。

---

① Thaler R. Anomalies: Saving, fungibility, and mental accounts[J]. *Journal of Economic Perspectives*, 1990,4(1): 193-206.

4.2 理论框架

4.2.1 不同来源收入

居民收入一般指其当年从各种来源获得的总收入,按其不同来源划分为工资性收入、家庭经营性收入、财产性收入和转移性收入等四部分。其中,工资性收入是住户成员受雇于单位或个人、靠出卖劳动力而获得的收入,家庭经营收入指住户以家庭为生产经营单位进行生产筹划和管理而获得的收入,财产性收入为居民向其他机构单位提供金融资产或将有形非生产性资产供其支配而获得的收入,转移性收入则一般指住户在二次分配中获得的收入。

一般而言,以凯恩斯消费理论为主的传统主流消费经济理论(尤其是生命周期理论)假设不同来源的收入在满足消费需求过程中是可以相互替代的,且未对不同来源收入的边际消费倾向差异进行讨论。而事实上,现实中的居民并不像生命周期理论中提到的代表性消费者那么理性,不同来源收入因其不确定性等方面的差异而对居民消费倾向产生了不同的影响。弗里德曼较早地将收入分为持久性收入、半持久性收入和暂时性收入,并研究了其对消费需求的不同影响,而关于我国居民经营性收入、财产性收入和转移性收入等来源收入的研究也表明,不同来源对居民消费支出有着不同的影响。进一步,根据相关研究文献,本讲对上述命题进行模型化,可建立如下回归关系表达式,

$$TC_{it} = \alpha + \beta WI_{it} + \xi HBI_{it} + \phi PI_{it} + \varphi TI_{it} + \gamma W_{it} + \varepsilon_{it} \tag{4-1}$$

其中,TC_{it} 为某国 i 区域 t 年居民旅游需求(Tourism Consumption),WI_{it}、HBI_{it}、PI_{it}、TI_{it} 分别代表 i 区域 t 年居民工资性收入(Wages Income)、经营性收入(Household Business Income)、财产性收入(Property Income)和转移性收入(Transfer Income),W_{it} 为控制变量,α、β、ξ、ϕ、φ 和 γ 为变量系数,ε 是误差项。

4.2.2 基尼系数、恩格尔系数及其他

作为宏观经济学的核心理论,凯恩斯消费理论、生命周期消费理论、永久收入消费理论等西方经济学理论为解释我国居民旅游需求行为提供了重要理论依据,但是,鉴于特定国情背景下居民旅游需求的特殊性,还需要结合收入分配不公、消费升级换代、资产(财产)收入等方面的因素进行全面的研究。近年来,随着收入分配问题及其负面效应的日益凸显,越来越多的学者开始关注收入分配结构对居民消费的影响。但是,遗憾的是,从该角度对居民旅游需求的研究却比较鲜见。另一方面,改革开放以来,我国居民消费结构不断从传统型、温饱型向现代型、小康型升级,恩格尔系数衡量了生存型消费的比重,当恩格

尔系数下降时,作为享受型消费的外出旅游就逐渐成为居民的消费选择。

此外,生产性固定资产反映了农业的生产规模和装备水平,是农业生产和居民获取收入的基础。而鉴于房产价值的变化更具有持久收入的特征,住房资产对家庭消费有着更为明显的财富效应,且在城乡土地权利与市场二元分割的情况下,为居民提供了有效的生活保障,降低了我国居民生活中面临的不确定性风险,为旅游需求水平的提升创造了条件。

鉴于上述分析,本讲将基尼系数(Gini)、恩格尔系数(Engel)等反映我国居民收入分配和生活水平状况、人均住房面积(House)和生产性固定资产(Asset)等反映我国居民生活保障状况的系列控制变量引入模型式(4-1),并分别对有关变量取对数以反映变量间的弹性关系,则模型式(4-1)变形为:

$$\ln TC_{it} = \zeta + \rho Income_{it}$$
$$+ \gamma_1 lnGini_{it} + \gamma_2 lnEngel_{it} + \gamma_3 lnHouse_{it} + \gamma_4 lnAsset_{it} + \varepsilon \qquad (4-2)$$

$$\ln TC_{it} = \alpha' + \beta' lnWI_{it} + \xi' ln HBI_{it} + \varphi' ln PI_{it} + \varphi' ln TI_{it}$$
$$+ \gamma_1' lnGini_{it} + \gamma_2' lnEngel_{it} + \gamma_3' lnHouse_{it} + \gamma_4' lnAsset_{it} + \varepsilon \qquad (4-3)$$

其中,Income 为我国居民总收入。衡量居民旅游需求的方法分为很多种,为了综合、全面地考虑各种居民旅游需求,可以采用各个地区居民出游率(Travel Rate,TR)、过夜游出游率(Overnight Travel Rate,OTR)、一日游出游率(One-day Travel Rate,DTR)、旅游人均花费(Tourism Per Capita Expenditure,TE)、过夜游人均花费(Overnight Tourism Per Capita Expenditure,OTE)以及一日游人均花费(One-day Tourism Per Capita Expenditure,DTE)作衡量居民旅游需求程度。

4.3 不同来源收入与旅游需求[①]

4.3.1 收入总水平

一般而言,居民人均收入水平(Income)对旅游需求有明显的促进作用。就我国农村居民旅游需求而言,随着农村居民人均收入水平的提升,其出游率显著提高,并有效地扩展了其较长时间和较远路程的过夜旅游需求。但是,我国农村居民旅游消费能力却依然有待提升。

这主要是由于,虽然收入水平的提升促进了我国农村居民旅游消费需求的提升,但是,我国农村居民国内旅游需求仍处于初级阶段,农村居民旅游者绝大多数属于经济型,

---

① 实证过程,请参阅杨勇. 收入来源、结构演变与我国农村居民旅游消费:基于2000—2010年省际面板数据的实证检验分析[J]. 旅游学刊,2015,30(11):19-30.

外出旅游的首要动机是探亲访友(见图4-1),且旅游方式以自助为主,多住亲友家,真正参加旅游团出游的农村居民人数只占少数。另一方面,我国农村居民长期传统生活理念与享受型的旅游生活具有较大的差距,依然沿袭着"崇尚节俭""量入为出"的消费观念和传统的"攒钱"消费模式,而对作为高弹性特征显著的享受型和发展型的旅游消费活动,就很容易产生过度的自我控制能力,成为制约我国农村居民旅游消费的障碍性因素,使得我国农村居民对旅游产品的需求档次较低,其旅游花费主要用于交通和购物等基本必要性支出,对旅游服务的需求也主要以中低档次为主,旅游消费处在相对较低的水平。

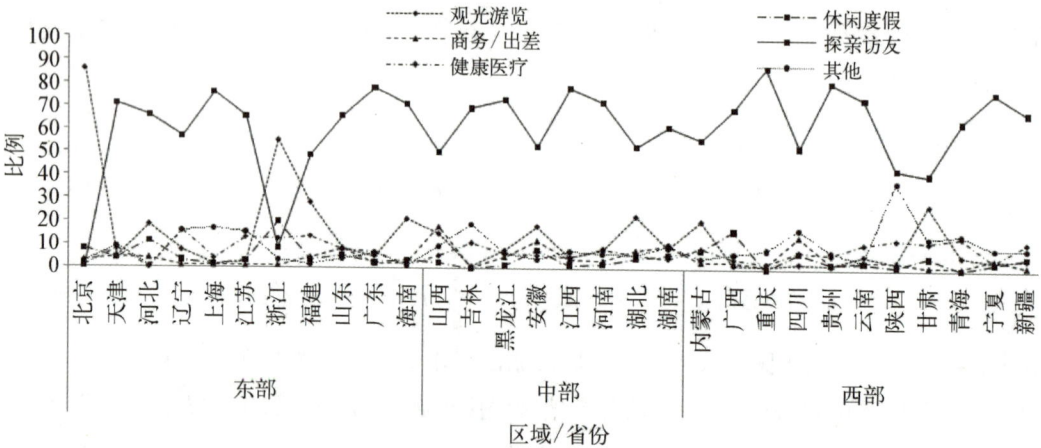

图4-1 2010年我国农村居民旅游目的分布

4.3.2 工资性收入

不同来源的收入因其不同的性质、特点和增长趋势而对农村居民旅游消费需求产生了不同的影响。关于居民各来源收入对其旅游消费需求影响的分析表明,工资性收入(WI)对农村居民旅游需求有着显著的影响,说明旅游等生活消费支出中具有较高层次的文教、娱乐用品及服务和医疗保健支出与其工资性收入有着较强的相关关系。

就农村居民来说,这主要是由于随着农业劳动力向非农产业转移,劳务收入大幅度增长,工资性收入成为农村居民收入的主要来源和推动收入增长的主要因素(见图4-2)。尤其是,随着农村与外界联系越来越密切,不少农村居民都在或曾在城市务工、旅游,并且乡村旅游的发展也让越来越多的农村居民与"旅游"越来越近,刺激了农村居民旅游消费需求的出现。

4.3.3 经营性收入

经营性收入(HBI)对出游花费(TE)及一日游花费(DTE)等旅游需求变量有着显著

的影响。这主要是由于,虽然随着农村地区以家庭为单位的传统经济模式逐渐被打破,农村居民收入来源渠道日益多元化,经营性收入的比重逐年降低,但是,经营性收入在农村居民收入中仍占重要比例(见图4-2),依然是影响其旅游消费的主要收入性因素。

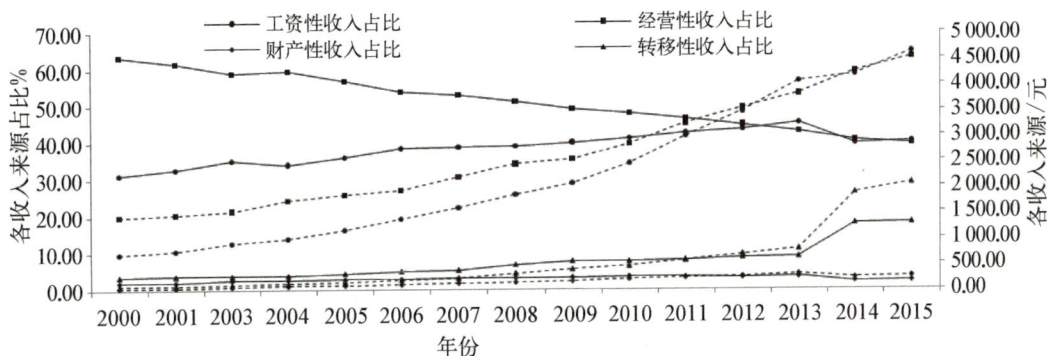

图4-2 2000—2015年我国农村居民各来源收入水平及其占比

4.3.4 财产性和转移性收入

财产性收入(PI)和转移性收入(TI)是居民收入中的两种非基本收入,前者对居民短期旅游需求(比如一日游出游率(DTR)、一日游花费(DTE))有着明显的促进作用,但对其较长期限旅游需求(比如过夜游出游率(OTR)、过夜游花费(OTE))提升的贡献度较小。

这主要是由于,农村居民通过持有金融资产或有形非生产性资产获得的收入十分有限,财产性收入增长缓慢及其占比持续下降(见图4-2),其抵御通货膨胀等系统性风险能力较差。并且,长期以来,在现实中存在着农地产权主体虚置、严格土地用途管制、严格土地财产权实现方式、不完备的土地征用制度等缺陷,致使财产性收入成为农村居民收入中比重最低、波动最大的收入来源,这在一定程度上制约了财产性收入在刺激农村居民旅游需求中的作用。而转移性收入(TI)对我国农村居民过夜游出游率(OTR)、一日游花费(DTE)也呈现出显著的影响效应,这主要是由于,随着农村社会保障体制和一系列惠农支农补贴的日益改进,农村居民转移性收入对"缓冲"农村居民的谨慎性消费心理、提高其旅游需求起到了一定的作用。

不过,本讲关于农村居民多元旅游需求的分析也表明,农村居民工资性收入和转移性收入对过夜游花费(OTE)呈现出显著的负向影响效应,这与方福前和张艳丽农村居民对财产性收入和转移性收入等不确定性较小的收入有较强消费意愿的结论是不一致的,而经营性收入和财产性收入对出游率(TR)及一日游出游率(DTR)等形式旅游需求的影响不够显著,证实了有关研究关于收入水平对旅游购买力影响较大、对出游率影响较小的研究结论。

这首先是由于农村居民对旅游服务的需求主要以中低档次为主,旅游需求水平总体上处于较低水平,并且我国农村居民工资性收入主要来源于乡镇企业和外出打工,稳定性和持续性不强。尤其是,在农村居民家庭收入增长缓慢及外部消费环境不确定性增加的影响下,农村居民将工资性收入中的大部分进行了预防性储蓄,以备医疗及子女上学之用,降低了工资性收入对非必须且花费较高旅游需求的影响。

其次是由于农村居民经营收入相对于其他非农收入不确定性较大,更易受到外在冲击的影响,为了应对这一收入的不确定性,农村居民往往具有较高的预防性储蓄倾向,从而减少了这部分收入中用于旅游需求的比例。

第三是由于转移性收入具有暂时性收入的特征,在农村居民的收入构成中只占较小的比例,而且是一种非生产性的"不劳而获"收入,其支出随意性较强,通常不会纳入农村居民的消费计划中,从而对旅游需求的拉动效应不够明显。此外,由于农村居民兼具消费者和经营者双重身份,经营性支出是最为重要和稳定的支出。特别是,在缺乏外部融资机会的条件下,农村居民需要先动用其纯收入以满足其生产经营需求,对其旅游等生活消费产生了"挤出"效应,而如果再考虑到扩大再生产的情形,这种挤出效应就会更大。

4.3.5 资产性因素及其他

就影响居民旅游需求的其他系列影响因素而言,农村居民人均住房面积($House$)对一日游出游率(DTR)、过夜游出游花费(OTE)有显著的正向影响。这主要是由于住房是中国农村居民生产和生活的基础条件之一,足够的住房空间能够大大增强农村居民的安全感,且房产价格的上升使农村居民的资产拥有量增加,对农村居民旅游需求产生了一定的支撑作用。

农村居民家庭生产性固定资产($Asset$)对其旅游需求有着显著的正向影响,反映出生产性固定资产对农村居民旅游需求的促进作用。这主要是由于生产性固定资产是农村居民实物资产的重要组成部分,在维持农业再生产的同时为其旅游需求提供了稳定的收入来源保障。此外,我国农村居民收入分配基尼系数($Gini$)的提升显著地促进了其旅游需求,这也吻合了农村基尼系数与国内旅游平均消费倾向正相关的结论,显示出旅游还主要是高收入阶层的消费对象,而低收入者虽然有旅游需求,但是支付手段不足,从而导致其旅游需求不足。

我国农村居民人均住房面积($House$)对过夜游出游率(OTR)和一日游花费(DTE)却有着负面的影响效应,恩格尔系数($Engel$)对过夜游花费(OTE)和一日游花费(DTE)呈负面影响,且整体作用效应不够显著。这一方面是由于房产不仅是一种储蓄工具也是一种消费品,农村居民子女在成人之后首先要解决住房问题,并且农村居民对住房消费具有较强的偏好,呈现出"外部融资困难、自身长期积累、一次性大额支出"的特征,房产价格上涨导致了住房成本的上升,收入中的大部分被投资于住房建设,挤占了对旅游需求的需求空间。另一方面是由于恩格尔系数下降可在一定程度上刺激农村居民的旅游需求。但是,由于我国农村居民的消费结构尚未发生根本性的改变,依然处于较低水平,并且,就恩格尔系数而言,每个农村居民家庭都必须有一定的日常开支项目,除了日常生活吃穿用外,还有购买化肥及种子等生产资料,供子女上学、治病、建房、馈赠亲友等各种生活费用开支,这也大大压缩了我国农村居民的旅游需求空间。由此,以恩格尔系数来衡量农村居民旅游需求空间可能不够科学和全面,也导致其对我国农村居民旅游需求的作用效应不够明显。

分析不同类型收入对居民旅游需求的影响具有鲜明的政策含义。首先,发展经济、增加居民收入是提升其旅游需求的前提条件。其次,要积极拓宽居民就业渠道,通过适当的培训提高就业质量,提升居民的工资性收入水平。再次,完善居民收入分配体系,兼顾效率与公平,提升中低收入阶层居民的收入水平,增强其旅游需求能力。稳定物价水平,降低居民的恩格尔系数,提升其旅游需求能力和需求空间。最后,构筑完善的居民社会保障体系,通过教育支持体系、养老保险制度、医疗保障体系、社会救助体系、农业社会化服务体系等制度的完善,矫正由于社保制度缺失而导致的"强制性"消费支出,解除居民旅游需求的"后顾之忧",提升居民旅游需求水平。

第5讲　旅　游　方　式

　　旅游者行为始终是旅游研究的前沿问题,随着旅游业的发展,旅游者的旅游方式呈现出多样化的特点,除了我们所理解的传统旅游方式以外,又出现了各种满足人们个性旅游的新方式。这不仅表示了一种旅游态度,也提倡了一种新的旅游追求,更彰显了旅游者对满足自身多方面效用的追求。基于这种新的趋势,本讲着眼于包价旅游和非包价旅游方式对旅游者效用的不同影响从理论角度对旅游者行为进行分析,探究旅游方式中的自主权与旅游者效用之间的关系,基于旅游者的效用风险界定不同的旅游者类型,从旅游产品经营者角度分析旅游产品组合的筛选功能。

5.1　效用与旅游方式

　　国内外研究一般消费者行为模式的学者很多,主流经济学家主张从经济学的角度研究消费者行为,并对模式进行定量分析,如边际效用分析法和无差异曲线分析法。但是,这种研究方法只涉及消费者购买"什么"的问题,而没有回答"为什么"他们采取某种方式购买的问题。就消费者的旅游行为而言,我们依然面临着"为什么"的问题。旅游最直接最具特征的是其消费特征,旅游者在旅游过程中对多种形式的产品和服务进行综合性消费的目的是为了满足自身发展和享受的需要,其消费行为的实质是旅游者对旅游产品和服务的购买决策和购买行动过程,且完全符合所购买商品或产品的效用最大化原则。但是,旅游者效用的最大化不仅和旅游者所消费的物质产品和服务的数量、质量有关,而且在更大程度上取决于其所采取的旅游方式。并且,在实际旅游过程中,后者更为重要,因为不同的旅游方式影响着旅游者效用的来源及对旅游者不同需求的满足程度。

　　旅游者总是出于某种动机进行旅游的,根据有关旅游动机的研究,动机被定义为驱动旅游者个体满足需求、减少不满的内在动力和状态,这也是旅游者效用的获得过程。旅游者为了最大限度地满足自身特定的动机,获取最大化的效用,就需要选取最能够实现其动机的旅游方式,即旅游者可以通过不同旅游方式的选择来实现自身效用的最大化。但是,旅游者的效用结构是多样化的,由于不同的旅游者具有不同的效用偏好,其对旅游方式的选择也就不同。因此,对某种旅游方式的偏好构成了旅游者动机与旅游方式之间的过渡性因素,个体偏好甚至成为旅游者选择某些旅游方式的决定性因素。那么,不同的旅游动机下,什么样的旅游方式能够最大限度地实现旅游者效用最大化呢?

Cohen(1972)[①]将旅游者分为四种类型:有组织的团队旅游者、大规模的散客旅游者、探险型旅游者和流浪型旅游者,前两类旅游者可以认为是规范化的,而后两类可以视为非规范化的。就规范化和非规范化的两类旅游方式的区别而言,科恩认为前者涉及有组织的游客体系,而后者则不依赖于旅游中间商所提供的服务。世界旅游组织(WTO)则认为:"旅游既可以是包价式的也可以是非包价式的。包价旅游是指整体购买旅游服务,其他类型的旅行就是非包价旅游"(参阅 Yale,1995)[②]。结合 Cohen(1972)[③]和世界旅游组织(WTO)的分类方式,根据旅游者对旅游中间商提供服务的依赖程度,我们可以将旅游者的旅游方式分为包价旅游方式和非包价旅游方式。在不同的旅游方式中,旅游者根据自己的动机和目的去选择适合自己的旅游方式,当旅游者的动机在旅游过程中得到充分实现的时候,旅游者就能获得其所期望的最大化效用。

5.1.1　包价效用

就包价旅游来说,包价旅游将两种或两种以上相关或互为补充的产品组合为一个单一的产品,为旅游者提供多样化的服务。包价旅游者购买到的则是一束商品的集合,他们通过旅行社等旅游中间商订飞机票、房间等。

作为是一种全包式的旅游形式,包价旅游对旅游者来说,其活动安排的弹性有限且有相同的旅游目的,由于不需花费时间和精力去亲自安排旅游活动,这使得包价旅游者能够在短时间内游览大量景点,而且,还可以充分利用旅游中间商通过精明的价格谈判所获得的低价优势,所以,具有效率高、费用少等特征。旅游者甚至还可以利用包价旅游去那些"文化背景迥异、交通状况毫无把握、卫生标准令人担忧的国家旅游"(Enoch,1996)[④]。

此外,在购买包价旅游时,旅游者可以确切地知晓旅游中间商所提供的一切服务,例如,旅游者在出游前通过阅读旅游行程一览表就预先知晓整个行程安排,并对该次旅游活动的特点、活动项目以及旅游收益产生了一系列的预期。因此,包价旅游方式使得旅游更为容易和便利,从而为众多旅游者所选择。

---

① 　Cohen E. Backpacking:Diversity and change[A]. In Richards G,Wilson J (Eds). *The Global nomad:Backpacker travel in theory and practice*[M]. Clevedon:Channel View,2004:43-59.

② 　Yale P. *The business of tour operations*[M]. Essex, UK:Longman,1995.

③ 　Cohen E. Backpacking:Diversity and change[A]. In Richards G,Wilson J (Eds). *The Global nomad:Backpacker travel in theory and practice*[M]. Clevedon:Channel View,2004:43-59.

④ 　Enoch Y. Contents of tour packages:A cross-cultural comparison[J]. *Annals of Tourism Research*,1996,23(3):599-616.

5.1.2　非包价效用

当代推动自助游兴起的最本质的原因是旅游者的需求发生了变化,而自助游所具有的特征又恰好符合了旅游者新的需求。非包价旅游者在旅游过程中具有较强的自主性,Morrison、Hsieh 和 O'Leary(1993)[①]将自主性旅游定义为"自主安排交通、住宿等旅游行程,而不购买预先安排的旅游产品"的旅游方式;Poon(1993)[②]则认为,人口统计学和生活方式的变化导致了对更具弹性旅游方式的需求。这些新出现的旅游者群的价值观和生活方式迥异于大众旅游者,他们追求更为灵活、独立的旅游方式,是更为灵活、独立和经验丰富的旅游者。鉴于此,在适合旅游者新的需求方面,自助游与传统全包价游相比,具有明显的优势。

而随着个性化、非包价旅游方式的普及和流行,研究者关于非包价旅游方式的研究也大为增加。比如,背包旅游已经成为世界范围内的重要现象,关于背包旅游者的研究文献也已经十分可观。国外学者的研究识别出了背包旅游者的一些特征,比如低成本、缺乏固定时间表安排、非制度性、漫游性等。但是,随着时间的推移,人们对于背包旅游这种旅游方式的认识也发生了新的变化,正如 Ateljevic 和 Doorne(2004)所指出的:"在现代社会生活中,(背包旅游)已经成为一种有代表性的旅游方式,一种身份的象征。"[③]这种论述包含了一个基本的论断,即背包旅游对某些旅游者来说,具有象征性的地位或意义。因此,背包旅游者更注重将其作为一种生活方式及改变日常生活或避免惯常旅游方式的选择。

自驾者旅游动机是指旅游者期望通过自驾游及其消费过程而满足其生理和心理需求的旅游驱动力。就自驾车旅游而言,自驾车旅游是旅游者以私有或租借汽车为主要交通工具,以休闲体验为主要目的,以自发组织为主体的前往目的地旅行的连续过程及由此引起的各种现象与关系的总和。自驾车旅游者的旅游动机中,安全、权力、成绩、享乐主义、兴奋和自我导向等因素对自驾车旅游者的影响较为强烈,对自驾车旅游者起到了较大的出游刺激作用。

就探险旅游、文化旅游以及生态旅游的特点来说,追求自我成就与探险旅游偏好之间、与当地文化的融合与文化旅游之间以及获得影响力与生态旅游之间存在着显著的联系。实际上,探险旅游是一种发生在非常规的、异国的、偏远的或者蛮荒目的地的一种旅游行为,其显著特征是旅游者的高参与度,探险旅游者不仅追求对未开化地区的探询,而

[①]　Morrison AM, Hsieh S, O'Leary JT. Travel arrangement classifications for European international travelers [C]. In Gasser RV, Weiermair K(Eds). *Spoilt for choice: Decision making processes and preference changes of tourists: Proceedings of the Institute of Tourism and Service Economics International Conference*, *November*, *University of Innsbruck*[M], Germany: Kulturvel, 1993: 221 - 235.

[②]　Poon A. *Tourism*, *technology and competitive strategies*[M]. Wallingford, UK: CAB International, 1993.

[③]　Ateljevic I, Doorne S. Theoretical encounters: A review of backpacker literature[A]. In Richards G, Wilson J (Eds). *The Global nomad: Backpacker travel in theory and practice*[M]. Clevedon: Channel View, 2004: 60 - 76.

且是对自身的一个挑战。他们或注重于在一些非常规的、异国目的地的旅游过程中获取新的体验,或醉心于奇异的环境,甚至追求对自身技术的挑战。文化旅游更多地发生在多种传统、艺术形式、庆祝活动交汇的地方,这些地方反映了该地文化的特色和多样性,旅游者在文化旅游中追求的是对目的地文化参与度的扩大,提升与艺术家接触的机会,甚至是通过投资于当地社区的方式来保留和提升当地的传统文化资源。生态旅游的进行基于当地的生态、社会和经济资源方面的考虑进行,生态旅游者更注重的是对环境和自然演变的欣赏和理解。

5.2 旅游方式中的自主权

不可忽视的是,在旅游领域中出现的一个显著趋势是自主性旅游的上升和包价旅游的下降。世界旅游组织(WTO,1993)的研究报告表明[①],在 20 世纪六七十年代,包价旅游获得了广泛的发展,但是,进入 20 世纪 80 年代以来,这种旅游方式开始变得过时,并且和人们独立的个性追求不相符合。作为长距离、长时间独立旅行方式之一的背包旅游逐渐变得普及化,并成为旅游行为中的主流方式之一,甚至成为一种带有追求自由、自身发展和价值实现理念的旅游方式,许多旅游者将背包旅游看作其成长过程中的一个可资享受的、令人愉快的部分,或承担成人责任之前的一段快乐和独立的时期。

包价旅游的下滑或许是因为这种旅游方式已经不时髦了,并且,随着越来越多的人到海外旅游,他们对独立旅游有了的充分的信心,人们的需求已经越来越复杂化。在这种情况下,旅游者寻求的是一种系统化的利益,他们投入了不同的资源(包括时间和金钱),通过参与与各种技能、知识、经验相关的活动获取多元化的效用,代替通常包价旅游方式中所获得相对单一的效用结构。因此,在旅游者通过不同的旅游方式取得多元效用水平的过程中,其旅游过程中自身所能控制或拥有的自主权就成为关键变量。

5.2.1 自主权

具体说来,包价旅游与非包价旅游方式之间的主要差异点在于旅游者自主权占有程度的不同,这也导致了旅游者所获效用水平和效用结构的差异。基于以上分析,本讲引入旅游方式中的自主性变量 r,该变量衡量了不同旅游方式中旅游者对自主权的占有程度。变量 r 的取值范围介于 0 和 1 之间,且由于旅游产品市场的竞争及旅游产品的多样化,旅游者可以占有任意程度的自主权,即,理论上讲,旅游者自主权程度是连续的,所以,$r \in [0,1]$。

---

① World Tourism Organization(WTO). *Tourism to the Year 2000: Qualitative aspects affecting global growth* [R]. Madrid, Spain: World Tourism Organization, 1993.

　　根据前文的分类,本讲设定两种旅游方式:包价旅游方式和非包价旅游方式。以 r 来区分不同的旅游方式,当 $r=1$ 时,为完全自主性的非包价旅游,旅游者在旅游过程中不依赖任何旅游中间商,保留了旅游行程中所有的自主权;当 $r=0$ 时,为全包价旅游方式,旅游者完全依赖旅游中间商的安排和服务,让渡了旅游行程中所有自主权。由于变量 r 在其取值区间上是连续的,在全包价旅游方式和完全自主型旅游方式之间存在大量可供选择的弹性旅游方式,旅游者可以不同程度地使用旅游中间商服务,这构成了多样化的部分包价旅游方式。

　　在全包价旅游方式($r=0$)中,程式化、大众化及集体化的旅游方式不仅忽略了旅游者的个体特性,而且由于自主权向旅游中间商的转移而形成"环境透明罩"(Cohen,1972)[1],使得旅游者不能获得真实的旅游体验,旅游者多样化的效用需求不能实现或满足。因此,有些研究者对全包价旅游方式提出了质疑,认为这些旅游者实际上从没有真正参观过其所旅游的地方。他们在整个旅游行程中停留在与世隔离的旅行车上或酒店里,几乎不能体验到其所旅游地真实、本真的世界;另一方面,虽然包价旅游者经常地参加一些特别组织的活动,比如舞蹈、展览、篝火晚会等,而这些经常被认为是当地文化代表的活动其实仅是当地文化的幻象。所以,包价旅游者所寻找和发现的"文化本真性"其实仅仅是和自身平常生活的不同而已。

　　在完全自主性旅游方式($r=1$)中,旅游者在旅游目的地和行程的确定、交通方式和食宿标准的选择、游览项目的安排等方面拥有充分的自主权。通过具有自主权的旅游方式,旅游者可以获得满足其多样化需求的多元化效用,使得自主性旅游由于旅游者的高参与度而属于深度旅游。该种旅游方式不仅具有很大的灵活性,而且主要以休闲、度假、娱乐、健身、求知、探险和满足个人特殊爱好等消遣性目的为主。比如背包旅游者追求的是一种"精神真实",或者通过冒险及异国经历寻求自我价值的实现。西方背包旅游者分享亚洲背包旅游经历及交流亚洲背包旅游过程中所遇到困难、疾病信息、在当地讨价还价等知识,在旅游需求中有着显著的重要性。

　　背包旅游者的目的不仅仅在于该种旅游方式的便宜,更为重要的是,他们注重于与旅游地本地文化的深层次接触,以探究某些本土文化的精髓所在,而非远距离的表层体验。背包旅游者在东南亚的旅游形成中,通过实地观察及与当地居民进行接触以获取深度文体验过程中所采取的策略。比如空间选择策略、行为策略及肢体语言策略等。因此,就旅游过程中的体验而言,非包价旅游者由于其参与度高,其食、住、行、游、购、娱都更贴近当地人的生活,能更真实地接触当地居民,感受当地的自然、历史、风土人情及社会习俗,同时还能根据自己的喜好,就某一方面或某一主题对目的地进行深度了解。而参加包价旅

　　① Cohen E. Backpacking:Diversity and change[A]. In Richards G,Wilson J(Eds). *The Global nomad: Backpacker travel in theory and practice*[M]. Clevedon:Channel View,2004:43-59.

游团似乎总是与当地人隔得很远,旅游者基本上都是在专门接待旅游者的定点饭店、定点餐厅、定点商店之间活动,就连像民族歌舞、婚俗这样的"民俗风情"展示也往往带有很强的表演性,甚至演化成变相收费的项目,极易使旅游者与东道居民互生成见,降低了旅游者所获得的效用水平。

由于旅游者可以不同程度地使用旅游中间商的服务,在全包价旅游方式和完全自主性旅游方式之间存在大量的弹性旅游方式,即部分包价旅游方式。变量 r 在其连续的取值区间上($r \in (0,1)$),旅游者可以对旅游产品的包价部分和非包价部分进行多种形式的组合,以同时获取包价方式和非包价方式的好处。

自助游一般是指旅游者无须借助导游人员,完全按照自己选择的线路独立进行的一种旅游活动。该定义虽然涉及了自助游的本质,但是忽略了旅游者依托旅游中间商进行部分旅游要素预定的这一现象。所以,自助游实际上是旅游者在进行旅游活动时,部分依靠或者完全不依靠旅游中间商的安排,无须借助导游人员,其旅游行程设计有较大弹性的一种旅游方式,旅游者根据个人的喜好自己设计旅游行程,并有时依靠以旅行社为主的旅游中间商实现用房、用车、票务等个别项目的预定。

5.2.2 与自主权有关的效用

就旅游者体验来说,包价旅游会由于"环境透明罩"的作用导致旅游者真实体验方面的损失及由于自主权的让渡导致行程自由性的损失。另外,由于旅游产品是一种体验型产品,旅游者由于信息不对称而面临着一定的效用不确定性风险损失,即,生产者掌握的产品质量信息是消费者无法了解的,后者只能通过搜寻或使用才能获得。旅游过程中旅游者实际经历的质量可以分为技术质量和功能质量,前者系在旅游者与旅游服务人员互动已经结束但还依然保留的质量特征;后者是旅游中间商提供服务或产品的过程,这主要来源于服务人员方面的因素。但是,作为参与到旅游过程中的一个能动性因素,旅游者实际经历的质量不可避免地与旅游者的需求结构与特点有着密切的联系。本讲将来自需求方旅游者感知的质量称为效用质量,即旅游者对旅游经历过程所体验到的效用水平,这和不同旅游者的不同旅游需求结构和特点有着至关重要的关系。

旅游产品具有体验品的系列特性,旅游产品的"体验品"性质决定了其效用质量的预先不可感知性,增加了旅游者的购买风险以及效用质量确认成本。研究表明,旅行社包价旅游包括全陪服务、前台服务、旅游配套服务、有形证据、旅游体验和地陪服务等六个要素,其中以旅游体验对旅游者满意感的影响最大。出于确定性原则,旅游者希望通过对某些旅游环节的自主控制来进行效用质量控制。因为,规范化和程式化传统全包价旅游方式对旅游者束缚较大(如游程安排的固定化、旅游景点选择的大众化、旅游知识获得的表层化等),使得旅游者很难获得最大效用水平;而相比较而言,旅游者在自主性旅游中的束缚较少,主体地位更明显,且在行程安排的自由化、出游经验的丰富化及体验的深度化等方面具有优势。以自由化的行程安排为外显,丰富化的出游经验为界面,深度化的旅游体验为核心的自主性旅游,通过旅游者主体地位的充分展现,使其获得了更大的旅游效用。

所以,旅游者在关注自身的发展并通过旅游过程中的个性化、探险化、求知化等途径来获得自我实现的过程中,自主性旅游方式和包价旅游方式提供了不同的效用水平。比较传统全包价游和自助游在旅游者自我实现过程中的不同功用,可以发现,传统全包价旅游体现的是旅游者基本的共性,弱化了个性;而自助游根据旅游者个人喜好组合旅游产品,强化了旅游者的个性,且可以让旅游者接触到一些属于冷点的景区,易于激起旅游者的好奇心和征服欲。在传统全包价旅游中,旅游者主要信息获取的来源是依靠导游人员的讲解,这种信息的获取是间接的,并且信息的广泛度、准确度、吸引度还和导游人员的知识水平、讲解技能成正相关,当导游人员的知识水平较低、讲解技能有限时,那么旅游者得到的信息量有可能是不完善的,甚至是错误的,这将直接导致旅游者满意度的下降;而自助游中依靠旅游者自己深度体验的特点正满足了其最大信息量的获取。

具体说来,旅游方式中的自主权可以为旅游者带来效用上的提升,即旅游者可以通过对旅游产品非包价部分的效用质量进行自主性控制以获得满足自身需要的特殊效用(比如实现自我价值、体验真实的当地文化等)。为此,本讲定义 $R = R(r)$,为旅游者由于自主权而获得的效用,且旅游者保留越多的自主权,其对旅游产品效用质量的控制力度就越强,其所获得的效用就越大,即:

$$\frac{\partial R(r)}{\partial r} > 0 \qquad\qquad (5-1)$$

5.3　效用风险与旅游者类型

就旅游者对不同旅游产品的选择来说,在追求个性化的潮流下,旅游者放弃自主权一方面会造成其效用的损失,另一方面旅游产品所具有的"体验品"系列特性决定了旅游者对其旅游产品质量的预先不可感知性和不可控性,这增加了旅游者购买某项旅游产品的效用质量风险。从信息的角度分析旅游产品的特性,可以看出,旅游产品的体验品属性决定了旅游者一般不可能预先知道所购买的产品质量的好坏,而且旅游者的常住地与目的地之间的空间距离客观上增加了旅游者获得直接的产品使用经验的复杂性和困难程度,增加了旅游者的购买风险。就旅游者效用的来源而言,旅行社人员尤其是导游人员所提供的服务质量是旅游者效用来源的一个重要方面,而这些因素却是旅游者不能进行事先控制的内容。

5.3.1 效用风险

假定旅游者在购买旅游产品时有一个初始效用水平 ω_0，但是，由于旅游产品的体验特性，旅游者只能估计其效用质量的高低，尤其是对包价旅游产品来说，由于包价部分效用质量的不可控性，这一初始效用水平会有很大的不确定性，即旅游者面临一个不确定性的局面，该局面会为旅游者带来附加的收益（或损失）h。若 $h > 0$，则 h 为附加的收益，即某项旅游产品的包价部分提供了较高的效用质量水平，使旅游者获得了超出其预期的效用。反之，若 $h < 0$，则 h 为该局面所带来的损失。因此，旅游者的期望效用函数可以写成：

$$E[u(\omega_0 + h)]，且，假定 E(h) = 0 \qquad (5-2)$$

h 衡量了旅游者面临的某项旅游产品效用质量风险，或者说衡量了旅游者让渡给旅游中间商的那部分自主权所产生的效用风险。而在不同的旅游方式中，如果旅游者通过保留自主权的方式控制效用质量风险较大的部分就可以得到一个确定的效用水平 $u(\omega_0 + R)$。确定性等值[①]的定义告诉我们：

$$E[u(\omega_0 + h)] = u(\omega_0 + R) \qquad (5-3)$$

用泰勒级数把上式左右两边展开。先看右边

$$u(\omega_0 - R) = u(\omega_0) + Ru'(\omega_0) + 高阶项$$

再看左边，同样以泰勒级数展开

$$E[u(\omega_0 + h)] = E\left[u(\omega_0) + hu'(\omega_0) + \frac{h}{2}u''(\omega_0) + 高阶项\right]$$

$$= u(\omega_0) + E(h)u'(\omega_0) + \frac{E(h^2)}{2}u''(\omega_0) + 高阶项$$

（由于只有 h 是随机变量。）

但是，$E(h) = 0$，再令 $\dfrac{E(h^2)}{2}$ 为一常数 $k(>0)$，略去高阶项，可得

$$u(\omega_0) + Ru'(\omega_0) \approx u(\omega_0) + ku''(\omega_0) \qquad (5-4)$$

进一步，由于 $r \in [0, 1]$，所以，ω_0 是随机的，则

$$R \approx k\frac{u''(\omega)}{u'(\omega)} = kR_a(\omega) \qquad (5-5)$$

---

① 确定性等值"CE"（Certainty Equivalent）是一个完全确定的效用量，在此水平上对应的效用水平等于不确定条件下期望的效用水平。

进一步,定义 $\omega = \omega(r)$,由于 r 衡量了旅游者自主权程度,所以,ω 对应的是旅游者选择旅游产品时所获得的非包价部分的效用水平。如图 5-1,令 $u(N,P)$ 为旅游者的效用曲线。由于自主性非包价部分会给旅游者带来一定的效用,因此,随着非包价程度的提升,旅游者的效用水平也逐渐增加,但是,对于不同属性的旅游者来说,其边际效用水平的变化是不同的,如果旅游者是非包价旅游偏好者,则其边际效用是递增的,否则,则是递减的(见图 5-1)。

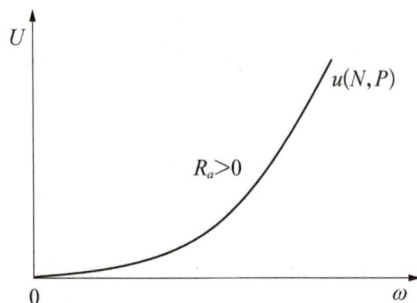

图 5-1 旅游消费者的效用曲线

5.3.2 旅游者类型

当 $R_a > 0$ 时,旅游者为非包价旅游偏好者,旅游者从非包价部分获得的边际效用是递增的,该种类型旅游者倾向于保留较多的自主权,此时,旅游者从自主权中获得效用水平为 $R(r_1)$。

当 $R_a < 0$ 时,旅游者为包价旅游偏好者,旅游者从非包价部分获得的边际效用是递减的,该种类型旅游者倾向于保留较少的自主权,此时,旅游者从自主权中获得效用水平为 $R(r_2)$。

对于上述两类旅游者来说,$R(r_1) > R(r_2)$,根据式(5-1),可知:

$$r_1 > r_2 \tag{5-6}$$

当 $R_a = 0$ 时,旅游者为旅游方式无关者,旅游者从非包价部分获得的边际效用是不变的。

5.3.3 非包价和包价组合

消费者在旅游产品消费过程中保有自主权程度 r 的不同形成了不同的旅游方式,并且,由于不同的旅游者具有不同的 r 偏好,由此形成了不同的旅游者类型。定义一件旅游产品中包价部分给旅游者带来的效用为 P,非包价部分给旅游者带来的效用为 N,由于旅游者对包价旅游和非包价旅游的偏好不同,形成了对 N 和 P 不同的偏好组合结构,即偏好包价旅游者会选择较低的 N 与较高的 P;偏好非包价旅游的消费者会选择较高的 N

与较低的 P。而对于旅游中间商来说,旅游中间商本来不知道旅游者属于什么气质,但是,它可以通过设定不同的 N(旅游产品的非包价部分)和 P(旅游产品的包价部分)的组合来筛选不同的旅游者,让旅游者进行自我选择。

由于旅游中间商经常提供部分包价的旅游产品(即 $r \in (0,1)$),所以旅游者的效用来源可以由非包价部分 N 和包价部分 P 组成,且 N 和 P 之间具有一定的替代性。我们可以参照柯布-道格拉斯(Cobb-Douglas)生产函数构造旅游者效用函数 $u_i = u(N, P, r_i)$,即:

$$u_i = AN^{r_i}P^{1-r_i} \qquad (5-7)$$
$$(A > 0; 0 \leqslant r_i \leqslant 1; i = 1,2)$$

其中,N 为非包价部分为旅游者带来的效用,P 为包价部分为旅游者带来的效用,这两种效用构成了旅游者效用来源的主导性要素。A 和 r_i 为参数,参数 A 为效率参数,是一个用于反映技术水平的指标,它反映了旅游者效用获取过程中旅游产品中非包价部分与包价部分之间的协调效能。r_i 与旅游者效用获取中非包价部分和包价部分的相对份额有关,体现了非包价部分效用在旅游者效用中所占的份额。由式(5-7),得:

$$\left.\frac{dP}{dN}\right|_{r_i} = -\frac{r_i}{1-r_i}\frac{P}{N} \qquad (5-8)$$

由式(5-6)知:

$$\left|\left.\frac{dP}{dN}\right|_{r_1}\right| > \left|\left.\frac{dP}{dN}\right|_{r_2}\right| \qquad (5-9)$$

即两类旅游者的效用无差异曲线是交叉的,且偏好包价旅游者的无差异曲线比较平坦,而偏好非包价旅游者的无差异曲线比较陡峭(见图5-2)。

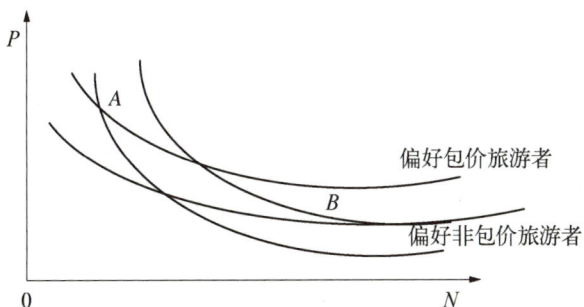

图 5-2　P 与 N 的筛选功能

基于上述讨论,可以从旅游产品中间商的角度来分析包价旅游和非包价旅游产品的筛选功能。旅游中间商(比如旅行社)可以通过对 N 和 P 进行各种搭配,但是,基本原则是让旅游者的包价部分 N 和非包价部分 P 之间存在替代关系。图 5-2 画出了四条无差异曲线，对每一种类型的旅游者都画出两条，无差异曲线越远离原点，代表越高的效用水平。

考虑两个组合：A 和 B。在 A 点，旅游者保留的自主权比较少，为包价旅游者，这种组合经常为偏好包价旅游的旅游者所接受。原因在于，尽管偏好包价的旅游者可以购买 B 点的旅游产品，且 B 处于比较高的那条无差异曲线上，但是，对他来说，却要放弃较多的自主权，这是该类旅游者所不愿选择的。所以，非包价旅游偏好的旅游者会选择 A。同理，非包价旅游偏好的旅游者则会放弃 A 而选择 B。

总之，虽然已经有不少旅游动机的研究，但是，需要注意的是，由于目标群组、研究重点的不同，从旅游动机的经验性研究中很难总结出一般性的结论。而解读不同旅游方式对旅游者效用的影响具有重要的意义。它不仅可以让我们考察旅游者效用的不同来源，而且，对于旅游经营者产品的设计也有重要的启示性意义。

首先，旅游者不同的效用价值取向决定了其旅游方式的选择。旅游动机是促使旅游者参加旅游活动的需求集合，旅游者旅游的原因包括精神、社会地位、逃避以及增强文化体验等方面的动机。作为追求效用最大化的经济个体，旅游者旅游动机的满足构成了其效用的来源，旅游动机的多样性则决定了旅游者可以通过多样化的旅游消费方式来满足其不同的效用。个性化及动机可以通过形成对不同旅游方式的偏好来影响旅游者的选择，并且，个性化对旅游者的选择具有更大的影响力。因此，识别旅游者的不同效用来源，设计出满足旅游者需求的多样化的旅游方式对旅游中间商来说具有重要的意义。在旅行社经营中，"期望"在旅游者满意度形成的过程中发挥着至关重要的作用，旅游者的满意度是形成旅游者对旅行社忠诚度的关键因素，因此旅行社管理者需要识别出旅游者的效用来源，通过满足旅游者的需求以产生旅游者的良好期望。

其次，对旅游者群体进行细分，是旅游中间商以及其他旅游经营者着眼于不同旅游者的效用价值取向设计相关产品时需要关注的另一个问题。包价旅游方式和自主旅游方式的选择，受到旅游者的社会人口统计学特征（比如年龄、性别等）、旅游特点（比如停留时间、旅游团队的规模、此前的旅游经历）、国别以及旅游目的地等因素的影响。普洛格（Plog，1974）[1]旅游动机模型的分析认为，相对较为激进的旅游者更喜欢新奇的目的地、未组织的旅行而不是包价旅游，并且更多地融入当地文化，而温和型的旅游者更倾向于熟悉的目的地、包价旅游和常规旅游区域。就收入与旅游方式选择的关系而言，随着旅游者收入及旅游经验的提高，他们对独立和自由的渴求表现为更加以自我为导向、范围更广的旅

---

① Plog S. Why destinations rise and fall in popularity[J]. *The Cornell Hotel and Restaurant Administration Quarterly*，1974，14(4)：55-58.

行,甚至创造出犹如其目的地国本地人的文化体验,完全融入该国的语言、文化、传统和生活方式中。对于不同年龄的旅游者来说,年长者比非年长者会更倾向于选择包价旅游方式。因此,旅游者的需求是多样化的,区分不同的旅游者需求,通过对旅游者的市场细分,可以发现旅游者的偏好及需求以及当前市场上各种旅游产品满足旅游者效用偏好的程度,寻求市场需求尚未满足或者满足旅游者效用程度低的市场,采取适应性营销策略,以达到占领市场的目的。

从更为动态的意义上讲,旅游者通过旅游行为享受到旅游带来的效用,而当其已不满足现有的旅游方式产生的效用时,旅游需求会发生变化,为了实现旅游者新的旅游需求,旅游业经营者就需要做出新的调适。当前传统全包价产品市场受到了冲击,从旅游市场营销学的观点看,自助性旅游是市场细分的顶级,以充分展现旅游者的喜好、个性为基础,为旅游者量身定做的旅游方式。如何更好地满足旅游者需求,是旅游中间商生产旅游产品的衡量标准,为此,在分析了旅游者的不同类型后,旅游中间商就可以根据自己的实力和优势,针对细分的目标客源市场,积极实现转型,在新旅游模式下开发个性化的自助游产品,平衡传统全包价游市场的下滑。

总之,世界旅游市场出现的旅游新潮流——自主性旅游,是具有深刻转型意义的新旅游主导形式,需要引起人们的审慎解读,而非被简单处理成一种专项产品。在我国,传统大众旅游模式还会在较长时间内占据主导地位,但自主性旅游也必将越来越成为一支独立的重要增长极,并在技术和市场的双重作用下最终成为新旅游主流模式。

第三篇

旅 游 资 源

　　旅游资源是旅游业发展的重要依托性因素。本篇深入探讨了旅游资源影响旅游业发展的作用机制，引入利益相关者分析了旅游资源开发过程中存在的"公共地悲剧"、"反公共地悲剧"以及"公共地陷阱"现象，并对"文化"这一旅游特色性资源要素的作用机制进行了分析。

　　本篇主要讨论如下内容：
> 旅游资源
> 资源诅咒
> 利益相关者
> 公共地悲剧
> 反公共地悲剧
> 公共地陷阱
> 文化

第6讲　旅　游　资　源

从理论上讲,旅游资源构成了旅游业发展的重要条件和旅游业发展过程中的重要约束性因素,拥有丰富而高质量的旅游资源无疑有助于旅游业的发展。以往研究较多地关注于旅游资源空间分布不均匀所导致的各地资源禀赋的差异,以及基于资源禀赋的空间异质性所进行的旅游业发展及区域资源之间合作开发等方面的分析,并基于不同区域间旅游资源比较优势所形成的竞争关系讨论了旅游业发展的维度。但是,有关研究的关键先验逻辑基础却是资源依托型的传统旅游业发展模式,却忽略了旅游资源对旅游业发展作用研究中的纵向维度。

一个不得不面对的问题却是,旅游资源在一个国家或地区的旅游业发展中到底扮演着什么样的角色? 是有力的助推器还是隐藏的障碍物? 如果一个地区拥有丰富的旅游资源而取得了较差的旅游业发展绩效或表现出较差的旅游业发展水平,那么,一个可能的解释是,一方面,旅游资源开发中的"公共地悲剧"、"反公共地悲剧"等因素可能阻碍了旅游资源的有效开发;另一方面,旅游资源的存在为那些阻碍旅游业发展转型的因素提供了生存的土壤,正是这些因素导致的负面效应超过了旅游资源本身的正面效应。

鉴于此,本讲分析旅游业发展过程中资源因素的作用,探究旅游资源约束下的旅游业发展的可能性途径,在产业层面上对旅游业发展的维度进行多元化分析,以扩展旅游业发展的产业空间和产业形态。

6.1　旅游资源

6.1.1　什么是旅游资源?

旅游资源是能够对旅游者构成吸引的全部要素的总称,它既包括传统意义的自然旅游资源和历史文化遗产类旅游资源,也包括政治经济影响、文化特色、娱乐设施保障等多种吸引要素。旅游资源涉及的内容众多,而且种类也是千差万别。旅游资源不仅具有形态上的多样性和复合性,而且具有价值上的多元性,这对准确衡量旅游资源对旅游经济增长的贡献带来了困难。

根据《旅游区(点)质量等级的划分与评定(GB/T17775-2003)》的定义:"旅游景区

(tourist attraction)是以旅游及其相关活动为主要功能或主要功能之一的空间或地域。……是指具有参观游览、休闲度假、康乐健身等功能,具备相应旅游服务设施并提供相应旅游服务的独立管理区。……包括风景区、文博院馆、寺庙观堂、旅游度假区、自然保护区、主题公园、森林公园、地质公园、游乐园、动物园、植物园及工业、农业、经贸、科教、军事、体育、文化艺术等各类旅游景区。"

根据中华人民共和国标准《旅游资源分类、调查与评价(GB/T18972-2003)》《旅游区(点)质量等级的划分与评定(GB/T17775-2003)》的界定,旅游资源是指"自然界和人类社会中凡能对旅游者产生吸引,可以为旅游业开发利用,并可产生经济效益、社会效益和环境效益的各种事物和因素。"

6.1.2　资源的诅咒

在资源导向型的传统增长模式中,自然禀赋状况在很大程度上决定了一国的经济发展水平。Habakkuk(1962)认为[1],自然资源的丰裕使美国获得了更高的生产率,并最终导致19世纪的繁荣局面。然而,在20世纪中后期,自然资源与经济增长的关系发生了较为明显的变化,许多学者都注意到20世纪70年代以来资源导向型增长模式的失败。资源丰裕国的经济表现往往不及资源缺乏国,自然资源在经济增长中的角色仿佛由"天使"变成了"魔鬼","资源的诅咒"也由此而来。

资源的诅咒,也被称为荷兰病(Dutch disease),是指自然资源的丰富反而拖累经济发展的一种经济现象。经济学家们常常以此来警示经济和发展对某种相对丰富的资源的过分依赖的危险性。荷兰20世纪50年代因发现海岸线蕴藏巨量天然气,迅速成为以出口天然气为主的国家,其他工业逐步萎缩。资源带来的财富使荷兰国内创新的动力萎缩,国内其他部门失去国际竞争力。至20世纪80年代初期,荷兰经历了一场前所未有的经济危机。自然资源作为物质生产活动的必要投入品,成为经济赖以发展的重要物质基础,资源相对丰裕的国家通常蕴含了更大的发展潜力。近代以来的经济发展史表明,自然资源的确对于一国国民财富的初始积累起到了非常关键的作用,如美国、澳大利亚、加拿大和斯堪的纳维亚地区的快速工业化与其丰裕的自然资源密不可分。但是,20世纪80年代以来,越来越多资源丰裕的国家陷入了增长陷阱的事实引起了经济学家的深思。经验数据显示,从一个较长的时间范围来看,资源丰裕国家经济增长的速度是缓慢的,甚至是停滞的。

Gelb(1988)[2]、Auty(1990)[3]较早关注了这一现象,并为后来的研究提供了假说检验

---

[1]　Habakkuk HJ. *American and British technology in the Nineteenth Century,Cambridge*[M]. MA:Cambridge University Press,1962.

[2]　Gelb AH. *Windfall gains: Blessing or cursed*[M]. NewYork:Oxford University Press,1988.

[3]　Auty RM. *Resource-based industrialization: Sowing the oil in eight developing countries*[M]. NewYork:Oxford University Press,1990.

的基础。Sachs 和 Warner(1995,1997,2001)[1]连续发表了 3 篇文章对"资源的诅咒"这一假说进行了开创性的实证检验,结果表明自然资源与经济增长存在显著的负相关联系。与国际上这一领域较为丰富的研究成果相比,虽然自然资源(特别是化石能源)在我国经济发展中的作用越来越显著,甚至成为我国经济发展的源动力之一。但是,国内探讨自然资源禀赋与经济增长关系的文献并不多见,只有少量学者分析了"资源诅咒"在我国地区层面同样存在。

总体来看,这些论著大都是对资源和经济的作用进行研究,且主要基于国家样本,结论来自国家之间的比较。主体文献中对专门就一国内部旅游业这一特定行业所进行的研究相对较少。即研究一国内部各个地区的旅游资源与旅游业增长之间关系,以及是否存在着丰裕的旅游资源禀赋对旅游业增长的制约性。虽然许多研究者在相关旅游问题的研究过程将旅游资源设定为旅游业发展的重要支撑性因素,并且,从直观上可以看出,中国的区域旅游业发展水平呈现明显的差异性特征,区域层面上旅游资源禀赋的丰裕度与旅游业发展之间存在一定的正向对应关系。[2] 然而,直觉认识并不能代替严谨的学术研究,表象的发现也未必是客观的真理。为此,本讲将旅游资源禀赋与旅游业发展水平之间关系进行研究,初步探讨旅游业转型的方向。

6.2 旅游资源的作用

6.2.1 重要吸引物

旅游资源是旅游开发和建设的对象物,是旅游业发展的重要依托性因素。研究表明,旅游者选择目的地的行为是其对资源感应效用的函数,由此使得旅游景点与客源地之间的引力具有鲜明的资源指向性特点(Deasy & Griess,1966)[3]。

就旅游资源的经济特性而言,独占性和垄断性是重要方面,独特且具有吸引力的旅游资源是旅游业发展的灵魂。但是,在旅游业发展的过程中,旅游资源作用的发挥受到政治、文化、交通条件等多种因素的影响和制约。在城市旅游资源系统构成的中,城市旅游资源系统既包括传统意义的自然旅游资源和历史文化遗产类旅游资源,也包括一个城市的政治经济影响、文化特色、环境状况、科技与信息的发达程度、娱乐设施保障等多种吸引

① Sachs JD, Warner AM. Natural resource abundance and economic growth[R]. *NBER Working Paper*, No. 5398,1995. Sachs JD, Warner AM. Fundamental sources of long-run growth[J]. *American Economic Review*, 1997,87(2): 184-188. Sachs JD, Warner AM. The curse of natural resources[J]. *European Economic Review*, 2001,45(4): 827-838.
② 不过,关于区域旅游业竞争力的横向比较表明,资源丰裕度与旅游业发展水平之间并不存在严格的对应关系,这还取决于区位条件、支持性因素以及政策等因素。
③ Deasy G, Griess P. Impact of a tourist facility on its Hinterland[J]. *Annals of the Association of American Geographers*, 1966,56(2): 290-306.

要素,这些因素之间的相互联系、相互影响共同促进了城市旅游业的发展。

从价值链角度来看,旅游资源发挥作用的过程中,除了旅游资源所具有的基本的价值活动(旅游资源开发、经营管理、旅游者服务、旅游者感知体验)外,旅游者所能感受到的最终价值还受制于其他一些辅助要素的影响。这主要包括旅游资源基础、地理空间条件、技术环境以及制度环境等因素,旅游资源的辅助价值要素和基本价值活动相互影响,共同构成了旅游资源的价值链系统。

6.2.2　旅游业发展

在区域层面上,基于旅游资源禀赋分布的空间异质性所进行关于如何实现不同旅游资源之间的地域组合开发构成了旅游业发展的另一个重要研究维度。区域旅游资源合作与发展在实践和理论上都受到越来越多的关注,并逐渐成为当今国际国内旅游业发展的主流。在旅游经济影响的研究与评价中,首要问题是判断该影响究竟波及多大的范围,而要准确描述这一范围,需要引入地理学中的"区域"概念,从而明确表达旅游经济影响的空间模式。

实际上,旅游发展的空间系统按尺度可以分为全国、区域和地方等层次,旅游资源开发的实践表明,内容各异、相互补充、各具特色的旅游资源要素相对集中分布,可产生规模经济效应,形成整体优势,从而促进旅游业的发展。进一步,旅游合作则为区域经济带来了新的增长点,创造了许多间接效益,促进了区域经济的发展。

基于旅游资源空间分布不均匀所进行的合作开发,构成了不同旅游区域之间相互关系的一个方面,而基于不同区域间旅游资源比较优势所形成的竞争关系则构成了另一重要维度。持比较优势理论的学者认为,与旅游产品相联系的要素禀赋在特定区域上的空间分布不均质性是旅游目的地竞争力不同的原因。旅游资源的禀赋和品质就成为旅游竞争力研究中的焦点所在,国内学界也形成了以资源为中心的"旅游资源说"、"引力说"、"区域旅游持续发展潜力模型"等学说。基于"旅游资源本位"的观点将旅游发展过程中表现出来的竞争力界定为,旅游经济活动中旅游竞争主体当前拥有的资源以及将这些资源转化为社会、经济、环境等利益的能力的综合,核心旅游资源和吸引物是该发展过程中的核心组成部分。

6.2.3　脱物化发展

随着旅游业的发展,旅游业的发展格局必然会超越仅依赖旅游资源的阶段,呈现出旅游资源部门和非旅游资源部门并重的局面,旅游业发展的"脱物化"倾向和多元化方向成为旅游业转型的关键维度。

就旅游业发展的"脱物化"而言,随着我国旅游者消费活动的明显变化,我国旅游业在多维度发展的基础上,不再大比重地受到具体旅游资源的限制,而是转移到注重依附在旅游资源上的文化价值和精神内容。在我国旅游业发展中,日益出现了如下一种新趋势,即旅游者更注重精神享受、强调旅游活动的文化创造与文化欣赏,以休息、娱乐、学习、交往、欣赏大自然等活动形式,实现放松身体、满足好奇心和接触大自然的旅游行为情趣。

就后者而言,我国旅游业的发展经历了由单一到多元的不断提升的演变历程。从旅游者的消费需求来说,20 世纪 80 年代,旅游者主要是对自然景观和古迹景观的观赏性游览,集中在对国内几大风景名胜地(如桂林山水、长城、兵马俑等)的旅游上,旅游资源构成了我国旅游业发展的重要支撑性要素。20 世纪 90 年代,随着居民收入水平和旅游经验的增加,我国旅游者除了传统的山水风光、文物古迹和民族风情等旅游产品外,开始关注于更多类型的景观,比如水域风光、地文景观、极地景观、沙漠景观、草原景观等,对生态旅游也表现出极大的需求,同时许多新兴的专项旅游产品,如主题公园、农业观光、工业旅游等也引起了人们的极大兴趣。

进入 21 世纪,我国旅游消费不再是统一低层次的消费,呈现初级的市场细分状态。其中,高层旅游者从纯粹的观光型旅游转化成度假型休闲,中层旅游者则需要更广泛的旅游产品,而低层旅游者绝大部分是观光旅游。总体上来说,我国旅游者的消费需求对旅游资源的依赖性在逐步减弱,我国旅游旅游产品的开发和组合日益凸显其精细化和特色化,工业旅游、农业旅游、森林旅游、生态旅游、休闲旅游、商务旅游、探险旅游、休学旅游以及扶贫旅游等不同主题的旅游产品越做越精,满足了不同旅游主体的个性化旅游需求,旅游业发展对传统旅游资源的依赖也逐渐减弱。

随着体验经济时代的到来,人们的需求层次在提升,越来越多的旅游者已不再满足于"上车睡觉、下车看庙、到了景点就拍照"的旅游模式,而是在寻求旅游过程中一种或多种体验组合起来所形成的完整经历。

6.3　资源诅咒

6.3.1　机会成本

在旅游业发展初期,主要以资源型为主,随着旅游业的发展以及人们旅游行为的多元化和多样化,旅游业的内涵以及旅游资源边界的扩展,旅游景区(点)等人文自然资源性因素边际收益递减效应开始显现,使得初始旅游业发展结构在随后旅游业发展的表现中逐渐表现为阻碍性作用。

在我国旅游业发展的初期,由于我国经济发展水平较低,我国旅游接待主要以入境旅游为主,国内旅游还处于萌芽时期,而当时的入境旅游由于国内其他旅游设施的缺乏,也显著表现为资源依赖型。

对旅游资源的依赖造成我国旅游业产业结构的严重失衡,产品单一化和初级化特征明显,旅游业态失去了产业多元化的好处。Auty(2001)[1]在对自然资源禀赋和经济发展之间关系的研究中认为,产业单一化和初级化是资源丰裕国家经济绩效差的一个重要原因。同时,国外诸多研究证明,破解这一发展困局的一个有效方案就是减少对资源部门的依赖,实施产业多元化。

就旅游业发展而言,这一点尤为重要,因为旅游业是一个容易波动的行业,容易受到各种突发事件的影响,而多元化将会有助于增强旅游业的抵抗力。这一方面是由于旅游业虽然是一项关联度极强的产业,但其前瞻效应却非常微弱,而强大的回顾效应却有可能成为旅游业的致命缺陷,即经济社会环境中的一些风吹草动总会造成旅游业的大起大落,亚洲金融危机、"9·11"事件、"SARS"事件等即是明显的例证。另一方面,鉴于旅游业人力资源素质偏低、流动性强等方面的特性,旅游资源主导型的产业结构降低了这些地区对于人力资本的投资,制约了人力资本的积累,削弱了旅游业创新和增长动力从而抑制了旅游业增长。Gylfason 等(1999)[2]发现自然资源与教育投入、受教育年限等呈负相关,其对经济增长的负效应来自地区的低教育投入,因此,自然资源的负面影响可以通过提高教育投入补足。

就我国旅游业发展的制度性设计而言,单纯的关注于旅游资源在旅游业中发展中的作用所形成资源依赖性旅游业发展模式制约了旅游业的转型,也限制了旅游业满足旅游者日益提升和变化的多元化旅游消费需求。这形成了旅游业发展过程中的"资源刚性",即随着收入水平和旅游经验的增加,旅游者的需求逐渐趋于多元化,但是,旅游产品等供给却由于在发展过程中形成了对旅游资源的依赖及相关利益制度设计,而不能及时实现旅游业转型以满足旅游者的需求,进而限制了旅游业的发展。

6.3.2　政府主导效应

由于旅游资源经营过程中外部效应、公共品以及垄断尤其是自然垄断等大量市场失灵现象的存在,政府干预可以在一定程度上"模仿"市场机制,避免旅游资源开发过程中的"公共地悲剧",实现帕累托效率。尤其是在我国经济转轨过程中,经济体制、法律法规不健全,政府在政策引导、旅游发展规划、旅游基本建设和旅游环境的营造等方面发挥着重要的作用,实行政府主导型战略被视为我国旅游业发展的一条经验,也是中国特色的旅游业发展模式。

---

①　Auty RM. *Resource-based industrialization: Sowing the oil in eight developing countries*[M]. NewYork:Oxford University Press, 1990.

②　Gylfason T, Herbertsson T, Zoega G. A mixed blessing: Natural resources and economic growth[J]. *Macroeconomic Dynamics*, 1999,(3): 204-225.

　　根据制度经济学的有关理论,良好的制度基础构成了经济增长的必要条件。一个特征事实是,在我国旅游业实践中,"政府主导"是中国旅游业长期发展的基本模式。有关学者从旅游业发展对基础设施的依赖、旅游产品的公共性特征、旅游产品开发对形象宣传的依赖以及旅游业所具有的某些特殊功能(比如扶贫、增加就业等)方面研究了我国旅游业发展实行政府主导型战略的必要性。具体说来,在我国经济体制改革以及旅游业发展历程中,政府主导型发展模式的形成原因主要有以下三个方面:一是中国由计划经济向市场经济的转变是渐进的,处在发育过程中的市场主体力量有限,无法担当旅游业的主角;二是出于提高国际购买力的目的,国家赋予和放大了旅游业的创汇功能,使得旅游业具有浓厚的"从属"色彩,而不是完全独立的产业部门;三是所有权制度决定了大多数旅游资源和旅游产品属于政府,政府担当了经营主体的角色。

　　不可否认,"政府主导型"的旅游业发展模式对中国旅游产业的规模扩张和地位提升贡献巨大,创造了只用 20 余年时间就进入世界旅游大国的奇迹。但是,旅游业是需求推动型产业,"政府主导"有益于解决供不应求的阶段性矛盾。然而,当供给水平达到一定的规模,供求关系发生逆转时,"政府主导"的弊端就充分暴露出来,如资源配置效率低、企业发育水平低、产业效益水平低等。

　　事实上,在旅游业发展的不同阶段,政府的职能重心是不同的,随着旅游目的地发展模式的演进,政府的职能重心需要从"先驱者"向"协调者"调整。而且,随着中国旅游业逐渐走向成熟,其发展重点由培育新的增长点转向培育增长新亮点,政府主导的旅游业政策显示出明显的局限性。尤其是,随着经济的发展和市场体系的健全,政府主导型的发展战略却对旅游业发展造成了显著的负面影响。其一,在旅游业发展的起步阶段,受国家经济发展战略(即尽可能争取外汇收入)和投入水平的限制,中国发展旅游业当时采取"积极发展入境游,适度兼顾发展国内游"方针,其结果虽然为经济社会的发展争取了大量的外汇,但在某种程度上导致了国际旅游业体系和国内旅游市场衔接不畅。其二,在旅游业快速发展过程中,政府主导型曾经过分看重经济功能,强调旅游扶贫的示范效应,对旅游资源的过度开发超出旅游环境承载力,造成生态失衡、资源匮乏、环境污染等问题,影响了旅游业的可持续发展等。其三,为了本地本届政府的政绩,违背市场规律,过度干预经济活动,或把政府的意志强加于企业与市场,采取摊派、赞助、加费等方式大搞旅游节、旅游会;或拘泥于地方的眼前利益,各自为政,宁肯搞低水平的重复建设,也不愿意区域联手共同开发;或重国有企业、轻民营企业,重本地企业、轻外地企业,重大企业、轻小企业,地方保护色彩浓郁,压抑了旅游市场的发育和正常市场的竞争,阻碍了旅游经济的发展。其四,资源配置的政府化,形成官员热衷于跑上级部门,而不是关注市场,营造良好的投资环境,捕捉发展的商机。其五,政府直接参与微观层面的生产经营活动,产生了政企难分、产权不明、现代企业制度改革推进缓慢、旅游企业缺乏独立自主的经营权等普遍的负效应,且由于政府管理机制对市场变化的反应速度慢于企业的经营机制,政府直接投资兴办旅游企业、开发景区(点)往往产生经营管理不善、经济效益低下的通病。其六,政府调控力有限,使旅游行业结构性矛盾更加突出,旅游"六要素"的配套均衡发展难以实现。

进入 21 世纪,中国明显加快了融入世界开放经济体系的步伐,政府职能在持续调整,市场主体不断强化,大量的贸易顺差和外汇储备"瓦解"了旅游业的创汇功能,出境旅游的兴起改变了旅游业国际竞争的基本态势。这一系列的重大变革,无不说明,尽管在一些旅游业起步地区政府依然要充当"先驱者"的角色,但在总体上"政府主导"模式不再合乎中国时宜,市场化是中国旅游业进一步发展的主要动力。

6.3.3　寻租效应及效率损失

Torvik(2002)[①]考察了一个经济同时具有寻租行为和规模报酬递增的模型,认为丰富的自然资源可以降低经济增长和社会福利。寻租带来腐败并扭曲了资源的配置,降低了效率和社会公平,这些都不利于旅游业发展。

我国旅游资源尤其是自然遗产类旅游资源的产权安排存在严重的弊端,尽管国家对自然遗产类资源的所有权已为《宪法》明确规定,但这种所有权并没有得到优化的保障,甚至连次优选择都谈不上。地方政府和各级资源管理部门行使事实上的所有权,当政府官员不能直接获得资源采掘的收益时,便会利用资源开发的许可权谋求局部利益或集团利益,从而间接实现分享资源收益的目的,这极有可能导致寻租活动和腐败现象的盛行。

由于产权安排不合理和相关法律不健全,资源收入更易于被私人所获取,并不能形成国家财富,这些既得利益者为了维护当前和远期的资源收益,便会通过行贿政府管理者等途径确保其对资源的排他性占有,经济发展的制度基础遭到践踏和破坏,公平竞争的经济环境也难以形成。另一方面,旅游资源开发的成本由众多代理人(国家和地方)承担,但收益却为个体(少数政府官员和经营者)所享有,个体的利益最大化动机必然会导致急功近利的开发行为,而且经营者为弥补寻租过程中的各种损失,会不遗余力地加大开发力度,导致大量资源浪费,影响旅游业的发展。

6.3.4　生产要素误配

旅游业市场化的表现方式可以分为产品市场化和要素市场化两类,在市场化进程中,一般以产品市场的发育为先导,但当产品市场发育到一定程度之后,经济的推动将更多依赖要素市场的发育。经过 30 多年的发展,中国旅游业的产品市场已发育到了一定程度,但是要素市场的发育一直相当落后。可以说,中国旅游业的产品市场化程度仍需提高,但

---

① Torvik R. Natural resources, rent seeking and welfare[J]. *Journal of Development Economics*, 2002,67(2): 455-470.

要素市场的发育才是旅游业转型发展的题中要义。

资本是旅游业发展过程中的生产性要素,尤其当旅游业发展到一定程度后,因为需要大量的基础设施和接待设施,就不再具有投资小、见效快的特征,而是类似于重工业成为资本密集型产业。经典经济增长模型认为,经济增长最终取决于投资与储蓄等因素。内生增长理论的研究则证明,投资能产生溢出效应,资本积累的副产品之一就是企业规模的扩大以及产业形态的多元化,并伴随着旅游业的转型及产业链条的拉长。由此,使我国的旅游业不仅在形态、功能、结构上发生改变,而且在动力机制上也会产生变革。

但是,资源的繁荣增强了权利的重要性,为政治家提供了更多的影响选举结果的资源,这将导致在其他经济领域中的资金误配。就我国旅游业发展而言,对于一些旅游资源丰富的经济不发达省份,旅游业相当程度上承担着扶贫、增加就业岗位等功能。来自旅游资源的收入相当一部分出于政治目的而投资于一些社会回报率很低的项目,有时甚至被用于满足当权者非正当的物质欲望。这些资金误配行为不仅使旅游业增长缺少必要的资本积累,而且严重削弱了教育、基础设施等与长期增长密切相关领域中的资金投入,影响了旅游业的长远发展。

实际上,旅游资源属性所导致的"公共地悲剧"影响了旅游资源经营者的行为,造成旅游业投资的短期化行为,使得投资对于旅游业发展的作用不甚明显。正是由于旅游资源的"公共品"属性,导致了旅游资源的开发过程中的"公共地悲剧"现象,Healy(1994)[1]率先在旅游研究中引入了公共资源概念,以瑞士高山草原为例分析了旅游资源开发过程中由于过度利用所导致的与 Hardin(1968)[2]的"公共地悲剧"相似的结果。Healy(1994)[3]的研究引发了全球范围内对公共旅游资源研究的热潮,国外学者进行大量的实证研究,从公共资源理论的角度解释公共旅游资源悲剧,而国内学者则结合中国旅游景区经营权和所有权分离问题重点探讨了公共旅游资源中的遗产类资源管理问题。一个客观事实是,在现行旅游资源产权制度下,虽然我国在宪法和《风景名胜区条例》层面上对自然文化遗产资源、风景名胜区等公共旅游资源的产权进行了明确界定,但是,却存在所有者的实际缺位和虚化现象,且在实践层面上旅游资源的产权安排呈现出多样化的表现。旅游资源经营者和其他利益相关者之间经常处于一种利益博弈状态,旅游资源开发和经营陷于"公共地悲剧",经营者不愿进行长期性投资,掠夺式经营成为他们的理性选择。这样,旅游资源的生产潜能被抑制,使用价值被严重耗散,最终旅游业的发展必然会受到损害。

---

　　① Healy RG. The "common pool" problem in tourism landscape[J]. *Annals of Tourism Research*, 1994, 21(3): 596-611.
　　② Hardin G. The tragedy of the commons[J]. *Science*, 1968, 162(5364): 1243-1248.
　　③ Healy RG. The "common pool" problem in tourism landscape[J]. *Annals of Tourism Research*, 1994, 21(3): 596-611.

第 7 讲 公 共 地 悲 剧

7.1 公共地悲剧

7.1.1 公共地悲剧

"公共地悲剧"(Tragedy of the Commons)表示,如果一项资源的产权界定不清,最终将会导致对这种资源的过度使用(Hardin,1968)[1],该理论模型可以解释和分析很多经济现象,比如公共牧场中的过度放牧、公海中的过度捕捞、河流的过渡污染以及旅游资源过度开发等。Healy(1994)[2]率先在旅游研究中引入了公共资源概念,以瑞士高山草原为例分析了旅游资源开发过程中由于过度利用所导致的与 Hardin(1968)[3]的"公共地悲剧"相似的结果。Healy(1994)[4]的研究引发了全球范围内对公共旅游资源研究的热潮。国外学者进行大量的实证研究,从公共资源理论的角度解释公共旅游资源悲剧,而国内学者则结合中国旅游景区经营权和所有权分离问题重点探讨了公共旅游资源中的遗产类资源管理问题,以及乡村旅游地发展过程中的"公共地悲剧"问题。

旅游资源的属性是其开发过程中"公共地悲剧"产生的深层原因。从现有的文献来看,在旅游资源属性界定上,尽管大家所持立场不尽相同,但大家基本都同意旅游资源——不论是国家风景名胜区还是世界自然文化遗产资源——都是一种特殊的公共资源(徐嵩龄,2003)[5]。正是由于旅游资源的"公共品"属性,导致了旅游资源在开发过程中的"公共地悲剧"现象。尤其是,在纯粹市场调节之下,旅游资源客观上存在着过度利用的现象,由此导致旅游区的环境容量日趋饱和甚至出现超载现象。

7.1.2 反公共地悲剧

"公共地悲剧"说明了人们过度利用公共资源的恶果,但却忽视了资源未被充分利用

---

① Hardin G. The Tragedy of the commons[J]. *Science*,1968,162(5364):1243 - 1248.
② Healy R. The "common pool" problem in tourism landscape[J]. *Annals of Tourism Research*,1994,21(3):596 - 611.
③ Hardin G. The Tragedy of the commons[J]. *Science*,1968,162(5364):1243 - 1248.
④ Healy R. The "common pool" problem in tourism landscape[J]. *Annals of Tourism Research*,1994,21(3):596 - 611.
⑤ 徐嵩龄. 中国遗产旅游业的经营制度选择——兼评"四权分离与制衡"主张[J]. 旅游学刊,2003,18(4):30 - 37.

的可能性。所谓"反公共地悲剧",是由于在公共地内,存在着很多权利所有者,为了达到某种目的,每个当事人都有权阻止其他人使用该资源或相互设置使用障碍,而没有人拥有有效的使用权,导致资源的闲置和使用不足,造成资源浪费现象。

根据科斯定理,确立排他性的产权或许能够解决公共产权带来的效率问题,因为明晰产权能够激励人们积极的动用其财产和知识并且能够诱导产权所有者节约资源(肖国兴,2003),但是,如果大量利益相关者同时对一项公共品拥有排他性的所有权,会导致怎样的使用状态呢? 在 Hardin(1968)①提出"公共地悲剧"之后,学者们开始探讨相反的情况,即"反公共地悲剧"(Tragedy of the Anticommons),并用"反公共地悲剧"解释和分析了许多经济现象,包括专利、经济体制变迁、企业管理等。在资源的利用方面,有学者证明了"反公共地悲剧"造成的资源利用不足和闲置、潜在收益损失以及由于资源浪费给社会带来直接损失。

事实上,在现行旅游资源管理体制中,由于法律法规的含混或缺位,国家对旅游资源的管理仅具有"指导"意义。因此,权利分离在现实意义上仅表现为一种制度上的界定,而实际操作效果却不尽如人意,这就需要我们对旅游资源开发中的经营者行为进行更为现实的分析。基于产权界定和产权安排所进行的旅游资源"公共地悲剧"和"反公共地悲剧"分析,关注的是既定产权结构下经营者之间的博弈关系及结果,而忽略了对不同治理模式下经营者微观个体行为的全面分析。

在旅游资源的开发和利用方面,国内外有关论者主要基于"公共地悲剧"视角探讨了利益相关者的权利界定在旅游资源开发过程中的关键作用。但是,界定产权仅是实现旅游资源合理开发的一个方面,其所关注的是既定产权结构下开发者之间的博弈行为,而忽略了开发者与其他利益相关者之间的博弈关系分析。即当多个利益相关者都对某种旅游资源的使用拥有排他性的权利时,则有可能导致该项旅游资源开发和利用的不足。一个特征事实是,当在研究中引入利益相关者时,会由于很多人同时对同一旅游资源具有排他性权利而产生了旅游资源开发过程中的扯皮、开发不足等"反公共地悲剧"现象。

因此,"公共地悲剧"现象在我国旅游资源开发中固然严重,但是,并不能笼统地认为我国旅游资源产权制度变迁的方向就是建立排他性产权、私有化或产权分割,因为这些产权制度是双刃剑,它们在解决"公共地悲剧"的同时,却产生了一个新的问题,即由于大量利益相关者对同一项旅游资源拥有排他性权利所导致旅游资源的过度开发或闲置。实际上,在不同的治理模式下,由于不同合约激励机制对经营者微观行为的影响,也会造成旅游资源的过度利用或开发不足等现象。本讲将前者称之为"类公共地悲剧",将后者称之为"类反公共地悲剧",并通过构建不同合约结构下经营者行为最优化模型,分析旅游资源

---

① Hardin G. The Tragedy of the commons[J]. *Science*, 1968,162(5364): 1243-1248.

过度利用和开发不足的现象。

7.2 理论框架

国外学者主要从公共资源理论角度解释公共旅游资源悲剧现象,并进行了大量的实证研究,国内学者也结合中国旅游景区经营权和所有权的分离问题,探讨了遗产类公共旅游资源的管理问题。然而,一个客观事实是,虽然我国在宪法和《风景名胜区条例》层面上对自然文化遗产资源、风景名胜区等公共旅游资源的产权进行了明确界定,但是,却存在所有者的实际缺位和虚化现象,且在实践层面上旅游资源的产权安排呈现出多样化的表现。即使在学术层面上,学者们就旅游资源产权安排亦存在分歧。总之,旅游资源产权安排固然重要,但是,无论在实践还是学术层面上均不存在一个相对有效的旅游资源产权安排形式。

大多数学者仅从资源所有者、经营者权利角度关注公共旅游资源悲剧和相关制度选择,却忽视了不同治理模式所界定的不同利益分配格局下经营者行为及其对资源开发效果的全面分析。只有有效的旅游资源治理模式才会带来对旅游资源的有效利用,国内学者在旅游景区治理模式的选择上基本上存在企业化治理模式和非企业化治理模式两种观点。

就前者而言,应取消地方政府对公共资源类景区的直接管理,使旅游景区变成一个小级别的行政单位,把资源保护的职能内生化,将旅游景区的所有权、管理权、经营权、收益权一体化。就后者而言,应对旅游景区实行企业化经营,而政府则提供法制、规划以及技术等方面的管理制度供给,尤其是在我国当前国情下,对旅游景区资源进行企业化经营是较为有效的方式。

无疑,特定条件下,旅游景区从公益型管理向经营型管理的转轨是一种制度进步。根据对民营企业进行旅游景区开发现状的分析,可以整理和归纳为协议、买断、承包、租赁等几种开发方式。不过,该分析视角的分析依然是一种外生的观点,本讲将着重对旅游资源经营者的行为进行内生性分析。

7.2.1 内生分析

就旅游资源经营过程中所依托的生产性要素而言,可以分为基础性要素($InfraF$)和经营性要素($OperF$),且基础性要素条件的好坏直接影响到经营性要素企业开发经营的成本和收益水平。借助 Cobb-Douglas 生产函数,可构建如下经营者的生产函数,

$$Q = A\,(InfraF)^{\alpha}\,(OperF)^{\beta}\ (\text{其中},\ A > 0,\ 0 < \alpha, \beta < 1) \qquad (7-1)$$

其中，Q 为经营者的产出，它体现了旅游资源经营过程中经营者获取市场效益的能力，而基础性要素（$InfraF$）与经营性要素（$OperF$）则构成了经营者收益来源的生产性要素。A、α 和 β 为三个参数，其中，A 为效率参数，反映了基础性要素与经营性要素之间的协调效能；α 和 β 与产出中相对要素份额有关，体现了基础性要素和经营性要素分别对旅游经营者最终产出的贡献份额。

具体说来，基础性要素指旅游资源经营中的基础设施，包括交通、通信、水电和环保等，且旅游资源管理中的制度性因素构成了重要的软性基础性要素；经营性要素则包括旅游资源经营中的宾馆饭店设施、娱乐设施、购物设施等硬件设施及相应服务等。根据这两种生产性要素开发权利的不同归属，可以形成不同的旅游资源经营模式。经营性要素应当由社会经营者进行开发，但是，社会经营者必须得到一个的良好的旅游资源基础性要素支持式（7-1）。那么，供给基础性要素的方式实际上就演化为是否由经营性要素的经营者一体化经营基础性要素的问题，即：如果一体化（Integration），就由经营者同时经营基础性要素，实行旅游资源统一由社会经营者经营的治理模式；如果不实行一体化（Non-Integration），就由政府对基础性要素进行经营管理，实行基础性要素和经营性要素分离的治理模式。

进一步，在旅游资源的经营方式上，发展中国家多为政府提供与私人提供相结合，即使由私人经营，政府也往往通过与私人签订合同，授予经营权、提供经济赞助和政府参股等方式来规范与指导私人经营。因此，根据经营者和政府之间的利益分配格局，在一体化经营方式下，社会经营者既可以支付一个固定旅游资源租赁费用给政府，也可以通过分成合约的形式支付租赁费用给政府。而在非一体化的经营方式上，社会经营者或支付给政府一个固定的费用，或根据经营性要素的经营情况进行利润分成支付。由此，形成了旅游资源经营过程中的两种合约状态，即固定合约和分成合约。本讲将借助一个内生模型来分析不同合约状态下经营者的激励机制、行为及其对旅游资源开发状况的影响。

7.2.2　生产函数

假设经营者有开发旅游资源的自由，其经营旅游资源的边际成本是 c，以 Q 表示经营者的产量，其逆需求函数为递减凹函数 $P = P(Q)$，且 $P'(Q) < 0$，$P''(Q) < 0$。

首先，我们定义边际成本为 c 下的开发者的最优间接利润函数和最优间接产量为：

$$\pi^*(c) = \max_Q (P(Q) - c)Q$$
$$Q^*(c) = \arg\max_Q (P(Q) - c)Q \tag{7-2}$$

由此，根据最优化定义和包络定理，经营者最优间接利润函数随边际成本增加而降低：

$$\partial \pi^*(c)/\partial c = -Q^*(c) < 0 \tag{7-3}$$

同时,由于 $P'(Q) < 0$, $P''(Q) < 0$,即逆需求函数为减函数,则通过比较静态分析可知,最优间接产量随着边际成本的增加而降低:

$$\partial Q^*(c)/\partial c = -\frac{\partial^2 \pi^*/\partial Q \partial c}{\partial^2 \pi^*/\partial Q^2} = \frac{1}{P''Q + 2P'} < 0 \qquad (7-4)$$

可见,当经营旅游资源的边际成本为 c 时,经营者最优利润为 $\pi^*(c)$,最优产量为 $Q^*(c)$,并且,由于成本没有受到其他因素的干扰,此时社会整体意义上的最优产量亦为 $Q^*(c)$。

7.3　非一体化经营方式

在进行上述简要分析以后,本讲将讨论旅游资源经营中的两种常见合约形式:固定合约和分成合约。首先,本讲讨论非一体化(Non-Integration)经营方式下的经营者行为,及其对旅游资源开发的影响。

7.3.1　固定合约

设政府对经营者收取固定的租金 F,则经营者的利润为 $P(Q)Q - cQ - F$,其最优化一阶条件是:

$$P'(Q)Q + P(Q) - c \qquad (7-5)$$

很显然,在政府提供比较合格的基础性要素的情况下,根据式(7-5),固定合约由于对经营者的边际成本不造成影响,因而不会影响经营者产量的最优选择,也不会造成资源配置的扭曲。

但是,在固定合约机制下,由于政府只获得固定的收益 F,其净收益同其投资成反比,因此具有减少提供良好基础设施等基础性要素的投机倾向。所以,旅游资源经营所依赖的基础性要素的供给数量和质量必然会下降。由于无法得到良好的基础性要素供给的保证,社会经营者边际成本将升高为 c_{ni}($c_{ni} > c$)。根据式(7-4),此时经营者的最优间接产量 $Q^*(c_{ni})$ 将会小于最优产量($Q^*(c_{ni}) < Q^*(c)$),即经营者会削弱对经营性要素的投资。这进一步演化为旅游资源整体开发经营力度的降低,导致旅游资源开发经营过程中"类反公共地悲剧"现象的形成。

7.3.2　分成合约

设政府对经营者的利润分成比例为 t,则经营者的利润为 $(1-t)(P(Q)Q - cQ)$,其最优化一阶条件是:

$$(1-t)(P'(Q)Q+P(Q))-(1-t)c \qquad (7-6)$$

由于 $(1-t)c < c$，根据式$(7-4)$，此时经营者的最优产量 $Q^*((1-t)c)$ 将大于社会整体意义上的最优间接产量（$Q^*((1-t)c) > Q^*(c)$），旅游资源被过度利用，"类公共地悲剧"将会出现。

在分成合约机制下，由于收益由双方按比例分配，因此，在利益的取得上具有一定的共同性。在世界遗产和国家级风景名胜区等旅游资源的管理上我国一直实行分权化管理体制，靠门票收入进行自收自支管理的世界遗产地和风景名胜区在全国非常普遍。以旅游景区定价而言，景区门票的定价应该反映由政府所提供的基础性要素的价值，即景区内的道路、栈道、环保厕所等旅游基础设施和配套设施构成的旅游景区的固定资产投入部分，这部分成本应在折现期内分摊到门票中。其他由管理机构提供的，如作为旅游景区有机组成部分的保护、环卫、管理等服务是有成本的，在景区尚没有纳入国家公共财政体系的条件下，这部分成本也应在门票中体现。如此，当政府将旅游资源的经营收入作为政府财政的重要补充时，政府的利益目标和经营者的利益目标就会具有共同的指向性，并在造成旅游资源地方化的同时，使旅游资源经营逐渐趋向工具化和牟利化，"类公共地悲剧"也随之产生。

但是，政府减少提供良好基础性要素的投机倾向依然存在，尤其是在分成合约机制下旅游资源经营开发的双方都因对方的努力而获利，且双方都不完全承担对方的成本，双方动态博弈的结果必定扭曲双方的边际行为。当政府出于投机倾向而减少基础性要素的供给数量和质量时，经营者的边际成本升高为 c_{ni}（$c_{ni} > c$，且 $(1-t)c_{ni} > (1-t)c$）。根据式$(7-4)$，经营者的最优间接产量将会下降，这将在一定程度上缓解"类公共地悲剧"现象，即政府的投机行为会在一定程度上通过影响经营者的边际成本而制约经营者的过度开发行为，从而一定程度上减弱"类公共地悲剧"现象。因此，景区门票定价可采用"平均成本加一定比例发展基金"的定价方法，并适当提高资源使用补偿费、征收环保费等。这种做法不仅可以为旅游资源的经营提供长远的发展资金支持，而且可以通过增加经营者的成本，降低（减少）其对旅游资源的开发力度，从激励机制上来缓解"类公共地悲剧"现象。

进一步，当 $(1-t)c_{ni}=c$ 时，经营者的最优间接产量将等于 $Q^*(c)$，这也成为该合约状态下旅游资源开发与利用过程中"类公共地悲剧"与"类反公共地悲剧"之间的拐点，即当 $(1-t)c_{ni} > c$ 时，经营者的最优间接产量 $Q^*((1-t)c_{ni})$ 将小于社会整体意义上经营者最优间接产量（$Q^*((1-t)c_{ni}) < Q^*(c)$），导致"类反公共地悲剧"的产生。

从政府角度来看，一方面，加大对基础性要素的投入，可以使经营者总体盈利情况更好，通过分成能为自己带来更多的收入；另一方面，政府投入的加大又使其投资成本升高，由此必定产生边际上的扭曲，因为投入增加带来的收益部分被经营性要素的经营者获取，而投入增加导致的成本由政府来承担,结果必然会造成旅游资源基础性要素投入的不足。从经营者的角度来看,由于其经营性收入有一部分必须以分成的方式提供给政府,而投资成本由自己全部承担,因此其投资热情也会削弱。最终经营双方博弈的结果是对旅游资源投资的不足以及旅游资源的非最大化利用,进而导致"类反公共地悲剧"的产生。

7.3.3　制度供给

旅游资源经营过程中的基础性要素不仅包括交通、通信、水电等硬件基础设施,更为重要的一种要素形态是制度规范的供给和形成。根据诺斯(1994)[①]的制度经济学理论,政府是重要的制度供给主体,其基本目标体系之一就在于提供"一套能使社会产出最大化而完全有效率的产权"制度。但是,作为旅游资源基础性要素供给方的政府,或基于机会主义的考虑,或基于自身利益最大化的考虑,会在制度规范的供给上更多地关注政府利益或出现"偷懒"行为,增加经营者经营的边际成本,导致旅游资源经营效率的扭曲。以我国自然文化遗产资源管理体制而言,虽然相继出台了一系列行政法规,但依然表现出宏观管理目标不明确、微观管理与经营存在矛盾冲突等问题。首先,宏观管理实行分部门的管理体制,造成政出多门、寻租收费积极、服务消极,矛盾扯皮不断、旅游资源保护效率低下的局面。其次,微观管理机构的职责定位不清,目标多重,管理和经营不分甚至经营冲击了管理。再次,我国目前尚没有一部有关自然文化遗产的正式法律,并且由于缺乏执法力度,使行政法规和有关规划成为形同虚设的文件。

基础性制度供给的缺失和不健全,直接造成了旅游资源经营者经营成本的上升,而在间接意义上所造成的利益相关者行为失范,则给旅游资源经营者的成本造成了更为显著的影响。这首先表现为其他经营者看好旅游资源的资产特性及收益性,纷纷向旅游资源伸手,甚至可能在"劣币驱逐良币"的市场机制下,一些不合格的经营者形成了对在位合格经营者的置换,乃至将一些合格的经营者"挤出"市场。一个显著现象是,在乡村旅游开发中,许多人破墙开店、乱搭乱建以扩大自己的经营面积,大量经营用房呈现严重的城市化、现代化趋势,乡村性被大大削弱,给当地人文资源、自然资源造成了极大的伤害。当由此给经营者造成的成本足够高时,其最优选择就是"退出",因此,在开放型乡村旅游目的地经营过程中如果没有相应的制度设计,"类反公共地悲剧"的发生也就较为常见了。

7.4　一体化经营方式下的"内部人控制"

当基础性要素和经营性要素由经营者一体化(Integration)投资经营时,经营者为了

---

① [美]诺斯(North DC),陈郁等译. 经济史中的结构与变迁[M]. 上海:上海三联书店,上海人民出版社,1994:24-25.

自身的利益会注重基础性要素的投资,此时,其经营成本将降低为 $c_i(c_i < c)$。

7.4.1 固定合约

设政府对经营者收取固定的租金 F,则经营者的利润为 $P(Q)Q - c_iQ - F$,其最优化一阶条件是:

$$P'(Q)Q + P(Q) - c_i \qquad (7-7)$$

显然,根据式(7-4),此时开发商的最优产量 $Q^*(c_i)$ 将大于社会意义上的经营者最优间接产量 $(Q^*(c_i) > Q^*(c))$,旅游资源被过度开发利用,形成"类公共地悲剧"现象。

在这种合约结构下,旅游资源的基础性要素和经营性要素由一个经营者统一开发经营,政府获取固定净收入。这时,根据式(7-1),影响经营者收益的基础性要素($InfraF$)和经营性要素($OperF$)都成为决定经营者行为的内生变量,经营者最终会在基础性要素与经营性要素的最优投入组合中量寻求最大化利益,实现经营者均衡。此时,由于不存在对基础性要素和经营性要素投入的边际扭曲问题,整个旅游资源的管理水平和服务水平都比较高,设备设施比较完善,旅游资源的利用比较充分。

然而,不可忽视的是,在这种经营方式下,国家拥有对旅游资源的所有权,却由于基础性要素和经营性要素的一体化经营,使得经营者掌握了旅游资源的实际控制权。当经营者在不考虑外部成本的情况下,通过旅游资源的经营决策充分实现自身的利益价值,甚至和其他经营者联手谋取各自的利益,从而架空政府的控制和监督时候,就会出现旅游资源经营中的"内部人控制"现象,即经营者基于自身利益的考虑,降低其边际成本 c_i,加大对基础性要素和经营性要素的投资力度,通过其所掌握的实际控制权对旅游资源实行掠夺式开发,从而给旅游资源的长远发展带来严重的负面影响,导致"类公共地悲剧"的产生。这主要表现为旅游区人满为患、过量接待以及旅游资源被无节制、超容量的过度开发现象,而一旦出现游客过量和开发过度现象,就极易给旅游区的资源环境造成污染与损坏,甚至超出旅游环境容量,造成对旅游资源的过度利用。

7.4.2 分成合约

设政府对经营者的利润分成比例为 t,则经营者的利润为 $(1-t)(P(Q)Q - c_iQ)$,其最优化一阶条件是:

$$(1-t)(P'(Q)Q + P(Q)) - (1-t)c_i \qquad (7-8)$$

由于 $(1-t)c_i < c$,根据式(7-3),此时经营者最优产量 $Q^*((1-t)c_i)$ 将大于社会意义上的经营者最优产量 $Q^*((1-t)c_i) > Q^*(c)$,旅游资源被过度利用,"类公共地悲剧"将会出现。这主要是由于,在此合约结构中,由于政府分享旅游资源经营者的利润,政府和经营者的利益具有一定的共同性,政府监管经营者掠夺性开发景区的积极性下降;并且,由于成本由双方承担,加之旅游资源中的"内部人控制"机制,就会造成旅游资源经营中的"类公共地悲剧"现象。

但是,如果考虑到基础项目的"搭便车"问题(尤其是当利益相关者足够多的时候!),经营者会减少对基础性要素的投资,由此则导致经营者成本的上升,此时,"类公共地悲剧"将在一定程度上得到缓解(当 $(1-t)c_i \to c$ 时),但一旦越过拐点(当 $(1-t)c_i = c$ 时),就会演变成"类反公共地悲剧"(当 $(1-t)c_i > c$ 时)。即,根据式(7-1),由于此时旅游资源经营者的经营性要素($InfraF$)所依托的基础性要素($OperF$)的缺乏,使得旅游资源经营者的成本上升,产量下降,从而将部分市场让渡给其他经营者,甚至使一些不合格经营者加入进来。

而当经营者提供的旅游产品总体质量下降时,旅游者的旅游总体感受受到影响,旅游资源的竞争力被削弱,导致旅游资源利用上的低效率。比如,经营者开发景区资源时,往往面临当地居民为生活所迫对景区资源进行破坏以及各利益主体部门对景区的破坏性建设等问题,这时就需要经营者额外加大投入去维护景区安全;而当经营者不能长期独家垄断经营某项旅游资源时,其短期化的行为就必然会造成基础性要素投入的不足。又如,公共品牌是一种乡村旅游发展中通过相关利益主体推广及集体努力创建起来的品牌资产,当个体追求自身利益时不注重维护整体品牌时,如果考虑到"搭便车"行为,经营者的最优选择是"不付出",这将使公共品牌在发展过程中不断贬值,最终的结果就是作为乡村旅游目的地重要竞争资本的公共品牌受损,使旅游资源的利用和发展遭遇瓶颈。

第8讲 公共地陷阱

本讲将旅游资源看作是公共品,通过引入利益相关者分析,对旅游资源开发中的经营行为进行分析。当该旅游资源的利益相关者都声称自己该旅游资源中的权利时,就会通过影响到开发者在旅游资源开发和经营过程中的收益水平而影响到对旅游资源的开发和利用水平。如果旅游资源的利益相关者数目是公共信息,则固定租金和利润分成的合约方式不会导致"反公共地悲剧"。但是,如果旅游资源的利益相关者数目是一个不完全信息,则开发者有可能掉入"公共地陷阱"(Trap of the Commons),即开发者进入市场,但最终获得负利润。在此基础上,如果考虑到开发者的预期,则有可能导致"反公共地悲剧",即旅游资源开发和使用不足。

8.1 利益相关者

不同类型的旅游资源类型,对利益相关者的界定不尽相同,而且以不同的行为主体为中心会涉及不同的利益相关者。本文以开发者为中心来分析利益相关者行为。由于各自追求的利益不同,平衡利益相关者之间的利益关系是一件非常困难的事情,于是利益冲突问题便显得尤为突出。因此,在旅游资源开发中,如何有效协调开发者和利益相关者的利益需求就成为旅游资源开发实践中的重要问题。

8.1.1 利益相关者

利益相关者系指"任何能影响组织目标实现或被该目标影响的群体或个人"(Freeman,1984)①。可持续旅游的主要利益相关者,一般可包括当地社区、政府机构、旅游业、旅游者、压力集团、志愿部门、专家、媒体等,具体而言,旅游景区的主要利益相关者主要有旅游景区经营者、旅游景区管理委员会、当地居民、旅游者、旅行社、其他供应商、景区员工、竞争者等。

大多文献认为,让利益相关者参与是一个地区旅游业获得成功的关键,因此,必须理

---

① Freeman, RE. *Strategic management: A stakeholder approach*[M]. Boston: pitman Publishing Inc, 1984.

解所有利益相关者的利益,并设计核心利益相关者参与旅游发展的有效机制。研究者分析了世界自然、文化遗产地进行旅游开发规划时对利益相关者的利益考虑,探讨了利益相关者理论对旅游规划的重要性,主张将利益相关者引入到旅游规划中,有效地促进利益相关者与当地社区的互动。公众参与是在旅游目的地管理与发展的关键维度,社区作为一个关键的利益相关者,在旅游业发展过程中有着至关重要的作用。

旅游资源的开发经营实际上是一个博弈的过程,是利益相关者之间通过交易、协调、利益让渡和责任分担而进行社会建制的过程。因此,旅游资源的经营需要在不同利益主体之间建立一个合理的利益协调和分配机制。而当基础性制度供给的缺失和不健全时,旅游资源经营中的利益相关者在实际操作过程中将是一个模糊的概念,并给旅游资源经营者造成不可预知的成本。

作为一个综合性的产业,旅游业在利益相关者界定方面显得复杂而困难得多,不仅不同类型的旅游组织或旅游地对利益相关者的界定不尽相同,而且以不同的行为主体为中心也会涉及不同的利益相关者。大多文献中对利益相关者的界定,只是指出了应该关注哪些利益相关者,但对于如何从众多的利益相关者中界定重要的或关键的利益相关者,并没有提出一个具体的方法。

除了对旅游资源合法利益相关者难以界定的困境之外,利益相关者的状态并不具有"固定的特性",且在旅游资源的内外部环境发生变化时呈现动态的发展态势。概言之,景区利益相关者可分为如下三类:直接左右景区生存和发展的核心利益相关者、被动受景区影响的边缘利益相关者以及与景区关系密切的蛰伏利益相关者。对于蛰伏利益相关者来说,在旅游资源正常经营的状态下,这些利益主体也许只是表现为一种景区的显性契约人而已。然而,在其利益要求没有得到很好的满足或受到损害时,他们可能就会从蛰伏状态跃升为活跃状态,给旅游资源经营者造成不可预知的成本,从而直接影响到旅游资源的经营和发展。

8.1.2 利益相关者对旅游资源权利的实现途径

不同的利益相关者对旅游资源的利益诉求是不一样的。因此,不能将所有的利益相关者看成一个整体来进行研究。比如,依据其参与生态旅游的程度,可将生态旅游的利益相关者划分为三个层次:生态旅游核心层利益相关者、生态旅游紧密层利益相关者、生态旅游松散层利益相关者。当利益相关者以各种形式声称其对资源的权利时,就形成了利益相关者与旅游资源开发者之间不同的利益分配方式。在旅游资源的开发过程中,利益相关者可以通过积极的途径声称对旅游资源的权利,也可以通过消极的途径声称对旅游资源的权利,进而获得利益分享。

就前者来说,在适宜的参与平台上,各利益相关者积极的参与状况表明,他们对旅游资源的开发规划有很大的热情,而不是像人们通常所认为的那样"默默无语"。比如,在宏村古村落旅游开发与运营过程中,当宏村旅游业快速发展、经济效益迅速提高时,当地居民开始不满足于原协议中与自己利益有关的条款,于是采取各种手段、通过各种途径,如上访、上诉等,要求取得经营权。最终,黟县政府、旅游经营者与宏村村民协商对原协议进行适当修改,增大了利益分配格局中对当地居民利益的倾斜力度。

就后者来说,以古村落型旅游地而言,古村落旅游资源的物质载体以集体所有和私有财产为主,如村落中道路、水系等归集体所有,绝大多数民居属于村民私有,并且民居在古村落中的文化价值、科研价值尤为重要。当居民等利益相关者的利益得不到满足时,他们便会以消极的方式声称自己的权利,给旅游资源开发者造成不可预料的成本和收益损失。比如,宏村村民曾联名上访、上诉,有意用牛马粪涂在墙上,拒绝让旅游者参观,村民私下带旅游者逃避检票口进入宏村旅游景点及其他破坏宏村整体旅游形象的行为等。由此,经营者常因当地居民的不接纳、不配合、不断上诉、上访等而疲惫不堪。政府部门也因村民问题而焦头烂额。西递、宏村两村均因社区居民与旅游企业之间关系不顺,均曾有过激事件发生,而矛盾焦点集中在旅游经营管理体制及旅游利益分配问题上。

8.2　完全信息条件下开发者行为

考虑有一个开发者和 G 个对称的旅游资源利益相关者。开发者进行旅游资源的开发,而每个利益相关者都可以声称对该项旅游资源的权利。如果开发者要进行旅游资源的开发,必须征得有关利益相关者的同意。在此情况下,关键的问题就是讨论开发者和利益相关者签订什么样的合约,不同的合约可能会造成开发者产量选择的不同。

在进行分析之前,先进行如下假设和定义:

假设 1:利益相关者数目 G 是完全信息,即开发者在进行旅游资源开发前知道有多少利益相关者可以声称对该项旅游资源的权利,即"利益相关者数目 G 是完全信息"。

定义 1:边际成本为 c 下的开发者的间接利润函数和间接产量为,

$$\pi^*(c) = \max_Q (P(Q) - c)Q$$
$$Q^*(c) = \arg \max_Q (P(Q) - c)Q \qquad (8-1)$$

其中,Q 为开发者的产量,$P = P(Q)$ 为逆需求函数,且 $P'(Q) < 0$。可见,当开发旅游资源的边际成本为 c 时,开发者最优产量为间接产量 $Q^*(c)$,而总利润为 $\pi^*(c)$。

定义 2:I 为开发者进行的投资,这构成了开发者开发旅游资源的沉淀成本。

定义 3:固定合约中利益相关者收取固定的旅游资源使用租金 A,而分成合约中,每个利益相关者以一定的比例 t 分享开发者的净利润。

因为开发者总可以选择不进入,故其谈判的威胁点(threat point)利润为 0。只有当其所获利润大于 0 时,开发者才会进行开发活动。另一方面,因为利益相关者不会进行开发,故其威胁点利润也为 0,从而每个利益相关者都不希望开发者退出。我们的结论是,在利益相关者数目是公共信息的情况下,不管采取何种协议方式,旅游资源开发都将会发生。

8.2.1　固定合约

假设每个利益相关者收取固定租金 $A_i, i = 1, 2, \cdots, G$,则开发者的利润为 $P(Q)Q - cQ - \sum A_i$,其最优化一阶条件是,

$$P'(Q)Q + P(Q) - c \qquad (8-2)$$

很显然,固定租金和固定成本一样,不影响开发者对于产量的选择,且也不会造成资源配置的扭曲。A_i 影响利润在开发者和利益相关者之间的分配,其大小取决于他们的谈判能力。如果所有旅游资源的利益相关者是合作的,且具有完全的谈判能力,则他们可以利用固定租金完全占有开发者的利润。根据开发者的参与约束,如果利益相关者是对称的,则每个利益相关者可以收取的最高固定租金为 $A^* = \pi^*(c)/G$

8.2.2　分成合约

假设利益相关者 i 的利润分成比例为 t_i,则开发者利润为 $(1 - \sum t_i)(P(Q)Q - cQ)$,其最优化一阶条件是,

$$(1 - \sum t_i)(P'(Q)Q + P(Q) - c) \qquad (8-3)$$

同样,t_i 大小只影响利润分配,而不影响产量选择,从而没有资源配置扭曲。因为利益相关者是对称的,假设谈判结果为 $t_i^* = t^*$。如果利益相关者是合作的,且具有完全的谈判能力,则根据开发者的参与约束,最高的利润分成比例为 $t^* = 1/G$。即,如果旅游资源的利益相关者是合作的,且具有完全的谈判能力,则可能会剥夺开发者所有的利润。但是,以上两种情况均不会影响开发者开发旅游资源的边际成本,也不会影响开发者的最优产量。

8.3　不完全信息条件下开发者行为

实际上,旅游业作为一个综合性的产业,比其他大部分行业所涉及的利益相关者要多,因此在利益相关者界定方面显得复杂而困难得多。因此,在现实中,上文"利益相关者

数目 G 是完全信息"的假设条件必须放宽。即,开发者在决定是否进行旅游资源的开发时,不确知到底有多少利益相关者可以声称对该项旅游资源的权利,即"利益相关者数目 G 是不完全信息"。

有关学者也认识到,虽然在旅游资源的开发过程中对利益相关者利益的考虑可以减少冲突,但是,旅游资源开发中面临着合法利益相关者难以界定的问题,大多文献中对利益相关者的界定,只是指出了应该关注哪些利益相关者,但对于如何从众多的利益相关者中界定重要的或关键的利益相关者,并没有提供出一个具体的方法。

一般而言,景区利益相关者可分为核心利益相关者、蛰伏利益相关者、边缘利益相关者三类。其中,蛰伏利益相关者对景区的生存和发展会产生较大的影响,并且,在其利益要求没有得到很好的满足或是受到损害时,他们可能就会从蛰伏状态跃升为活跃状态,直接影响景区的生存和发展,因此是一个不确定性的利益相关者群体。此外,虽然由于权力大多被控制在当地的精英(elite)和经常发出"声音"的人的手中,沉默的大多数和当地少数民族的利益会被忽视。但是,只要为他们对关系切身利益的旅游发展事务发表看法提供一个适宜的平台,他们的意见对于制定旅游发展规划就会起到显著的影响。

在上文两种合约框架下,开发者的利润总是非负的,因为开发者总是可以根据自身对有关信息的掌握在事前选择不进入,以至少得到零利润。但是,如果旅游资源利益相关者数目是无法确切知道的,开发者将面临两种选择,即进行开发("公共地陷阱")和不进行开发("反公共地悲剧")。本讲将分别对开发者进行开发和不进行开发的情况进行分析。首先,我们来分析开发者进行开发的情况。

8.3.1　公共地陷阱

考虑这样一种情况。开发者事先不知道有利益相关者可以声称对该项旅游资源的权利,即认为这是一个可以自由进行开发的公共资源而准备进行开发。但此时,利益相关者 1 出现,声称自己对该项旅游资源的权利,此时开发者必须和利益相关者 1 进行协商才能进行开发。假设开发者向利益相关者 1 支付 $R = \beta\pi^*(c) \leqslant \pi^*(c)$ 并获得开发许可,其中 $0 < \beta < 1$,由此,开发者的预期利润变为 $\pi^*(c) - R$。这个协议是两者都可以接受的,因为开发者和利益相关者 1 的威胁点利润为 $(0, 0)$。

进一步,考虑这样一种情况,即开发者所未预料到的利益相关者 2 又出现了。利益相关者 2 同样声称对该项旅游资源的权利,开发者也必须和利益相关者 2 进行协商才能取得开发的权利。此时,开发者和利益相关者 2 谈判的威胁点分别为 $(-R, 0)$,因为开发者付给利益相关者 1 的费用现在变成了沉淀成本。但是,和前面一样,开发者和利益相关者 2 谈判分割的依然是利润 $\pi^*(c)$,而不是 $\pi^*(c) - R$。假设利益相关者 2 也向开发者收取 $R = \beta\pi^*(c)$ 的租金。这样,开发者的预期利润变为 $(\pi^*(c) - R) - R$ 大于其威胁点利

润 $-R$，从而开发者应该接受此谈判结果。

以此类推，如果总共有 N 个开发者事前未预料到的利益相关者依次出现，而且每个利益相关者的租金都为 $R = \beta\pi^*(c)$，则最终开发者所得到的净利润为 $(1 - N\beta)\pi^*(c) - I$。显然，随着 N 的增大，开发者的净利润必然降低，甚至有可能出现负利润（当 $(1 - N\beta)\pi^*(c) < I$ 时），而如果开发者最终得到负利润，我们则称其掉入了"公共地陷阱"。

出现"公共地陷阱"的关键是，开发者在进行旅游资源开发之前不知道到底有多少利益相关者可以对该项旅游资源声称其权利，而这些利益相关者的出现又是序贯的。蛰伏利益相关者可以从蛰伏状态跃升为活跃状态、沉默利益相关者在适宜的平台上，均会显著影响旅游发展规划。随着宏村古村落旅游经济效益迅速提高，居民开始重新要求利益分配等，即是明显的例证。

如果所有的利益相关者同时出现，则开发者的处境会好很多，因为此时其最差的状况是选择不进入，从而得到零利润（如果假设进行开发需要事先支付 I 的投资成本，那么，开发者最坏结果也不过是无法收回 I 而已）。但是，如果利益相关者是序贯出现的，则开发者支付给早先出现的利益相关者的租金将依次变为沉淀成本，使得开发者的威胁点利润越来越低，或者说越来越被套牢了。对开发者而言，N 个利益相关者依次从旅游资源开发者处取得租金将导致比 N 个利益相关者一次性租金更为糟糕的利益分配结构。

8.3.2 反公共地悲剧

如果旅游资源开发者关于利益相关者数目的信息是不完全的，开发者有可能掉进"公共地陷阱"之中，但是，如果旅游资源的开发者预期到利益相关者信息的不完全性，而选择不进行开发，由此将导致旅游资源的开发不足的"反公共地悲剧"局面，即如果考虑到开发者的预期效应，"公共地陷阱"的存在将有可能会导致"反公共地悲剧"。

为便于分析，本讲再进行如下假设和定义：

假设 2：每个利益相关者都以固定租金方式从开发者处获得利益，其大小为 $R < \pi^*(c)$。

定义 4：$\hat{N} = \left[\dfrac{\pi^*(c)}{R}\right] - 1$ 为开发者可以承受的最大利益相关者数量。

如果开发者事先知道该项旅游资源的利益相关者实际数量 N，则当 $N \leq \hat{N}$ 时，开发者选择进行开发，而 $N > \hat{N}$ 时，开发者选择不进行开发。但在很多情况下，开发者事先并不知道利益相关者的具体数目 N，由此，他在决定进行开发与否时必须对其进行预期，假设为 N^e。我们感兴趣的一种情况是：$N < \hat{N} < N^e$。此时，在完全信息下，开发者的最优选择是进行旅游资源的开发。但其实际决策则是不进行开发，原因是害怕自己掉进"公共地陷阱"。这表明，如果开发者关于旅游资源利益相关者数量的信息是不完全的，则在不

完美预期下，"公共地陷阱"的存在有可能导致"反公共地悲剧"的发生。

　　Heller(1998)[①]曾界定了"反公共地悲剧"的几种情况：第一，每一种产权有多个拥有者；第二，产权的非对称拥有；第三，有些物品具有一定的独立性和完整性，但是由于多个产权所有者的实质占有和使用，使资源没有得到最优的使用，形成"反公共地悲剧"。就第三种情况而言，我国有些国家级风景名胜区、国家级自然保护区和国家森林公园在同一地域空间上机构重叠设置，业务各有主管部门；景区内文物、宗教、旅游等又隶属不同行政部门，由此所导致管理混乱、寻租收费积极、服务消极、矛盾扯皮不断、开发效率低下等，就是一系列明显的"反公共地悲剧"现象。

　　总之，旅游资源开发中涉及的不同利益相关者各有其目标和利益取向，其行为及数量信息影响了开发者的行为，导致了旅游资源开发过程中的"公共地陷阱"或"反公共地悲剧"现象。究其因，"公共地悲剧"是由虚置、不明晰的产权引起的；而旅游资源开发中的"反公共地悲剧"是过多的利益相关者对同一项旅游资源的权利所引起的，且利益相关者的数目信息在旅游资源"反公共地悲剧"的形成中发挥了关键的作用。

　　本讲的分析表明，不同的产权安排和不同的信息条件，会导致不同的资源利用程度。关于信息因素的影响，当利益相关者共同声称对旅游资源的权利时，不完全信息条件下的旅游资源开发会导致资源闲置的"反公共地悲剧"。关于产权因素的影响，独立完整的单一产权安排不会导致"反公共地悲剧"，而多方利益相关者共同声称对旅游资源的权利是不完全信息条件下旅游资源"反公共地悲剧"的原因，所以，完整而独立的产权安排是最理想的。因此，在旅游资源开发中，首先应该使经济资源具有完整的产权，尤其是通过颁布明确的法律条文，形成统一、整合的产权。这一方面可以使旅游资源的开发者对利益相关者的行为及其数量有一个明确的预期，另一方面可以通过对旅游资源的权利归属进行清晰的界定，使开发者的利益得到合理的保障，也使旅游资源得到应有的开发。

---

　　① Heller M. The Tragedy of the anticommons: Property in the transition from Marx to markets[J]. *Harvard Law Review*, 1998, 111(3): 621 - 688.

第9讲 文 化

近年来,国内外学者在分析旅游目的地旅游业发展方面取得了一系列成果,但是,当人们探讨"文化"在旅游目的地旅游业发展框架中的作用的时候,却忽略了关于"文化"的一些重要问题。即旅游目的地作为一种能够激起旅游者欲望的各种"诉求点"的集合体,"文化"作为一种资源性要素处于一种什么样的地位呢?"文化"资源能形成现实的、具有吸引力的旅游竞争力吗?"文化"赖以发挥作用的条件是什么呢?或者说,"文化"在影响旅游目的地竞争力形成和旅游业发展中与非文化因素之间存在一种什么样的关系呢?

9.1 资源与旅游业发展

9.1.1 旅游竞争力

竞争力是表征旅游目的地旅游业发展水平的关键维度之一。学术界对竞争力概念存在不同的认识和界定,国内外许多学者分别对国家、地区、产业、企业等不同层面上的"竞争力"进行了界定,这些关于竞争力的研究或关注于国家层面对要素的吸引力,或关注于区域内各种要素的有效综合利用,或关注于产业资源优势,以及该产业所具有的价格、投资、供给能力、企业的盈利能力、核心价值和技能或在市场上所占据的地位,借鉴和综合各方面的定义和思路,有关学者就旅游目的地竞争力进行了专题研究。

国内许多学者在讨论旅游目的地竞争力时,并没有就相关概念进行深入细致的分析,只有少数学者以旅游目的地为研究对象,在这个问题上进行了界定。对这些竞争力的定义和研究视角进行考察,可以发现,其主要着力点在于旅游目的地竞争力的外化表现。一方面,旅游业竞争力表现为,旅游企业在旅游市场上销售产品反映出来的生产力,旅游产品所具有的开拓国内外旅游市场、占据旅游市场并获得盈利的能力,以及旅游目的地由此获得的长期优势并获得回报的能力。另一方面,旅游竞争力可分为资源竞争力和市场竞争力,旅游目的地竞争优势中所具有的资源禀赋、政策支持、环境开拓以及市场开拓等方面的条件为旅游业发展提供了有效支持。

　　鉴于此,d'Hauteserre(2000)[①]将旅游业竞争力定义为,旅游目的地保持其市场地位和市场份额,以及随时间而不断提高市场地位、占有更大市场份额的能力。Hassan(2000)[②]则将旅游竞争力定义为,旅游目的地为保持相对于竞争者市场的地位,创造并整合能够维持旅游目的地资源可持续使用的增值产品的能力。

　　不论是就一般意义上的竞争力而言,还是就旅游目的地竞争力来看,从本质上来说,这些竞争力的研究视角都落在了"产能"这样一个概念上,即,竞争力体现了旅游目的地资源约束情况下所能带来的最大产出能力和旅游业发展水平,这样一种指标体系的制定和研究落脚点不仅包含了利润方面的考虑,而且兼顾了效率(或者说技术)方面的指标。

9.1.2　系统性因素

　　在构造相关旅游目的地竞争力分析框架、分析其旅游业发展水平的努力中,众多的学者套用了 Porter(1990)[③]的产业竞争力分析模型,分析了旅游目的地旅游业发展过程中的资源性因素。在该模型的基础上提出的旅游目的地竞争力系统分析框架中,旅游目的地旅游业发展受到如下系列因素的影响,即核心资源和吸引物、支持性因素和资源、旅游目的地管理、旅游目的地质量和附加价值的决定因素以及目的地政策、规划和开发。

　　一些学者则从其他角度来构造旅游目的地旅游业发展水平的分析和研究框架。从相关利益者角度建立的旅游目的地竞争力五要素结构模型显示,影响旅游目的地旅游业发展水平的五个构成要素分别是,旅游发展的影响、人们对环境的态度、当地居民对环境的依附性、旅游吸引物的优先发展程度以及对旅游目的地竞争战略的支持力度。关于城市旅游竞争力研究的"二因素"分析模型则认为,城市旅游业竞争力的影响因素可以分为绝对因素和相对因素,前者主要包括区位要素、形象要素和政策要素,后者主要包括景区、景点、交通、住宿、购物、娱乐、餐饮等容易发生变动的要素。进一步,如果从因、果二维度来分析旅游业发展水平或竞争力的强弱,旅游业发展和竞争力则主要取决于反映旅游业发展结果的外显竞争力和反映竞争力强弱原因的内在竞争力。前者主要包括产品市场、客源市场等方面竞争力;后者则包括旅游吸引物、区位优势、体制、文化等方面的内容。

　　通过对旅游目的地"竞争力"有关概念和形成来源的分析,不难发现研究者所共有的由内而外的研究思路和研究次序。具体说来就是,旅游目的地所具有的一系列有形和无形的资源性要素构成了竞争力形成的内在基础,由此所产生的一系列外化的产能和综合效能(比如市场营利能力、市场占有率等)则构成了竞争力的现实旅游业发展水平表现,而存在于

---

　　① d'Hauteserre A. Lessons in managed destination competitiveness in the case of Foxwoods Casino Resort [J]. *Tourism Management*, 2000,21(1): 23-32.

　　② Hassan S S. Determinants of market competitiveness in an environmentally sustainable development[J]. *Journal of Travel Research*, 2000,38(2): 263-271.

　　③ Porter M E. *The Competitive advantage of nations*[M]. London, The Macmillan Press Ltd., 1990.

内在基础和现实旅游业发展表现之间则是旅游目的地的产业组织效能(见图9-1)。

图 9-1 旅游目的地竞争力形成过程

9.2 考虑文化因素的"二元"分析框架

9.2.1 文化的位置

学者们在对旅游目的地旅游业发展水平进行分析时关注的重点在于,产能视角下对要素资源的分析。但是,在具体指标的选取过程中,研究者往往偏重于"非文化"方面的一些实际的、可以量化的指标。研究者在研究区域旅游业竞争力的过程中,设计了涵盖面广的多元化评价指标体系,在这些指标中,"文化"只是间接地体现在其他一些指标之中。另有研究者则从旅游资源与产品、社会经济条件、旅游业绩等方面建立了一套旅游业竞争力的指标体系,作为世界自然和文化遗产、历史文化名城等"文化"特色的因素体现在资源的丰度之中,这也偏离了"文化"的本意。有些研究者在构造旅游业发展指标体系时,虽然在核心吸引物中考虑到了"文化"因素,但是,在进行有关数据分析时却又偏向了对旅游资源和产品的评价。并且,有些研究者着眼于产业或企业微观个体对旅游业发展的影响进行研究,其理论模型中所使用的关键性指标则更多地体现的是企业生产机制的效率和效能,而不能反映出"文化"在旅游目的地旅游业发展中的效能。

那么,在这样一个逻辑框架中,如何来确定"文化"的位置呢?无疑,"文化"构成了旅游目的地旅游业发展水平过程中的一个重要因素,这也是众多的研究者在界定有关旅游目的地旅游业发展时不得不考虑的重要因素之一。但是,实际数据分析和模型构建中对"文化"变量的遗漏及其宽泛化的处理,使得研究者过多地着眼于"文化"在旅游业发展要素中的外化体现,而忽略了内中的作用机理,不能真正从"文化"角度入手来研究"文化"的作用机制和作用力度,由此必然会导致模型解释效能的降低。

9.2.2 二元分析框架

遵循有关研究者共同的研究路径,着眼于产能角度对旅游目的地旅游业发展进行分析,这也构成了较为现实的旅游业发展水平指标。而为了突出研究"文化"因素在旅游目的地旅游业发展框架中的作用,探讨"文化"在旅游目的地旅游业发展过程中的作用和机制。本讲将影响旅游目的地旅游业发展的因素分为两大类,即"文化"(Culture)和"非文化"(Others),并采用两要素生产函数的形式构造如下二元竞争力模型:

$$Q = A\left[\delta Cultr^{-\rho} + (1-\delta)Othr^{-\rho}\right]^{-\frac{1}{\rho}} \tag{9-1}$$

$$(A > 0; 0 < \delta < 1; -1 < \rho \neq 0)$$

其中,Q 为旅游目的地的产出,体现了旅游业发展水平,这可以以旅游目的地的旅游收入进行衡量,它体现了一个旅游目的地对旅游者的吸引力以及获取市场地位或效益的能力。$Cultr$ 代表"文化"因素,$Othr$ 代表"非文化"因素,这两种因素构成了旅游目的地旅游业发展中的生产性要素。

A,δ 和 ρ 为三个参数,参数 A 为效率参数,是一个用于反映技术水平的指标,它反映了"文化"与"非文化"因素之间的协调效能;δ 与产出中相对要素份额有关,体现了"文化"要素在旅游目的地最终产出中所占的份额;ρ 为替代参数,反映了"文化"与"非文化"要素之间所具有的相互替代性。

9.3　文化的静态作用

首先,对"文化"和"非文化"因素进行求导,可得:

$$Q_{\text{Cultr}} \equiv \frac{\partial Q}{\partial Cultr} = \frac{(1-\delta)}{A^{\rho}}\left(\frac{Q}{Cultr}\right)^{1+\rho} > 0 \tag{9-2}$$

$$Q_{\text{Othr}} \equiv \frac{\partial Q}{\partial Othr} = \frac{\delta}{A^{\rho}}\left(\frac{Q}{Othr}\right)^{1+\rho} > 0 \tag{9-3}$$

式(9-2)、(9-3)可以反映出"文化"或"非文化"因素均对旅游目的地的产出具有正向促进作用,有关学者对这种现象进行了分析,我们从中大体可以归纳出"文化"在旅游目的地旅游业发展框架中的地位和作用机制。

具体说来,一方面,从资源角度来说,作为"历史遗迹文化"的"文化"因素对旅游目的地旅游业发展具有显著的作用,名人遗址遗迹旅游地对有辨别能力的旅游者具有较强的吸引力,这也成为旅游地发展的重要促进因子。另一方面,从产品角度来说,文化旅游能给旅游目的地和社区带来重要利益,从而使居民对有关社区文化旅游氛围的保护和管理表现出更多的关心。另外,在决定旅游者选择动机的过程中,心理因素具有很大的作用,在这一点上,"文化"更容易实现与旅游者心理之间的对接,激起旅游者的出游动机。在旅游者旅游动机的形成方面,[①]研究者曾以世界遗产地西递—宏村为案例,从推力因素和引

---

① 旅游推力—引力因素是研究旅游动机的一种常见方法。

力因素两个不同的领域分析了古村落旅游者旅游行为的潜在特征,在有关"推力"指标和旅游目的地特性指标等"引力"中,"文化"因素具有相当重要的作用,尤其是在引力因素中,最重要的引力因素是"世界文化遗产魅力""底蕴深厚的徽州文化""精湛的古建筑艺术"和"独具特色的古村落布局"紧随其后。

9.3.1 替代效应

更进一步来说,"文化"与"非文化"因素共同作用形成旅游目的地旅游业发展的过程中在技术上存在更为具体的机制。首先,来分析"文化"与"非文化"要素之间存在的替代效应,

$$\frac{dCultr}{dOthr} = -\frac{Q_{Othr}}{Q_{Cultr}} = -\frac{(1-\delta)}{\delta}\left(\frac{Cultr}{Othr}\right)^{1+\rho} < 0 \qquad (9-4)$$

即,在旅游目的地旅游业发展过程中,二者之间的相互替代效应可以使得某些旅游目的地根据自身的资源状况偏重于依赖某一方面的因素。

结合"文化"与"非文化"之间的替代弹性,

$$\sigma = \frac{1}{1+\rho} \qquad (9-5)$$

进行分析,可以知道

1. 当 $-1 < \rho < 0$ 时,$\sigma > 1$

在其他条件不变的情况下,这可以看作是一种"强文化"型的旅游目的地,即"文化"较之于"非文化"因素来说表现出更为强势的替代能力,在这种情况下,旅游目的地旅游业发展将更多地取决于"文化"因素。

研究者曾从"文化"的角度探究了江南水乡古镇旅游地意象空间结构,总结了组成意象空间的要素,文化是不可忽视的关键部分。文化遗产旅游在文化旅游的研究中处于核心地位,学者更多地从"文化"角度对遗产旅游的核心要素、遗产和旅游的关系进行了深入研究,说明了"文化"在旅游目的地竞争力中的重要性。

2. 当 $0 < \rho$ 时,$\sigma < 1$

在其他条件不变的情况下,这可以看作是一种"弱文化"型的旅游目的地,即"非文化"较之于"文化"因素来说表现出更为强势的替代能力,在这种情况下,旅游目的地的旅游业发展更多地取决于"非文化"因素。比如,就神农架旅游业发展而言,"野人"和神农因其神秘性和面临其他地方的竞争而不能形成足够的吸引力,并且由于迄今没有能够证明"野人"这些东西确实存在的证据,过多地强调这一方面会很大程度上降低神农架其他特殊资源的作用。因此,自然保护区应成为神农架核心产品的开发定位。

3. 当 $\rho \to 0$ 时, $\sigma = 1$

在其他条件不变的情况下,这可以看作是一种中性的旅游目的地,"文化"于"非文化"因素居于同等重要的地位,对于这样的旅游目的地而言,其旅游业发展更多地来源于"文化"与"非文化"因素之间的技术性互动机制。

9.3.2 效率参数(A)

体现旅游目的地旅游业发展的产能指标受到效率参数 A 的影响,它一方面反映了"文化"在发挥其作用的过程中与"非文化"因素之间的关系;另一方面反映了"文化"因素与"非文化"因素之间的互动性效率,而这直接决定了旅游目的旅游业发展水平的高低。

研究者曾对中国世界遗产类旅游产品的感知度进行了研究,认为世界遗产地称号的获得并不能代表绝对的旅游吸引力的产生,仅仅依靠世界遗产地的先天优势远远不能使旅游目的地成为旅游者心目中喜欢的旅游地。也就是说,"文化"优势并不能支撑起旅游目的地的旅游业,世界遗产地的"头衔"仅仅是对旅游目的地所具有的资源禀赋的一种肯定,而影响到旅游地感知归根到底是资源禀赋的优劣、规划建设的好坏和宣传的力度等诸多"非文化"因素的共同影响。

具体来说,"文化"作用的发挥需要依赖"非文化"载体,"文化"与其载体之间作用效率的高低就直接体现在效率参数(A)上。实际上,旅游业发展过程是文化、社会、政治、经济等因素之间的综合,"文化"是旅游目的地旅游业发展中的关键因素,"文化"的开发层次及主题定位的准确与否是旅游资源转化为高效益旅游产品的关键。在操作层面上,则包括文化载体的修复、文化包装、文化融入、文化活动、文化行为体现、审美引导等。进一步,"文化"载体使"文化"研究有了一种可以量化的标准。旅游文化载体具有多样性的特征,比如,旅游节庆是文化旅游商品推销的优良平台,民俗表演则本质是一种可以让旅游者体验当地文化的舞台。

因此,需要在对"文化"和"非文化"资源及其二者之间关系进行分析的基础上,建立新型复合资源价值系统,以突破传统的旅游资源单一价值体系,满足旅游者对旅游资源本体与外在环境舒适性和内在文化环境一致性的一种亲身体验的需求。旅游复合资源体系对全面分析各要素资源价值提供了一条有益路径,通过建立旅游复合资源系统,我们更加明确了"文化"与"非文化"因素之间的共生关系及其对旅游者偏好选择的动态影响。这样一种比较纯粹的资源性观点,突出强调的是"文化"与"非文化"旅游资源之间的复合以及复合过程中的互动作用机制。

具体到效率参数(A)的实现方式而言,"文化"在与"非文化"因素互动过程中形成旅游目的地竞争力过程中的技术实现方式又是什么呢? 一般而言,旅游项目的文脉[①]开发

---

① 文脉是指一个地域所处的地理背景,是一种综合性的、地域性的自然地理基础、历史文化传统和社会心理积淀的四维时空组合。

一般采用文脉协调、文脉突破、文脉协调与文脉突破结合等三种方法。但是，一个旅游项目要体现怎样一个主题，怎样体现某一个主题，并不是一个简单选择方法的问题。尤其是，一个城市或地区的文脉一般有多条，旅游项目的主题应当尽量反映最强的文脉，着重发掘、提炼和开发民族文化中最具代表性和特色的旅游资源，形成具有民族文化内涵的、特色鲜明的旅游产品。

旅游"文化"开发过程中需解决的"文化"导向确立、"文化"主题定位等问题，分析"文化"创意则应遵循的立足本土文化、市场导向、可持续发展等基本原则。在技术层面上分析"文化"与其载体之间的结合方式，一些学者研究了民俗文化旅游开发形式和方法，讨论了博物馆和遗产地文化旅游及商机问题以及"三孔"、历史文化名城扬州、长城文化、少数民族文化、香港"文化"等"文化"体的旅游资源价值，并提出了打造有关精品线路的思路和设想。总体说来，学者在"文化"发挥作用的过程中对其他载体性因素依赖这一点上已经达成了广泛的共识。进一步来说，只有当"文化"因素和"非文化"因素之间形成良好的互动作用机制的时候，旅游目的地的旅游业才能形成可持续的发展能力。

其实，"文化"更大程度上是在一种间接的意义上促进旅游资源的开发、提升旅游资源的内在价值，增强旅游资源的吸引力，进而推动旅游目的地旅游业发展。因此，"文化"的外化以及与"非文化"资源的整合过程就显得十分重要，这不仅和"文化"的号召力（强度）有关，而且和"文化"与"非文化"资源的亲和力有关。

9.4　文化的动态作用

为了研究随时间变化的旅游目的地旅游业动态竞发展，我们在二元旅游业发展模型中引入动态竞争力引子 λ ，即：令

$$A_t = (1+\lambda)^t A_0 \qquad\qquad (9-6)$$

式中，A_0 为初始状态下的"文化"与"非文化"之间的作用效率，t 为时间，$\lambda(-1<\lambda<1)$ 是随时间变化的旅游目的地的动态发展因子，反映了时间演进过程中由"文化"与"非文化"之间的作用效率所形成的旅游目的地旅游业发展水平的动态演变。即旅游目的地旅游业发展不仅仅包含"文化"与"非文化"资源之间的良性互动，而且更为重要的是二者互动过程中所形成的良性发展，这反映了旅游目的地所具有的动态实力。由此，式（9-1）转换为：

$$Q_t = A_0 (1+\lambda)^t \left[\delta Cultr^{-\rho} + (1-\delta)Othr^{-\rho}\right]^{-\frac{1}{\rho}} \qquad (9-7)$$
$$(A>0; 0<\delta<1; -1<\rho\neq 0; -1<\lambda<1)$$

动态竞争力因子 λ 的符号及其取值反映了"文化"与"非文化"活动过程中的作用方向

和速度,

$$Q_t = (1+\lambda)^t Q_0 \qquad\qquad (9-8)$$

随着 $|\lambda|$ 的增加,旅游目的地旅游业发展随时间变化获得增强或减弱的速度加快。遗憾的是,在旅游目的地旅游业发展的演进速度上,学者们并没有做出实证性的研究。但是,在旅游目的地旅游业发展演进的方向上,学者们做出了一系列颇有成就的研究。具体说来,这可以分为如下三种情况:

1. $0 < \lambda < 1$

表明"文化"与"非文化"二者之间存在着正向互动机制。这也是学者们所着力分析的一个随时间变化而变化的旅游目的地旅游业发展方向。

旅游目的地旅游业发展过程中,"文化"内涵的外化以及"文化"与"非文化"因素之间的关系不应当看作一个简单的物化过程,而是一项复杂的系统工程,同时又是一个永无止境的持续的动态过程。具有文化内涵的工艺品的商品化过程,是一种动态的文化重创造过程、文化复活的过程和传统文化加强的过程。比如,大多数遗产地被《世界遗产名录》收录后,在短时间内会极大地促进当地旅游业的快速发展。具体说来,"文化"的外化以及与"非文化"因素交互作用的过程,可以归纳为如下四个阶段:① 确定元文化和辐射文化;②文化主题提炼;③文化主题的物化;④不断提高和完善。但是,在各个开发阶段中,关于如何形成"文化"与"非文化"因素之间的良性互动机制、增强旅游目的地旅游业发展等方面的研究还没有形成一个完整的理论研究体系。

在对策意义上,不少学者着眼于旅游目的地旅游业的动态可持续发展在如何建立"文化"与"非文化"之间良性动态作用机制方面做了深入探讨。在"遗产旅游"中,要正确处理好的旅游保护与旅游开发、旅游文化与旅游经济、旅游供给质量与旅游项目数量等三大关系,寻求遗产旅游的可持续发展。就文物资源来说,要增强全民文物保护意识,从法律上明确政府、部门和全民责任,根本上解决文物保护和旅游发展的关系。在传统民居旅游开发中,鉴于传统民居由于其所有权多属于居民,在开发利用过程中必须考虑居民的参与和激励问题。

总之,旅游目的地旅游业发展作为一种天然富集和人类历史遗存物的综合作用下的产能体现,由于旅游资源孕育于自然与人文环境之中,加上时间、空间资源要素的多维变化,使相关资源在不断的演进、传承中有了特殊的价值和意义。由此,旅游目的地旅游业发展在"文化"与"非文化"相互作用,以满足和实现人们娱乐、消遣、文化传播和维持生态平衡等多种用途和功能的过程中,也不断得以提升和强化。

2. $-1 < \lambda < 0$

表明"文化"与"非文化"之间存在着负向作用机制。学者们也注意到,随着时间的发展,旅游开发所导致的"文化"效应的衰减直接影响了旅游目的地旅游业的可持续发展。

随着时间的变化,旅游目的地旅游业发展演进的另一方向也十分引人注目,即旅游目的地旅游业发展中的"文化"由于过度开发而随时间的演进出现衰减。在对旅游目的地旅游业发展"文化"变迁机制研究中,作为一个系统结构,旅游目的地社会文化环境在未有旅游介入以前是一个以自循环、自流通、超稳定为基本特征的地域空间系统,处于静态平衡状态,而随着旅游资源的开发以及旅游者的大量流入,旅游地社会文化环境系统便改变了过去的平衡状态而出现波动和紊乱。

旅游一定程度上会造成旅游目的地"文化"的破坏和衰减,许多学者从多个角度进行了分析。一方面,旅游者的进入会使文化受到威胁,造成文化的退化和萎缩;另一方面,旅游业的发展致使旅游接待地人民的道德水准下降,导致整体社会环境的恶化,甚至旅游作为一种跨文化传播方式对旅游目的地"文化"原有的认同心理摧残导致了对"文化"变迁的不利影响。在民俗旅游方面,学术界大多倾向于将旅游所造成的影响定位在消极影响方面,即认为在旅游发展过程中,经过商业包装的民俗风情被过分商业化、曲解和加工,丧失了原有的文化内涵,真实性的流失将不利于其发展。另外,在"文化"的商品载体层面上,旅游业的发展使原来富有宗教和礼仪意义的工艺品成了商品,改变了这些传统工艺原来的意义,这会严重损害和贬低当地工艺品的形象、声誉和价值。

进一步,研究者在更为明确的意义上构建了遗产地旅游发展的恶性循环框架(见图9-2),深入讨论了城市遗产地旅游发展种的"恶性循环"问题。鉴于此,要积极寻求文化保护与旅游业之间的均衡点,探索可持续的旅游发展模式,遵循整体性、企业性、优势互补、保护与利用相结合等原则,以实现文化与旅游之间的良性互动。

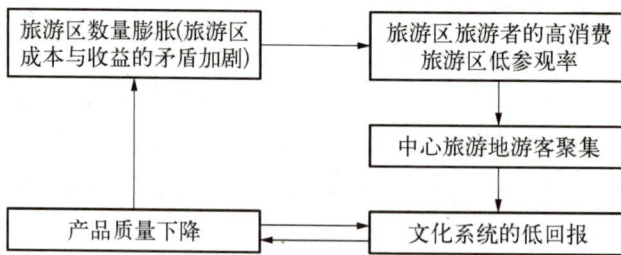

图9-2　遗产地旅游发展的恶性循环

资料来源: Antonio P R. The "vicious circle" of tourism in heritage cities[J]. *Annals of Tourism Research*, 2002,29(1): 165-182.

3. $\lambda = 0$

表明"文化"与"非文化"之间存在着中性作用。当前持该种观点的学者并不多见,这可能和旅游目的地发展过程中人们心中所存在的"文化"崇拜有关,但是也有学者在考虑旅游业中遗产重置问题时,对旅游者和遗产地居民进行了调查,结果表明当地社区居民更倾向于保持遗产地原有风貌和相对封闭的生活空间。

总之，"文化"与"非文化"因素之间的互动机制以及不同的效率组合影响了旅游目的地竞争力表现和旅游业发展水平，并左右着旅游目的地旅游业的动态发展方向。从旅游目的地旅游业发展角度来看，有关"文化"的研究中涉及较多的是"文化"作用的分析，而这经常局限于一种概念化的表述上面，"文化"在旅游目的地旅游业发展中所起的具体作用的大小一直游离于研究者的视野之外。即有关研究者在研究中认识到了"文化"的作用，但是，在模型的设定中却又经常忽略"文化"的地位。或者说，在设计一些指标的时候，因其难以衡量而弃之不顾。这直接导致人们对"文化"在旅游目的地旅游业发展过程中所起作用认识上的偏差，使得一些关键问题游离在人们的研究视野之外。具体说来，如下问题需要得到深入而细致的研究，即"文化"对旅游目的地竞争力的边际贡献是多少？或者说，"文化"在旅游目的地竞争力的形成和发展中，其作用"边界"在哪里？"文化"作为一种旅游发展的关键性资源因素，它在多大程度上能够支撑起旅游目的地的竞争力？以及在探讨"文化"所具有的真正效能的时候，"文化"发挥作用的更为具体的机制是什么？

对这些问题的研究，还需要研究者在更加务实的基础上对"文化"在旅游目的地旅游业发展中的作用进行客观的分析，借鉴经济学中的投资—收益分析方法就不难发现，在研究"文化"作用的时候，还需要一些从投入到产出、从前到后的理性思考。因此，当将"文化"作为一种旅游要素进行研究的时候，要考虑的是"文化"这种资源所具有的能量，勾勒"文化"作为旅游业的一种投入要素其产出曲线的形状和其最大可能产出边界，以及这种要素要发挥其"生产"功能所需要的、与其他要素之间的配合过程和机制。

第四篇
旅 游 产 业

旅游产业是旅游经济学研究的一个关键出发点和立足点。各界关于旅游产业范围界定上的模糊性和随意性,给研究者进行旅游经济学研究造成了多重挑战和疑惑。本篇根据旅游产业边界模糊性、产业形态多样性、产业体系开放性以及发展模式动态性等特点,界定和分析了旅游产业体系的构成及内容。构建规范的一致性分析框架,从历史演变角度系统梳理了我国旅游业的发展逻辑,分析了我国旅游业在不同历史阶段的发展定位、发展模式以及发展路径。

本篇主要讨论如下内容:
➤ 旅游产业体系框架
➤ 旅游产业体系特征
➤ 旅游业宽度
➤ 旅游产品线
➤ 嵌入式发展模式
➤ 产业推动型发展模式

第 10 讲　旅　游　产　业

　　旅游经济研究的一个关键前提是界定"旅游产业"的基本内涵,这也构成了旅游经济学研究的基础性内容之一。但是,旅游产业的范围在学术界至今仍未有统一的定论,研究者在试图更好地理解旅游业这个问题上遇到了多重挑战,且太多的定义带有研究者们的随意性,不仅影响了对旅游产业的理解,而且给深入研究旅游产业造成了困难。根据旅游产业的特点,鉴于沿袭传统产业分类方法难以构建反映时代特征的旅游产业体系。本讲在充分反映产业融合的基础上,结合旅游产业发展的实际情况构建了旅游产业体系,探讨旅游产业体系的内容及基本特征。

10.1　什么是旅游产业?

　　产业经济学在研究一个特定的产业或产业群体的内部构成时,不但要研究其内部到底是由哪些行业来组成,还应当在此基础上进一步研究这些行业相互之间的关系到底是怎样的。这对于认识旅游产业的发展、提升旅游产业发展质量具有重要的意义。实际上,旅游产业不但是一个涵盖了第一产业、第二产业和第三产业,由众多行业构成的产业群体,同时,从各个不同行业在旅游产业中的地位、作用以及发展的先后顺序来看,这些行业呈现出非常明显的层次结构分布特征。

10.1.1　旅游产业的一般性含义

1. 旅游产业的理论辨析

　　旅游是不是一个产业,或是一个什么性质的产业,在理论上一直存在不断的争论。Leiper(1979)[①]反对将旅游视为产业,而将旅游称之为一个部分产业化的过程,认为旅游业是旅游系统中在功能和空间上有联系的几个部门。实际上,研究者在旅游产业认识上的差异更多地来源于学科背景的不同。从经济学的视角而言,产业主要指经济社会的物质生产部门。因此,国内学者通常认为"产业"是具有某类共同特性的企业的集合。严格

---

　　① Leiper N. The framework of tourism: Towards a definition of tourism, tourist, and the tourist industry [J]. *Annals of Tourism Research*, 1979,6(4): 390-407.

来讲,构成一个"产业"的一组企业群,必须满足三个标准:生产相对同质性的产品、使用基本相同的技术、企业数量和它们产出的财务价值必须在数量上大到具有统计意义的规模。这些标准意味着,随着社会经济和技术的发展过程,有些老的产业会逐渐消失而新的产业会不断出现。在这里,企业数量与其产出规模非常关键,"同质性产品"和"相同技术"更是作为确定是否将同一组企业群认作一个产业的核心所在。因此,Smith(2004)[①]认为,尽管在政策分析、旅游宣传、教育和目的地营销过程中,人们常常使用"旅游产业"这个词,但旅游并不是上述意义上的一个产业。主要原因包括如下两个方面:一方面住宿企业的产品(使人们在一个地方待下来)和交通运输公司的产品(使人们走来走去)之间的明显差异,根本不符合同质性产品的标准。另一方面,旅游基本上是一个需求方面的概念,以某一类特殊消费者的活动为其特征,而产业的定义则是依据产品而非产品的消费者。

一些有关市场营销的观点则认为,从消费者角度看,旅游经历应当被看作是一种单一的、与个人体验相融合的一种产品,这种产品从旅游者离开家到回到家这段时间里,涉及许多企业的服务,但是,这种看法与传统的产业定义与测量无疑是相悖的。因为,旅游是人们所做的某些事情,而不是一个产业所生产的某些产品。无疑,这是一种基于活动(activity-based)的观点所进行的旅游产业界定。

而从社会学角度来看,旅游是一种社会现象,而不是一种生产性活动,所有旅游者支出的总和并不是这一组相似企业的收入所得,并且一种相差悬殊的经历或过程也不是一种产品。因此,将旅游定义为产业是不正确的,旅游更似一个"部门",它影响着一大批产业,应当从更为广泛的意义上去理解旅游。

总体而言,如下原因导致了关于旅游产业的上述争议:① 缺乏可信的测度方法用以描述旅游的规模和影响;② 旅游业的高度多样性,致使有些研究者怀疑旅游业究竟是单一的产业还是一组互相关联的产业;③ 空间区域的复杂性;④ 产业的高度分散性。因此,国外理论界反对将旅游看作是一个产业的声音十分强烈,认为把旅游看作一般意义的产业,是贬低了旅游的真正意义。而在国内,学界和管理部门大都认为旅游是一个重要的产业,许多省市自治区将旅游业确定为支柱产业、先导产业或优势产业,多个省份明确提出要建设旅游大省、旅游强省,并为其下辖市、县所效仿,多将旅游业列为优先扶持发展的产业。

根据世界旅游组织(WTO)的定义,旅游是人们为了休闲、商务和其他目的前往并逗留在常住环境以外的地方不超过连续一年的旅行活动。因此,旅游产业是为旅游者提供各种满足旅游消费需求的服务和货物的行业。囿于对传统政治经济学的片面理解,我国

---

① Smith S LJ, 赵丽霞, 刘臻译. 旅游测度 & 旅游卫星账户[M]. 中国统计出版社,2004.

长期以来认为,只有物质产品才是产品,看不到旅游等服务性行业也为社会提供服务产品,把它看成"非生产部门"。运用广义生产观就可以发现,旅游业投入人财物力,产出的是不可触摸的服务产品。旅游服务产品以其不容置疑的非实物使用价值,确确实实地满足了人们的物质或精神需要,因而成为众人愿意出钱购买的消费对象。从这个意义而言,旅游表现为一种产业形态,其所提供的旅游服务产品具有非实物性、生产和消费的同时性、非贮存性、非转移性和再生产的严格被制约性。

2. 旅游产业的内涵

一般而言,"产业"是指构成同类的、生产相对同质性的产品或使用基本相同的技术企业群或者生产者的总和。但是,在实际的研究过程中,旅游产业的概念却不能简单套用上述概念。按照第三次产业的划分标准,旅游产业属于第三产业,其主要功能在于作为市场中的综合性经济主体为旅游者提供有形和无形的服务,同时,由于旅游产业因其自身的较强的产业关联性、生产与消费的同时性、有形与无形的结合性,当前学界对于"旅游产业"概念的界定基本上是按照其满足的消费者需求的相似性或者同类性来加以划分,即把满足旅游者在旅游过程中所需要的食、住、行、游、购、娱等方面的产品和劳务的部门或企业的集合,包括旅行社业、饭店、旅游景区、旅游车船公司等多个行业,称之为旅游产业。但是,这却是一个相对狭隘的定义,即在关注旅游产业基本内容的同时忽略了旅游产业外延的复杂性。因此,学术界对于旅游产业的认识逐渐形成了如下三方面的观点:一是"食、住、行、游、购、娱"六要素组合论,认为旅游是由相关产业组合而成的产业群;二是从服务业的角度界定旅游产业,把旅游业归于第三产业门类;三是系统论,认为旅游产业是一个复合的产业系统。

实际上,对于旅游产业的理解必须具有多元化的视角,不仅关注作为需求现象的旅游和旅游活动,而且要更多地关注作为供给方的旅游服务产品及其相关产品的制造、提供和融合。鉴于此,旅游并非仅指传统意义上的观光、休闲活动,还包括了商务、会议等各类出访活动,旅游产业有着丰富的内涵和广泛的外延,只要是为旅游者外出活动提供服务的行业均可归于旅游产业,即旅游产业是一个区别于传统产业的"泛产业"。并且,旅游产业是一个动态性的产业,即由于旅游者在不同时期所进行的旅游活动在需求上是有差异的,其选择的服务或产品也会发生相应的变化,换言之,组成旅游产业的相关企业是动态变化的,旅游产业由此成为一个随着旅游者需求变化而不断更新的产业。因此,笼统地将旅游产业在现行的产业分类中进行归类,或对现有的产业进行组合,或仅简单地强调旅游产业的综合性,均难以说明旅游产业的本质特征。

根据旅游产业上述特点,旅游产业其实是一个柔性①的动态产业。首先,它是一簇产

---

① 所谓柔性(flexible),是相对于福特式的刚性(大批量、标准化)而言的,是指能适应市场变化而灵活改变的一种较强的快速反应能力。

业群体,在传统的旅游产业基本内容外,与其直接相关的旅游辅助产业,以及由于经济、技术联系而间接相关的旅游关联产业共同构成的综合性产业体系;其次,旅游产业具有一种与旅游业发展阶段相适应的旅游发展模式,强调旅游产业与其他产业间的开放性和互动性融合,谋求整合旅游产业系统整体效益的最大化和与整个社会—经济—生态系统的协调发展;第三,围绕旅游者的多元化需求,[①]旅游产业通过对国民经济体系中的有关产业的组合形成有效的旅游产业供给,因此,与旅游者需求的多元化和多变性相适应,旅游产业边界呈现柔性变化的态势,其产业资源、产业要素、产业运营是围绕不断变化需求的动态组合。

10.1.2 旅游产业的一般性内容

1. 国民经济统计分类下的旅游产业

根据《国民经济行业分类与代码》(GB/T4754 - 2002)中所确定的行业,按照旅游企业与旅游产业的关联程度,根据与旅游活动相关的程度,可以将相关旅游行业划分为直接相关、较大相关和间接相关等三个层次(见表 10 - 1)。

表 10 - 1 与旅游活动相关的行业

与旅游的相关程度	行 业	备 注
直接相关(与旅游活动相关的业务占绝对比重)	旅游业	包括经营旅游业务的各类旅行社和旅游公司等部门的活动,不包括接待旅游活动的饭店、公园等活动
	旅馆业	包括宾馆、旅馆及招待所、大车店等
	公共设施服务业	包括市内公共交通业、园林绿化业、自然保护区管理业、风景名胜区管理业、环境卫生业、市政工程管理业及其他公共服务业
较大相关(与旅游活动相关的业务占较大比重)	铁路运输业	
	公路运输业	
	水上运输业	
	航空运输业	
	其他交通运输业	
	零售业	
	餐饮业	
	娱乐服务业	包括卡拉 OK 歌舞厅、电子游戏厅、游乐园、夜总会等活动

① 需要注意的是,对于旅游需求,无单一的供给或产业与之对应,因此,旅游产业中没有一个独立的生产函数。

续 表

与旅游的相关程度	行 业	备 注
间接相关 （与旅游活动相关的业务占较小比重）	农业	
	林业	
	畜牧业	
	渔业	
	食品加工业	
	食品制造业	
	饮料制造业	
	纺织业	
	服装及其他纤维制品制造业	
	木材加工及竹、藤、棕、草制品业	
	印刷业	
	文教体育用品制造业	
	日用金属制品业	
	其他制造业	
	土木工程建筑业	
	线路、管道和设备安装业	
	邮电通信业	
	食品、饮料、烟草和家庭日用品批发业	
	其他批发业	
	保险业	
	金融业	
	房地产开发与经营业	
	房地产管理业	
	信息、咨询服务业	
	租赁服务业	
	教育业	
	文化艺术业	
	广播电影电视业	
	环境保护业	
	工程设计业	
	国家机关	
	社会团体	

资料来源：参阅魏小安,付磊. 旅游业受"非典"影响情况分析及对几个相关问题的解析[J]. 旅游学刊,2003, 18(4)：15-16.

2. 旅游卫星账户体系中的旅游产业

旅游卫星账户(TSA)是由联合国统计委员会批准的新的国际标准,是一个测量旅游业总体经济水平及其对国民经济贡献的统计工具,它通过旅游经济活动及旅游就业的可信数据、旅游业对该国国际收支平衡影响的数据,帮助各国依照一个共同的核算框架来测量旅游及相关的产品和服务,从而可以将旅游业与其他产业作一个可信的比较并进一步对国家、地区之间的旅游经济进行比较。

在具体实践方法上,旅游卫星账户是在国民经济核算体系之外,按照国民经济核算体系的概念和分类要求,将所有的由于旅游活动而产生的消费和产出部分分离出来进行单独的核算的虚拟账户,它描述了旅游活动和旅游消费所产生的对服务和货物的需求和对它们的供给的总体关系,以便准确的测度由于旅游活动和旅游消费而引发的对经济的贡献。借助旅游卫星账户,政府可以更好地制定公共决策,企业更好地制定商业政策和计划的效果和效率进行评估,促进旅游业及相关产业的协调发展。根据国际性准则《旅游卫星账户:建议的方法框架》[①],地区旅游卫星账户的产业分为旅游特征产业、旅游相关产业和非旅游特定产业,其中,旅游特征产业是指生产旅游特征产品的产业,是没有旅游者就会停止或者减少许多产出的产业;旅游相关产业指与旅游者的密切程度低于旅游特征产业的产业;而非旅游特定产业为旅游特征产业和旅游相关产业之外的国民经济其他产业(见表10-2)。

表10-2 《旅游卫星账户:建议的方法框架》中的旅游特征活动与旅游特征产品

序号	旅游特征活动	序号		旅游特征产品
1	旅馆和类似设施	1	住宿服务	
2	第二居所所有权(虚拟)	1.1		旅馆和其他住宿服务
3	餐馆和类似设施	1.2		自用或免费的第二居所服务(虚拟)
4	铁路客运业服务	2	食品和饮料供应服务	
5	公路客运服务	3	客运服务	
6	水路客运服务	3.1		铁路运输服务
7	航空客运服务	3.2		公路运输服务
8	客运支持性服务	3.3		水路运输服务

① 2000年3月联合国统计委员会正式批准了世界旅游组织等提交的《旅游卫星账户:建议的方法框架》,它是许多国际机构、多个国家和个人多年共同努力的成果。《方法框架》采用一套与SNA93相挂钩的概念、分类、表格等,实现了将旅游计量作为一种经济现象纳入宏观经济统计主流的目标。这一规范性文件标志着旅游卫星账户理论体系已基本成熟,使旅游业成为全球第一个拥有获得联合国首肯的国际性标准来测度产业经济影响的产业。目前,已有近百个国家编制和准备编制自己的旅游卫星账户,如西班牙、美国、加拿大、新加坡、法国、奥地利、挪威、澳大利亚等。

续　表

序号	旅游特征活动	序号		旅游特征产品
9	客运设备出租	3.4		航空运输服务
10	旅行社和类似机构	3.5		客运支持服务
11	文化服务	3.6		客运设备出租
12	体育和其他娱乐服务	3.7		客运设备的保养和修理服务
		4	旅行社、旅游业经营者和导游服务	
		4.1		旅行社服务
		4.2		旅游业经营者服务
		4.3		旅游信息和导游服务
		5	文化服务	
		5.1		表演艺术
		5.2		博物馆和其他文化服务
		6	娱乐和其他文娱服务	
		6.1		体育和娱乐性体育服务
		6.2		其他消遣和娱乐服务
		7	其他旅游服务	
		7.1		金融和保险服务
		7.2		其他物品出租服务
		7.3		其他旅游服务
13	旅游相关产业：未明确	8	旅游相关产品	无推荐性意见

转引自：黎洁.旅游卫星账户与旅游统计制度研究[M].北京：中国旅游出版社,2007：54－55.

10.2　旅游产业体系框架

　　通过对国民经济统计分类和账户条目以及旅游卫星账户的分析,可以看出,旅游产业实质上是一个以旅游活动为中心而形成的配置产业,涉及多个领域。因此,基于旅游产业是一个柔性的动态产业,本讲将基于旅游产业柔性体系内容,提供研究和实践过程中全面且有操作性的产业体系框架。

10.2.1　基本原则

　　旅游产业体系既是一种客观的社会存在,又是一种主观的社会评价,它既反映了研究者对旅游产业的现状和发展趋势的认识程度,又反映了旅游产业体系在整个国民经济系统的作用。但是,由于理解角度的不同,不同的研究者对旅游产业认识和评价是不完全相同的,因此,选择有效的方法认识旅游产业体系是十分必要的。一般说来,认识和识别旅游产业体系应遵循以下基本原则:

1. 综合性原则

旅游产业体系是满足旅游者各种需求的产品要素组合体系,因此,旅游产业是一个复杂的综合体系,必须全面真实地从旅游产业的各个侧面认识其内容及特征。从理论上来说,有关研究对旅游产业主要从需求方定义,而在供给方面无单一的供给或产业与之对应,但是,这并不表明旅游产业在国民经济中不存在。实际上,旅游消费、一些旅游生产要素在现实中也是可以观察到的,与旅游产业相关的旅游经济活动流量实际上已经隐藏于一国的国民经济核算体系中,或隐藏于现有的不同宏观经济变量中。因此,一方面,旅游产业是一个综合性的产业;另一方面,认识和构建旅游产业系统需要从国民经济核算体系出发,在现有的国民经济核算体系框架内分离、描述旅游产业体系的内容,全面科学地核算旅游产业对国民经济的贡献,为政府决策提供依据。

2. 融合性原则

认识旅游产业体系的融合性原则,要求超越和突破就旅游谈旅游的狭隘观念、封闭观念,将旅游产业作为社会经济发展宏观系统下的子系统进行理解,强调作为子系统的旅游产业与作为宏观系统的社会经济发展间的良性互动。即在承认旅游产业独立的产业地位的前提下,强调旅游产业与其他产业的交汇融合。尤其是,作为一个综合性很强的产业,随着旅游产业的发展,旅游产业与相关行业融合深度与广度的增加,旅游产业与农业、工业、金融、保险业和其他社会行业之间逐渐渗透,融合成农业旅游、工业旅游、商业旅游、教育旅游、体育旅游等新型旅游业态。

一般而言,旅游产业体系中,各旅游产业与其他产业间具有渗透性,可以通过与其他各产业间广泛融合,形成新的旅游产业体系。融合方式既可将旅游产业嵌入相关产业中,赋予该产业以旅游功能,带动相关产业的发展;也可以以旅游产业单元为中心,在不同的产业中搜寻相匹配的相关集成元素,组合成符合旅游市场需要的旅游产品。具体说来,旅游产业发展实践中与其他产业间的融合方式,可以归纳为如下三种类型。

一是,关联融合。即通过旅游产业与其他产业间的相互融合,形成旅游产业新形态,构筑复合型的旅游产业新体系,从而实现旅游产业要素与其他产业的嫁接。这类融合通过赋予原有产业以旅游附加功能,如在工业、农业、房地产业等融入旅游功能,形成与旅游业相互渗透的新型产业形态,如工业旅游、农业旅游、景观房产与分时度假、体育旅游、文化旅游、康复旅游等。

二是,功能融合。即在区域社会经济建设中,特别是在重大项目的建设中,有意识地融入旅游的功能,实现旅游产业与区域社会经济建设的一体化发展。①

三是,结构融合。即旅游产业内部要素之间的重组融合,通过不同功能的旅游要素相互融合,形成具有多功能的旅游新产品。

3. 发展性和动态性原则

旅游产业发展是一个国家或地区旅游产业不断演进的动态过程,对旅游产业的认识和理解不能脱离旅游业的发展过程和旅游业的发展趋势,既要考虑旅游产业的现状,又要反映旅游产业变化发展的特点。尤其是,随着旅游者消费需求取向多元化以及旅游新潮的不断涌现,旅游产业呈现出多元化发展的趋势,旅游产品的系列化和多层次化成为旅游开发的必然选择。一批有别于传统观光旅游的新产品,比如休闲度假旅游、高尔夫旅游、自驾车旅游、游艇旅游、帆船旅游、温泉理疗游、婚庆旅游、节会商务旅游、邮轮旅游等悄然兴起,成为旅游产业发展水平提升的标志。并且,随着旅游者可持续发展意识的增强,一些新型的、不依赖旅游资源的旅游产品逐渐成为旅游者的替代性选择。会展旅游、风俗节庆游、工业旅游、主题公园旅游、乡村旅游等产品在拓展旅游产业范围的同时,为旅游产业发展提供了更为现实的途径。

4. 可比、可量、可行性原则

旅游产业的范围和地位必须要用相关统计数据来表现其经济作用才具有说服力。旅游统计在相关研究中的重要性不言自明,但目前旅游统计的权威性和公信力却相对欠缺,难以达到深入研究的要求。② 因此,为了得出有意义的比较性结论,在实际研究过程中,关于旅游产业的应用要遵循可比、可量、可行等原则。

可比性要求旅游产业的研究在空间上不同旅游地之间可比,以反映各地旅游产业之间的优势与缺陷,提出相应的对策措施。可量化一方面要求有关旅游产业的定性指标可以间接赋值量化,一方面要求有关旅游产业的定量指标能够直接量化。而可行性原则要求以现实统计数据作为基础,易于分析计算。因此,在具体的实际研究中,需要选取的指标应是旅游产业某一属性的概括,具有可比性,而不选取独一无二的东西。

10.2.2 旅游产业边界

鉴于旅游产业是一个柔性的动态产业,其边界表现出动态的模糊性,并由于旅游需求和消费类型的多样性与变动性及其性质的复杂性与模糊性造成了旅游产业界定的困难,这也使得多数学者虽然从旅游需求和旅游消费的角度对旅游产业进行界定,但是,对旅游产业的认识一直比较模糊和混乱,并一度使得旅游产业被边缘化。

---

① 比如,上海的广播电视塔——东方明珠由于融合了旅游的功能,成为上海的标志性旅游景观,杭州湾跨海大桥也在交通基础设施中融入了旅游功能。

② 这其中不仅仅是统计方法和技术的问题,更多的是条块分割和部门利益冲突,而后者则是比方法和技术更难解决的问题。

1. 旅游产业的柔性边界

从发展的视角来看,旅游产业的范围可以无限制地扩展延伸,与旅游相关的行业均可以纳入旅游产业的范畴。所以,在整个在国民经济体系中,旅游产业的边界是相当模糊的,并且呈现出因地而异、因时而异的扩展特性。从旅游资源的供给看,旅游产业的边界可以无限延伸,当旅游活动从传统观光向休闲度假和体验旅游发展时,旅游资源已经不局限于名山大川等自然资源,也跳出了古迹寺庙遗址等传统人文旅游资源的范畴,一些社会资源、经济成就、产业活动、民情民风等均可以转化为旅游资源,成为吸引旅游者的旅游产品。如乡村旅游、工业旅游、科技旅游、节庆旅游、红色旅游、会展旅游、太空旅游等新型旅游产品的涌现。从广义来看,旅游资源供给具有无限性,旅游产业的边界可以无限延伸,具有广泛的外延,因此,这也可以称为广义旅游产业的边界。

2. 延伸产业的柔性边界

随着旅游产业的发展,旅游产业与其他相关产业的融合趋势增强。即在旅游需求日趋多样化的背景下,通过有关生产要素的组合进行适应现代旅游需求变化的功能提升,旅游产业与其他相关产业不断融合,并不断衍生出新产业,导致产业间的界限非常模糊,很难划分其边界,在传统的产业分类体系中也无法"对号入座"。并且,旅游产业资源、产业要素、产业运营围绕不断变化的需求进行动态组合,导致旅游产业边界存在巨大的柔性扩展空间,通过与其他产业间的协同效应、创新效应不断催生出新型的旅游业态,成为促进旅游经济发展的新经济增长点。

3. 核心产业的柔性边界

从旅游活动的目的来看,尽管旅游活动的主要目的是社会文化活动,但这种活动本质上是建立在一定经济基础上的,包括旅行、住宿、游览、审美、娱乐和体验等,离开了一定的经济活动是不可能实现的。从旅游活动的内容看,任何旅游活动都离不开食、住、行、游、购、娱等基本旅游要素,尽管对这些要素的需求程度不一样,但每次旅游活动过程都不可避免地包含了这些要素内容,或者说都是对这些要素的不同组合的消费。因此,现有研究中往往将住宿接待部门、交通运输部门、旅游业务组织、餐饮企业、游览娱乐企业、旅游购物企业以及旅游政府与行业组织等7个主体纳入旅游产业的范畴,涵盖了旅游"吃、住、行、游、娱、购"六要素,旅游产业成为由旅游交通、旅游游览、旅游餐饮、旅游住宿、旅游购物、旅行社、娱乐及其他等部门形成产业网络。尤其是,传统旅游产业往往表现为以旅行社业为核心产业、包括旅游交通、游览、餐饮、住宿、购物等主体产业和娱乐、休闲等辅助产业在内的、轴轮状与网状相结合的混合型产业聚集结构形态。

但是,需要注意的是,从发展的视角来看,旅游核心产业的边界不仅因地、因时而异,而且难以与其他产业区分开来。就前者而言,各地旅游产业体系的完整程度及其向其他产业的延伸程度是不同的;而就后者而言,将旅游核心产业中用于为旅游者服务的内容从总体性内容分离出来不仅在统计上不能实现,而且也由于其服务对象使用该产品时目的的多元性而不可能实现。比如,交通运输企业不仅为旅游者服务,而且也为非旅游者服务,而有关人员使用交通服务的目的有时不仅有旅游目的,还有旅游之外的其他目的,甚至旅游仅仅是其使用交通服务的多种目标中的一个次要方面。

4. 核心内容的刚性边界

准确说来,这是旅游产业的研究性边界,尤其是对于一些比较性研究而言,界定一个相对统一的旅游产业体系不仅是必要的,而且是可行的。因此,鉴于有关研究的可比性、可量性和可行性,旅游产业的核心内容构成了实践操作意义和统计学意义上的旅游产业刚性边界,这也是最为狭义的旅游产业边界。

根据上述分析,本讲借助图 10-1 来简要描述旅游产业的四重边界。

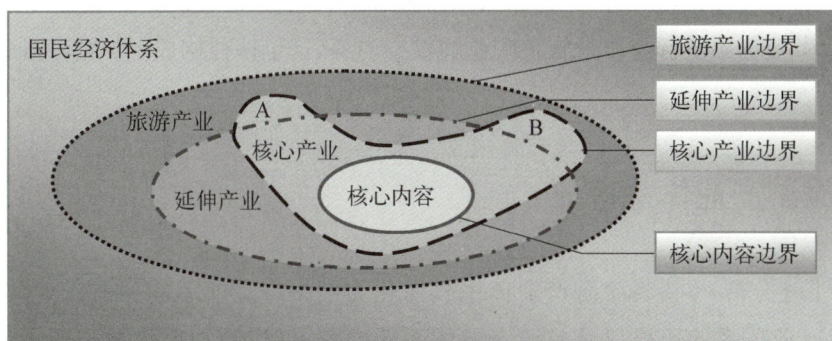

图 10-1　旅游产业体系的边界

如图 10-1 所示,虚线表示柔性的边界,实线表示刚性的边界。首先,根据综合性原则,我们将旅游产业纳入整个国民经济体系来考察,内部的一个点划线圆圈被之为旅游产业的柔性边界,这也是广义旅游产业的边界。其次,根据融合性原则,图 10-1 由点和短线组成的圆圈表示延伸产业的柔性边界。第三,根据发展性和动态性原则,图 10-1 由短线组成的圆圈表示核心产业的柔性边界,该边界是一个不规则的圆圈,它穿过了延伸产业的边界,反映了旅游核心产业的区域差异和时间差异,表示了旅游核心产业因时而异、因地而异的地域和时间特性,即对于有些地区来说,随着旅游产业进入新的发展阶段,其旅游核心产业范围出现了大幅度的扩展,[①]所以,其旅游核心产业会在传统核心产业之外延

---

①　上海市旅游业既是明显的一例。特别是 1997 年之后,针对上海市旅游业发展的要素结构,上海旅游业创新性地提出了"都市型旅游"的发展定位,并出台了系统完善的政策体系,推动了产业融合发展,推进了乡村旅游、红色旅游和节庆赛事旅游等产品的深度开发。在都市旅游的框架下,上海旅游业坚持产品创新和推陈出新,注重旅游业态的整合拓展和深度发掘,注重旅游产品的多元化、创新性扩展。一方面,外滩、南京路、豫园等上海传统都市旅游产品风光依旧,东方明珠电视塔、人民广场、陆家嘴景观绿地、衡山路休闲旅游街、朱家角水乡风光、新天地旅游城、科技馆等新的旅游产品闪亮登场,成为上海都市旅游产品中一批有影响力的品牌产品;另一方面,形成了包含会展旅游、文化旅游、创意旅游、购物旅游、度假旅游、工业旅游、水上旅游、节庆旅游、美食旅游等在内的多种业态整合的旅游产品体系,为上海旅游业的发展提供了新的发展方向。

伸出系列新型产业(在图中表现为 A、B);而对于另一些地区来说,由于其旅游产业发展缓慢,其旅游产业健全程度比较低,影响了旅游产业的整体性功能和发展。第四,从实际研究的操作性出发,根据可比可量可行性原则,基于旅游产业相关变量指标的定义、数据收集和报告方面的国际规范和区域一致性,需要界定各地相对稳定和统一的旅游产业口径,以进行可信的国际间或区域间比较,增强有关研究结果的可信度,这也构成了旅游产业研究中重点关注的核心内容,即图 10-1 中心实心圆圈所表示的内容。

总之,旅游产业的范畴无限扩大,但是,纳入与旅游关联度低的行业组织或产业部门则会远离本质核心所在。因此,在实际的研究过程中,在国民经济核算体系视角下结合旅游卫星账户(TSA)[①]对旅游产业体系的核心内容进行了的界定,旅游产业核心内容以直接为旅游活动、旅游者提供服务的产业组织或行业部门为标准,而将间接提供旅游服务的产业组织或行业部门排除,将星级饭店、旅行社、旅游景区(点)、旅游车船公司、文化娱乐业、客运服务业等旅游行业作为旅游产业的核心内容,这也往往构成了旅游产业研究的基本范围。

10.3 旅游产业体系特征

基于上述分析,本讲将旅游产业体系具体化为图 10-2 所示的旅游产业体系框架。结合旅游产业体系的边界以及旅游产业体系的内容,可以归纳出旅游产业体系的系列特征。

10.3.1 模糊的产业边界

从产业要素的角度来看,旅游业具有综合性的特征,包括行、游、住、吃、购、娱等六大要素,与国民经济的主要产业部门都紧密相关。如果就把这种综合性作为旅游业的产业特征,旅游业将变成一个包罗万象的、庞杂的产业群体,无法把握其主体和边界,最终消解在相关的产业之中。因此,在国民经济体系中,旅游产业的有关内容是建立于其他产业之上,通过将其他产业要素组合起来而构成自身的供应链。因此,很难把它"剥离"出来,导致旅游产业与其他产业边界的模糊性。这是个难题也是挑战和机遇,学界的态度不应该是回避,而应积极面对,给相关研究者开辟新的领域。

世界旅游组织将旅游定义为以消遣、公务、朝觐等目的到惯常环境之外的地方旅行,

---

① 作为一种隶属于国民账户体系基本原则的一种新方法,旅游卫星账户(TSA)已经在世界范围内成为测量旅游对国民经济影响的标准模型。这个方法在一定程度上允许将旅游作为一种经济活动领域来测量,并可以与传统产业进行有效比较。目前,旅游卫星账户方法的研究与实践已经成为一种全球性趋势,使得将旅游作为一种经济活动领域进行测量的活动具有如下特点:国际上对于旅游术语的见解趋于一致;更加接近传统产业的测量标准;测量和分析的严密性和复杂性日益增加。

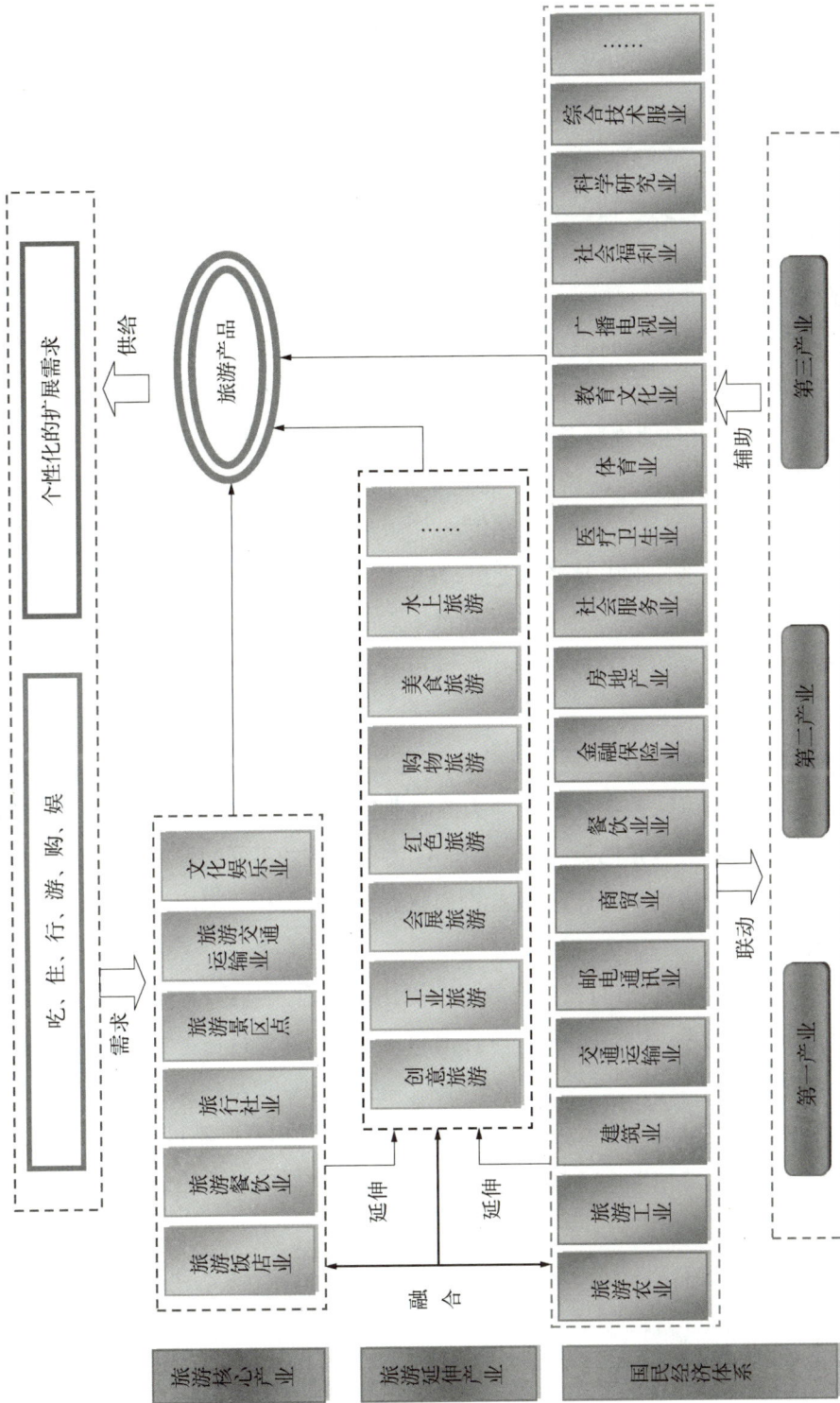

图 10 - 2　旅游产业体系结构图

113

且时间在12个月内的旅游者的活动。根据《中国旅游统计年鉴》,在我国居民出游花费按出游目的分为观光游览、探亲访友、商务、公务会议、度假休闲、宗教/朝拜、文体科技交流以及其他等类别。进一步,借鉴新西兰、加拿大以及我国江苏省在编制旅游卫星账户(TSA)实践中的产业分类①,并考虑到旅游产业边界的模糊性和分析过程中的数据现状。本讲主要就星级饭店、旅行社、旅游景区(点)、旅游车船公司、文化娱乐业、客运服务业等旅游行业模糊性边界的实际情况进行简要说明,并且,这些行业也构成了旅游产业的核心内容。

1. 星级酒店

目前学术界有共识的是将酒店业纳入旅游产业,但住宿接待部门除了星级酒店、宾馆外,还包括家庭小旅馆、企事业单位招待所、小旅社等其他住宿接待部门,对于此类住宿接待部门,其客源可能有自助旅游者、长期居住的农民工或是学校周边的学生,如果将其全部纳入旅游产业中,则会扩大旅游产业的范围。旅游餐饮有以专门接待旅游者为主的餐馆或旅游定点餐馆,同时还存在为数众多的非定点餐馆,由于现实中难以清晰界定非旅游定点餐馆接待旅游者的比例以及消费支出,界定餐饮企业是否应纳入旅游产业也存在一定的困难。不过,剔除那些与旅游住宿关联度不高的住宿接待部门、排除一些明显并非接待旅游者的餐饮企业在统计上都难以实现,这也给有关研究造成了困难。

2. 旅行社

旅行社是旅游活动的组织者,是和饭店、交通和游览对象物共同为人们旅行提供服务的专门机构,与旅游饭店、旅游交通并称为旅游业三大支柱。旅行社是旅游业的销售部门,负责销售"旅游景观",并把交通、饭店、娱乐、游览分散的不同的服务有机地联系起来,加强了这些部门间的协调和配合,搭建起沟通旅游者和旅游相关部门的桥梁,是旅游活动必不可少的介体。

相比较于酒店业而言,旅行社行业数据范围比较明确。但是,需要注意的是,由于旅行社的中介作用和角色,在有关数据的统计上和其他行业必然存在重复计算的问题。

3. 旅游景区(点)

由于旅游资源涉及的内容太多,而且种类也是千差万别,几乎不可能用某一个或几个变量完全反映出来。总体来说,旅游资源是能够对旅游者构成吸引的全部要素的总称,它

---

① 各国编制旅游卫星账户的旅游特征产品(TCP)和旅游特征活动(TCA)的目录不同,产业或产品的分类水平也不同,但一般均包括旅游者消费的吃、住、行、游、购、娱等项内容。当然,旅游特征产品的分类越细,旅游特征活动所涉及的部门越多。我国江苏省旅游特征产业包括了旅游饭店和其他住宿设施、餐馆和类似设施、铁路客运业及辅助活动,道路客运业、城市公交及其辅助活动、水上客运及辅助活动、航空客运业及辅助活动、旅行社、环境资源业、文化艺术业、娱乐业等12个,旅游相关产业为批发零售业。旅游特征产品则包括了住宿服务业、客运服务业、食物和饮料供应服务、旅游游览服务、文化艺术服务、娱乐服务、运动与探险活动、其他旅游服务7大类,共18个旅游特征产品,并设计了1类旅游相关产品,即旅游购物品。以上旅游特征产业、相关产业和旅游特征产品、旅游相关产品涉及了旅游者消费的吃住行游购娱六要素及相关产业的供给情况。

既包括传统意义的自然旅游资源和历史文化遗产类旅游资源,也包括政治经济影响、文化特色、娱乐设施保障等多种吸引要素,因此,旅游资源不仅具有形态上的多样性和复合性,而且具有价值上的多元性,这无不对准确界定旅游资源的边界带来了困难。

4. 文化娱乐业

旅游者出行的目的主要是"游"和"娱",目的地的旅游吸引物是旅游者旅游的主要动因,没有旅游吸引物则不会有旅游活动。旅游吸引物包括风景区、主题公园、博物馆等。对于游览经营部门以及游览与娱乐相结合的经营部门而言,其理所当然应纳入旅游产业,但其他娱乐经营部门,如歌舞厅、夜总会等以本地居地为主要服务对象,不以旅游者为主要客源的娱乐企业则应排除在旅游产业之外。

不过,需要注意的是,文化娱乐环境有助于构建良好的旅游氛围,也为旅游者提供了良好的旅游体验。尤其是我国许多地区的旅游业以极其丰富的原生性文化吸引着海内外无数旅游者,且随着我国旅游业的深入发展,旅游形式和内容已由自然观光游览向文化观赏、参与性娱乐活动、休闲疗养等深层次发展。而旅游行业中那些专门开发利用文化资源为旅游服务的经营企业,其本质属于文化产业,如旅游景区的大型歌舞剧表演。并且,文化产业中那些主要为旅游者参观、游览、鉴赏、购买等而生产产品的单位,也发挥着旅游的作用,如博物馆、会展中心。在某种意义上可以说,旅游产业具有两种不同特征——文化是其属性,旅游是其功能,因为即使在纯自然景观中仍然会依托神话传说、历史掌故来烘托景观的自然美。

另一方面,在行业渗透、学科交叉的当今,文化产业本身也形成了本体产业(演艺业、娱乐业、音像业、电影业)、交叉产业(文物博物业、文化会展业,文化旅游业)和延伸产业(动漫业、网络业)。因此,各地纷纷打破原有的行业门槛,将旅游产业置于文化产业的框架下发展,使旅游产业的发展得到一个全面提升。并通过深挖旅游景区的文化内涵,营造适宜的文化氛围和完善的解说系统,打造旅游酒店的文化品牌形象,培养一批有独到文化见解的学者型的讲解员,使旅游开发逐渐摆脱急功近利的短期商业化怪圈。有鉴于此,需要将"群众文化事业"等也纳入旅游产业范围。

5. 旅游交通

与旅游出行有关的交通企业主要有航空公司、铁路运营企业、旅游汽车公司、出租汽车公司以及城市公交公司等。在以往许多的研究中将这些企业全部纳入旅游产业,但这仍值得商榷。旅游汽车公司、旅游巴士专线运营企业是专门从事旅游运输接待的企业,直接目的就是为旅游者服务,可纳入旅游产业中。

航空公司、火车、出租汽车公司以及公交公司虽然其为旅游者提供了旅游出行服务,但不是以接待旅游者为主要目的。其接待旅游者只是其客源的一部分,甚至不能说是大部分。即使没有旅游者,这些交通运输企业仍可通过接待其他客源来获取经营收入,不会严重影响到企业的生存,且受旅游产业政策的影响和制约较小。将这些交通企业纳入旅游产业范围,则会严重夸大旅游产业的总产值,造成旅游产业发展貌似繁荣的假象。不过,需要注意的是,分离游客和普通客人在现实中很难,在统计上也不可能实现。

6. 会展旅游等其他旅游形式

作为新兴的旅游形式,在某种意义上,会展活动是独立于旅游业之外的产业部门,会展旅游则是随着会议展览的增多及旅游业的渐趋成熟而出现的一种新兴的旅游类别。从产品的角度讲,会展旅游属于旅游产品中的公务旅游。从其特征来看,会展旅游兼具旅游业和会议展览业之共性,具有引发性、边缘性、综合性、依赖性等特点。从经营现状来看,会展旅游处于起步阶段,尚不具有行业规模和产业特征,只是介于旅游业和会议展览业之间的衍生产品。

10.3.2　多样的产业形态

随着旅游产业与农业、制造业和其他服务业的融合,旅游产业链不断被解构和重组,表现出业态的多样性,显露出明显的"跨界"发展的迹象。首先,新型业态不断涌现,工业旅游、会展旅游、农业观光游、医疗旅游、教育旅游、房地产旅游等旅游新型业态层出不穷。其次,新型产业功能逐步显现,旅游景区兼具影视文化基地,养老、医疗方式借助旅游框架产业不断得到升级。第三,新型企业组织结构不断演进,旅行社集会议组织、咨询、人力资源管理、展览策划于一身,旅游系统集成商逐步出现,双边性质的旅游组织不断诞生。种种迹象表明,旅游产业在向其他"渗透"的同时,在各个层面与其他产业进行融合,在不同产业的融合边缘地带生发出各种新的旅游产品和服务方式,以行业实践丰富了旅游产业的业态内容。

从旅游产业发展的时空维度看,旅游需求的动态性和旅游供给的区域特色导致旅游产业边界的不确定性,随着旅游产业的发展,不同的经济发展时期,旅游者的需求不同,从过去单一的"游山玩水""放松身心"到现在"陶冶情操、增加阅历、寻求梦想、体验生活"的复合需求,旅游产业发展逐渐包容了更多的业态内涵。尤其是,在新的旅游者需求下,不断提升的旅游业态结构标志着较高的旅游业发展水平和旅游业宽度,这不仅为满足旅游者需求、推动旅游经济发展做出了贡献,而且有利于旅游业产业结构的升级。近年来,虽然我国旅游业发展较快,但是,旅游业宽度[①]——旅游业满足旅游者需求的渠道途径——依然比较狭窄,我国旅游产品的基本性质——较为单一的观光性质并未发生变化,尤其是随着旅游者需求的多元化,旅游产品的多元化程度不够,很难为旅游者提供正规的多元化旅游产品。即使像商务会议旅游、体育旅游、生态旅游、探险旅游等各种专项旅游产品和

---

① 关于这一概念,请参阅本书第 11 讲。

主题式旅游产品,虽然形式多样,但内容大都雷同,仍没脱离观光旅游产品的设计思路和内容编排,导致我国的旅游产品还不具备高级产品的总体特征,尚处于"初级产品"阶段,存在旅游观光资源的高等性与旅游开发产品的初级性的矛盾。随着旅游市场日趋成熟和旅游需求的日益复杂化和多元化,在"买方市场"条件下,我国旅游业也将呈现出与之相应的产品多元化和非观光旅游产品占主体的发展格局,新型业态的不断涌现在拓展旅游业宽度的同时也为满足旅游者日益增强的多样化和个性化产品需求提供了条件,并在壮大旅游产业的规模、丰富了旅游产业内容的同时成为旅游产业良性发展的一个重要标志。

10.3.3　开放的产业体系

理解旅游产业体系应该从三个方面出发:第一,旅游产业体系是一个可持续发展、循环的产业体系。第二,旅游产业体系是一个开放的、动态的创新型产业体系。第三,产业边界的模糊与产业间的融合是旅游产业体系的根本特征。因此,旅游产业体系必须在可持续发展的条件约束下,通过产业融合分化、解体和重组传统产业体系,形成开放式的创新型产业体系。

实际上,产业融合从根本上动摇和摧毁了传统产业分立的基础,也使得旅游产业和其他产业间的传统边界趋于模糊,并促进了产业创新,成为旅游产业体系改造自身的重要方式和手段。尤其是在旅游产业体系中,分属于不同产业领域的市场主体通过产业融合等方式开发新产品,可以迅速地满足不断变动的多方面的旅游消费需求,获得更大的旅游经济效益。另一方面,从创新的角度来看,旅游产业体系是一个开放式的创新型产业体系。构建旅游产业体系,就是以旅游产业链条上各企业为创新主体,构建产业之间、企业之间的联系网络,最终实现产业结构的优化和升级。

此外,有产业的地方就一定存在相应的支持系统,一般而言,旅游产业体系的支撑平台可分为旅游产业体系运作平台、旅游产业体系组织载体和旅游产业体系资源支撑。其中,旅游产业体系的运作平台主要包括交通基础设施、政府政策支持、社会文化环境和市场竞争环境等,旅游产业体系组织载体则主要包括企业集团、产业集群等,而旅游产业体系资源支撑不仅包括资本资源、人力资源,还包括自然资源和环境资源的支撑,因此,为了合理和有效地利用自然和环境资源,旅游产业体系就必须坚持可持续的发展原则。

10.3.4　动态的发展模式

首先,驱动要素的新型组合不断创新旅游产业发展模式。尤其是,随着旅游产业的发展,对于旅游产业这样动态复杂且边界模糊的产业,其发展不能靠传统的单项思维和刚性模式,而要形成动态的开放系统模式。具体而言,针对旅游者不断变化的需求,旅游产业需要突破传统的发展模式,采用灵活多变的产业发展模式,随时根据生产者、合作者、供应者、销售者、顾客等各产业主体的变化进行调整通过动态集成创新，进行旅游的资源配置、旅游的产品开发、旅游的行业管理、旅游的企业组织和旅游的相关配套。由此，融合、协同、聚集模式逐渐成为旅游产业发展的手段与形式，并且，通过旅游业与其他产业在功能、形态上的融合，旅游产业的外延得到了丰富，拓展了旅游产业的发展空间，逐渐形成一种不断适应内外环境变化并随之进化的动态发展模式，从而保持整个产业的持续竞争优势。

其次，新型业态创新了旅游发展模式的内容。一方面新型业态的不断涌现在拓展旅游产业范围的同时也为满足旅游者日益增强的多样化和个性化产品需求提供了条件，并在壮大旅游产业的规模、丰富旅游产业内容的同时成为旅游业态良性发展的一个重要标志；另一方面，旅游业态结构是旅游业发展水平的"指示器"，尤其是在新的旅游者需求下，不断升级的旅游业态结构标志着较高的旅游业发展水平和旅游产业范围，这不仅促使旅游业逐渐形成了有利于自身发展的良好的内部组织结构，增强了旅游产业的内生能力，而且旅游产业范围的扩展增强了旅游业抵抗风险的能力。

第11讲　旅游业发展

开始于1978年的改革开放使中国经济出现了持续的增长奇迹。在改革开放的宏大背景之下,旅游业积极融入我国经济社会的发展和繁荣之中,在发展定位、发展模式以及发展路径上实现了突破。为此,本讲在充分理解经济社会发展历史背景的前提下,总结旅游业改革开放以来的发展历程及阶段性特征,系统梳理旅游业改革开放以来的发展逻辑和路径,为旅游业发展的深入研究提供基准性参考。

11.1　理论框架

改革开放以来,我国旅游业发展成为众多研究者关注的对象。但是,有关研究过多地关注于对我国旅游业发展成就和问题的描述,忽略了改革开放过程中我国旅游业发展的内在逻辑过程。

人们习惯于将中国改革开放的起点理解为"计划经济"[①],这也经常成为人们认识我国旅游业改革开放的历史起点。不过,改革开放以来,我国旅游业发展是以旅游体制由计划经济向市场经济转型的大规模制度变迁为主线,而引起的一系列全方位变化的过程,从我国旅游业改革与转型的实践来看,1992年之前主要是以改革为主线,发展的思路是在计划经济体制内部引入市场机制,以提高原有旅游业体制的活力。1992年之后,开始实施以建立市场经济体制为主的旅游业转型。总体来看,我国旅游业改革与转型进程的历史逻辑主要表现为"体制方向的确立→从改革向转型的转变→从体制改革到制度创新(适宜制度)→经济转型的深化(产业体系的完善和升级)"式的发展路径。

一个特征性事实是,同时于1978年进行改革开放的我国各省份旅游业发展绩效在今天表现出显著的差异性。"从计划到市场"的视角不能很好地解释我国不同省份在旅游业发展绩效方面的显著差异,这需要认真总结我国旅游业发展的经验,及其实现我国旅游业发展绩效的条件和路径。此外,"从计划到市场"是一个短期的视角,而我国旅游业的改革开放应该是一个更为具体的"发展"过程,而不仅仅是"转型"过程。

---

① "从计划到市场"也是国际学术界对"转型"的基本理解。

我国旅游业改革开放以来的发展历程表明,我国旅游业发展的核心目标是建立起一个能够实现可持续发展的模式以及与之相适应的制度框架,这至少包含三个方面的内容:第一,完善的旅游产业体系,这是我国旅游业发展的基础。第二,适宜的旅游业发展制度与制度环境,这是规范政府与旅游业发展关系,为我国旅游业发展提供的制度保障。第三,阶段性推动力,这是不同时期我国旅游业发展的动力所在。鉴于此,要超越简单的"从计划到市场"的思维定势,重新认识我国旅游业改革开放的历史,把我国旅游业放在可持续发展的长期视角中去看待和理解。

11.1.1　旅游业宽度

所谓旅游业宽度(Breadth of Tourism,brdth),是指旅游产业形态结构在国民经济各方面的扩展程度,它可以用于衡量旅游业发展的程度。实际上,作为旅游业向旅游者群提供的旅游产品和旅游服务的类型化形态,旅游业态是旅游活动的具体载体,也是旅游业宽度的具体体现指标。

作为我国旅游业发展的一个重要维度,改革开放以来,我国旅游业宽度"量"和"质"上的提升有力地促进了我国旅游业的发展。从量上来讲,作为一个综合性很强的产业,我国旅游产业结构呈现出多元化发展的趋势,这不仅表现为传统旅游产业结构的完善,而且还表现为旅游业与相关行业融合深度与广度的增加。尤其是,随着我国旅游业逐渐向农业、工业、金融、保险业和其他社会行业渗透,这些行业的潜在旅游优势得以释放,农业旅游、工业旅游、商业旅游、教育旅游、体育旅游等新型旅游业态成为我国旅游业发展中新的亮点和热点。

就我国旅游业宽度的"质"而言,旅游业态是一个动态性概念,旅游业态不断地从低级向高级、从简单向复杂、从浅层向深层发展的发展变化历程就是旅游业不断趋于成熟和壮大的历程。一般而言,在我国旅游业发展的初期,旅游业宽度比较狭窄,旅游产业结构处于零散的分散状态;而随着旅游业的发展,旅游业的宽度增加,旅游产业结构业逐渐升级并趋向合理。

11.1.2　旅游产品线扩展

我国旅游业发展的内在核心能力和技术贯穿于旅游产品线的生产、形成过程中,表现为其对于新的、表面看起来毫不相关的行业(或经营领域)的进入能力,以及由此所形成的多元化扩张能力。因此,与旅游业宽度的扩展相呼应,旅游产品线扩展构成了我国旅游业发展的纵深维度。

随着旅游者消费需求取向多元化以及旅游新潮的不断涌现,旅游产品的系列化和多层次化成为旅游开发的必然选择,我国旅游产品线不断扩展,一批有别于传统观光旅游的新产品,比如休闲度假旅游、游艇旅游、温泉理疗游、婚庆旅游、节会商务旅游、邮轮旅游等悄然兴起,成为我国旅游业发展水平提升的标志。并且,随着旅游者可持续发展意识的增强,一些新型的、不依赖旅游资源的旅游产品逐渐成为旅游者的替代性选择,会展会议旅游、风俗节庆游、工业旅游、主题公园旅游、乡村旅游等产品在拓展旅游业宽度的同时,为我国旅游业发展提供了更为现实的途径。

11.1.3　制度空间

我国旅游业宽度和产品线扩展并不能决定我国旅游业发展的路径和方向。事实上,如果我国旅游业纯粹是一种旅游业宽度、产品线扩展与发展水平之间生产函数式的工程关系,那么,我国旅游业发展水平的任何变化,除了那些随机扰动因素导致的外,都将是旅游业宽度、产品线扩展变化的结果。

然而,可观察的生产函数一般是一种经济关系,而不是一种纯工程关系,因为每一种可观察资源的使用密集度,取决于劳动者和管理者的经济决策。这些决策是他们对制度安排、获利机会等等的反应。基于这一理由,制度对旅游业发展会产生实质性的影响,将制度作为解释变量引入生产函数才能更完善地进行我国旅游业发展的分析。

实际上,改革开放以来,我国旅游业的发展是在特定的制度环境下进行的,制度变迁构成了我国旅游业发展的可能性空间。制度经济学的研究认为,制度是经济增长的根本原因,认为只有实施有效制度,经济才能实现可持续增长。并且,在实际的发展序列中,制度(尤其是政治制度和产权制度)先于经济发展并决定经济增长。尤其是,20 世纪 80 年代末 90 年代初,我国人均 GDP 获得了"爆发性"的快速增长,促使我国居民旅游需求开始显现。

因此,鉴于制度对经济增长的正向促进作用以及制度变迁与经济发展(以人均 GDP 衡量)之间的对应性,可以用制度变量来替代和表示我国经济发展水平,这也构成了我国旅游业发展的制度空间的重要组成部分。

根据上述分析,构建我国旅游业 Cobb-Douglass 式的发展框架:

$$y = A\,(brdth)^{\alpha}\,(prod)^{\beta}$$
$$s.t.\,ins \leqslant I$$
$$0 < \alpha, \beta < 1 \tag{11-1}$$

其中,本讲以 $brdth$ 表示我国旅游业宽度水平,$prod$ 表示我国旅游产品线扩展程度。

为了分析的方便,本讲假设,我国旅游业宽度和产品线扩展程度共同决定了我国旅游业发展水平,α、β 分别为旅游业宽度和产品线扩展对我国旅游业发展水平影响的边际贡献率,且在同一旅游发展水平上,二者存在固定的替代弹性。A 为效率参数,是一个用于表征技术水平的指标,反映了旅游业宽度和产品线扩展之间的协调效能。

该函数的一些主要特性是:① 它是 $(\alpha+\beta)$ 次齐次函数。② 在 $(\alpha+\beta)$ 等于 1 的特定情况下,它是线性齐次函数。③ 对于正的 *brdth* 和 *prod* 值,发展水平线是一条斜率,处处为负的严格凸曲线,且处处可微。④ 对于正的 *brdth* 和 *prod*,它是严格拟凹的。制度条件 inst 构成了我国旅游业发展的约束性条件。本讲将基于式(11-1)对我国旅游业发展的逻辑和路径进行分析。

11.2 传统环境下"嵌入式"发展

就改革开放以来,我国旅游业发展的阶段性表征来看,1992 年是划分我国旅游业发展阶段的一个合适时间点。以 1992 年为界,可以把我国旅游业分成明显的两个阶段,1992 前为稳步发展期,此后为快速增长期。

我国旅游业发展是在一个富有中国特色的政治经济背景下展开的,其发展过程必然带有与中国的政治、经济、社会、文化发展阶段相关的中国特色。而从我国改革开放的实践来看,1992 年之前主要是以改革为主线,改革的思路是在计划经济体制内部引入市场机制,以提高原体制的活力。1992 年之后,开始实施以建立市场经济体制为主的经济制度转型,这为我国旅游业发展提供了良好的制度环境,并形成了有利于我国旅游业发展的"适宜的制度"。而"旅游业宽度"的拓宽以及"旅游产品线扩展"则构成了我国旅游业发展的两个重要维度,由此,我国旅游业在"适宜的制度—旅游业宽度—产品线扩展"三个变量所构成的"最优化空间"中实现了新的发展。

鉴于此,根据式(11-1),本讲构造图 11-1 来表示我国旅游业发展的"最优化空间"

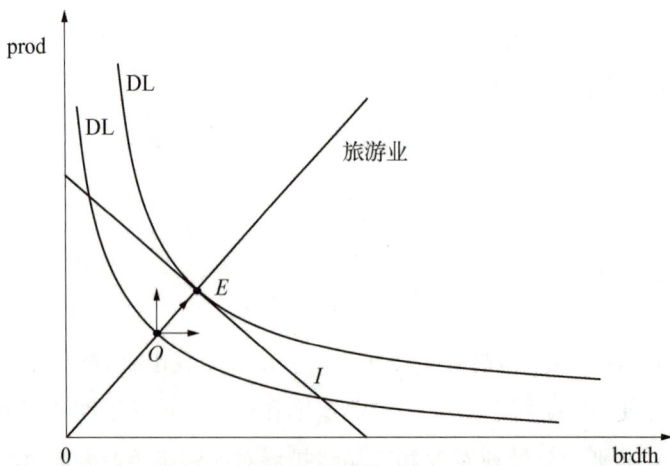

图 11-1 我国旅游业发展的最优化空间

并分析描述我国旅游业发展的路径。如图 11 - 1 所示,曲线 I 表示我国旅游业发展的制度约束空间,横轴表示我国旅游业宽度($brdth$),纵轴表示我国市旅游产品线扩展水平($prod$),曲线(Development Line,DL)表示特定旅游业宽度和旅游产品线扩展程度组合下的我国旅游业发展水平,距离原点越远,表明我国旅游业发展水平越高。当曲线 DL 和 I 相切时,我国旅游业达到既定制度空间约束下的最优化发展水平(点 E)。

11.2.1　历史起点

严格地说,20 世纪 70 年代以前,我国没有完整意义上的现代旅游业。改革开放政策实施之后,特别是邓小平同志提出要发展中国旅游业之后,我国的现代旅游业才开始有了规模化的发展。1978 年,是我国改革开放政策实施的开始,这为我国旅游业的发展创造了条件。如果做一个高度的概括的话,我国旅游业改革开放的历史起点具有如下方面的重要特征。

第一,政府主导下的入境旅游为主。20 世纪 70 年代初,随着中国外交关系、国际交往的突破性进展,我国旅游业作为整个外事工作的一部分,积极开展一些专业方面的、对口人员之间的交流和友好活动,并推进了接待、导游、服务和收费等旅游业务的规范化建设。

第二,旅游产业体系残缺,企业微观基础和旅游产品市场体系不健全。1978 年,处于初创时期的我国旅游业,自身的产业体系不健全。首先,在旅游管理体制上,基本上还没有脱离计划经济的基本框架,独立自主经营的旅游企业微观基础尚不具备。其次,我国旅游业服务设施严重不足,既谈不上规模,结构也相当单一。交通、能源、邮电、通讯、环卫、城建和社会服务等基础旅游设施以及旅游专用交通与交通工具、旅游食宿和体育与娱乐等基本设施均供给不足。再次,我国旅游业产品开发呈现出浅层次化,旅游产品的设计思路单调,类型单一,旅游者与旅游产品之间的关系是单向参观式的信息传递,产品的增殖能力很有限。

第三,从社会意义上说,旅游仅是居民的偶然行为。1978 年之前,在当时的政治环境下,我国虽然存在中国国际旅行社等旅游机构,但是只能接待回家探亲的华侨、外籍华人、港澳同胞、台湾同胞以及外宾等,呈现出一种独特而"单线条"的发展方式。从社会意义上而言,虽然我国市民的旅游行为已经出现,但是,市民参与旅游的频率很低,旅游还没有从市民偶然性的事件消费发展成为一种经常性的日常消费。[①]

总体而言,1978 年,处于初创时期的我国旅游业,自身的产业体系不健全。在旅游管理体制上政企不分,独立自主经营的旅游企业微观基础尚不具备,其管理和经营依然囿于计划经济的基本制度框架和管理方法。并且,我国旅游业服务设施严重不足,交通、能源、

---

① 1978 年 11 月 30 日,50 位上海居民乘坐一辆公共汽车,"悄悄"来到了苏州,成为"文革"之后上海出游的第一个团队。

邮电、通信、环卫、城建和社会服务等基础旅游设施以及旅游专用交通与交通工具、旅游食宿和体育与娱乐等基本旅游设施均供给不足。此外,我国旅游产品的设计思路单调,类型单一,主要是以自然观光游、名胜古迹游为主产品结构体系。这构成了我国旅游业改革开放的历史起点,而且,在计划经济环境下,我国旅游业(尤其是国内旅游业)被人为限制在一个相当低的水平,所以,我国旅游业发展起点必然地被约束在初始制度 I_0 空间内部(见图 11-2 的中点 O)。[①]

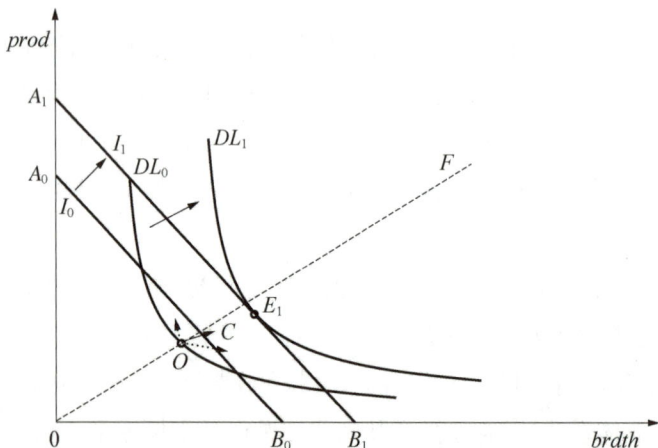

图 11-2　1978—1992 年我国旅游业发展路径

　　就我国改革开放历程来看,市场化和以市场化为导向的经济体制改革对我国经济具有决定性的影响。1978 年,我国旅游业得改革开放之先,进入了新的发展时期,制度变迁为我国旅游业发展提供了持续的发展空间,在其后的 14 年间(1978—1992),我国旅游业面临的制度环境不断完善,旅游业宽度不断拓宽,旅游产品线不断扩展丰富,为我国旅游业的持续发展提供了持续的动力。如图 11-2 所示,我国旅游业发展的制度约束曲线 I_0 逐渐向外移动 I_1,旅游业宽度大体沿横轴方向向右拓展,而旅游产品线则大体沿着纵轴方向向上扩展,二者形成的合力逐渐推动着我国旅游业沿着 OC 方向发展,并逐渐逼近最优化的 E_1 点。

　　不过,需要说明的是,如果我国旅游业宽度和产品线扩展均按照均衡的固定速率发展,则二者会按照既定的路径决定我国旅游业的发展轨迹(如图 11-2 中的 OF 射线)。

---

　　①　改革开放之前及初期,我国国际旅游业主要为当时的政治和外交服务,仅仅作为我国政治的"橱窗"对外开放,规模小,以接待、组织外国友好人士参观、访问为主。我国国内旅游业,过去由我国旅行社独家经营,中国国际旅行社 1958 到 1966 年的经营宗旨是配合对有关人士的爱国主义和社会主义教育、改造,组织参观、游览,兼顾回笼货币。"文化大革命"一开始,被砸前停办。1979 年复社时,囿于回收因落实政策而发放的货币资金的观念,接待范围仍然很小,服务对象单一。另一方面,改革开放之初,我国旅游发展存在两种偏见。一是认为旅游活动就是吃喝玩乐、游山玩水,甚至同资产阶级生活方式等同起来;二是认为外贸收入多、油水大,国际旅游则微乎其微,这种重外贸、轻旅游的发展观念制约了我国旅游业的发展。

但是,在我国旅游业发展的不同阶段,受制度①等因素的影响,二者的发展速率并不均衡。由此,我国旅游业的发展轨迹必然会偏离 OF 射线。具体说来,1978—1992 年间,我国旅游业的发展主要以旅游业宽度拓展为主,主要表现为传统旅游"六要素"的完善,旅游产品线的扩展力度则比较弱,主要局限于观光等传统的旅游产品。而 1992—2008 年间,随着市场制度的建立和完善,我国旅游业发展则主要以产品线扩展为主。

11.2.2 "嵌入式"发展

1978—1992 年是我国经济体制改革不断深入的过程,也是我国旅游业在计划经济的体制内萌芽,不断突破计划经济约束,获取更大产业发展空间的过程。这一阶段,是我国旅游业的发育期,在明确了旅游活动的经济功能,初步奠定了我国旅游业发展的基础。实际上,自 1949 年到 1978 年改革开放政策实施之前的时间里,我国旅游被看作是外事活动的一个组成部分,一直是为政治服务,没有真正意义上的经济功能。

随着市场化取向的改革,随着入境旅游的崛起,旅游经济活动日益成为我国社会经济活动中的一部分,旅游产业渐具规模,市场管理体系也逐步成熟。我国旅游业逐渐确立了其产业地位,及时通过管理体制改革和运行机制的转变(如表 11 - 1 文件所示),提出了具体的旅游发展政策,为我国旅游业运行机制初步奠定了制度基础。不过,作为经济体制改革催生的结果,我国旅游业是残缺的、不完全的,无论是管理还是经营上,旅游业发展基本上还没有脱离计划经济的基本框架,呈现出计划经济体制下"嵌入式"发展的模式。

在改革开放的大背景下,旅游的经济功能逐渐被认可,旅游发展的基础设施开始有意识地完善。自 1978 年到 1992 年的 14 年时间里,我国旅游业实现了"旅游是经济产业"的观念突破,旅游业从传统的计划经济的体制中萌芽生长,逐渐以一种独立的产业形态脱颖而出,显示出巨大的发展潜力。虽然在这个时期,我国旅游业本身是残缺的,产业规模的扩大是被动的,尽管管理与经营的方式有了很大的转变,但基本上还是在传统计划经济的框架中运行,新旧体制的摩擦日益显现。然而,我国旅游业在短时期内积累了进一步发展所必需的产业规模,奠定了我国旅游业发展的坚实基础。

表 11 - 1　1978—1992 年我国旅游业主要制度变迁

序号	时间	文件、事件	内　　容	备　注
1	1978 年 1 月	全国旅游工作会议	做出"大力开展旅游事业的决定"	

---

①　1978—1992 年间,我国旅游业处于产业初建时期,我国出台了许多促进旅游业基础设施的政策措施,这必然会使得旅游宽度的扩展速度要快于产品线的扩展速度。

续　表

序号	时间	文件、事件	内　　容	备　注
2	1978 年 3 月 至 7 月	关于发展旅游事业的请示报告	对旅游管理体制改革明确了三个方面的意见：一是"将目前的我国旅行游览事业管理局改为直属国务院的管理总局"；二是"各有关省、市、自治区成立旅游局，负责管理各地方的旅游事业"；三是为了统一领导旅游事业，建议成立 17 人的旅游领导小组。1978 年 7 月，国务院成立了由副总理亲自挂帅、相关部门加入的旅游领导小组，开始建立各省级旅游管理机构，将旅游局变为国务院直属局	
3	1979 年 1 月 至 7 月	邓小平对加快旅游业发展多次做出重要指示	"旅游事业大有文章可做，要突出地搞，加快地搞"，"搞旅游要把旅馆盖起来。下决心要快，第一批可以找侨资、外资，然后自己发展"	《旅游事业大有文章可做》等讲话
4	1982 年	中国旅行游览事业管理局与中国国际旅行社正式分开	局、社分开以后，国家旅行游览事业管理局正式更名为国家旅游局，国家旅游局为独立国务院行政管理机构，实施对全国旅游事业的领导和管理。结束了自 1964 年以来长达 18 年的局、社合一的格局，为在全国范围内实行政企分开，加快旅游业向经济产业转化的步伐，为实现行业市场化管理创造了必要的前提条件	政企分开，旅游业向经济产业转化
5	1984 年 7 月	关于开创旅游工作新局面几个问题的报告	提出"加快旅游基础设施建设，要采取国家、地方、部门、集体、个人一起上，自力更生和利用外资一起上的方针"	吹响了我国旅游管理体制改革的号角
6	1985 年 1 月	关于当前旅游体制改革几个问题的报告	将旅游业的发展方针进一步明确为四个转变，即"从过去主要搞旅游接待转变为开发、建设旅游资源与接待并举；从只抓国际旅游转变为国际旅游、国内旅游一起抓；从以国家投资为主体建设旅游基础设施转变为国家、地方、部门、集体、个人一起上，自力更生与利用外资一起上；旅游经营单位要由事业单位转为企业化经营"	
7	1985 年 5 月	旅行社管理暂行条例#		为规范旅游市场奠定了基础
8	1986 年 4 月	国民经济和社会发展第七个五年计划	"要大力发展旅游业，增加外汇收入，促进各国人民之间的友好往来。"将我国列为全国优先发展的 7 个重点旅游省市和地区之一	第一次正式将旅游业列入国家计划
9	1988 年 6 月	旅行社管理暂行条例实施办法	详细规定了各类旅行社应当具备的条件、经营范围、审批程序和管理办法	为规范旅游市场奠定了基础
10	1988 年 8 月	中华人民共和国评定旅游涉外饭店星级的规定	决定在全国旅游涉外饭店中施行星级评定制度	使饭店业迈出了行业标准化管理的第一步

注：1. 限于篇幅，此处仅列出部分重要文件。2. "#"《旅行社管理暂行条例实施办法》于 1988 年 6 月 1 日颁布。

　　就我国旅游业发展的制度空间而言,在产业地位确立的前提下(见表 11‑1),我国出台了一系列旅游法规和管理条例,旅游行业管理按照"宏观加强管理、微观放开搞活"的路径开始逐步脱离计划经济的模式向规范化迈进,由此建立的市场化的经济调控体系保证了我国旅游业作为一个独立经济产业的社会地位,创造了有利于旅游业高速发展的基本政策环境。同时,我国旅游行政管理体制的历史性变革,标志着我国旅游业已从承担国家接待任务的事业向为国民经济组成部分的经济产业转化,而体制的改变表明了我国对这一活动性质认识的改变,重新确定了我国旅游业的历史地位,制度约束线 I_0 逐渐扩展至 I_1(见图 11‑2),为我国旅游业发展提供了必要的制度支持和空间。

　　实际上,制度不仅直接作用于我国旅游业发展,而且还通过影响我国旅游业宽度、产品线扩展及其二者之间的配置效率(A)来促进我国旅游业发展。制度变迁是 1978—1992 年间我国旅游业发展的最主要动力,而随着我国旅游业制度空间的扩展,我国旅游业宽度和产品线扩展在更为实际的意义上成为决定我国旅游业发展水平的技术性因素。

　　就我国旅游业宽度而言,1978 年以来,我国改革开放政策的实施为我国旅游业的发展创造了基本的制度条件和制度空间。在此大背景下,我国旅游业的经济功能逐渐被认可,我国旅游业宽度不断拓展,旅游发展的基础设施开始有意识地得以完善,食、住、行、游、购、娱等六大要素基本形成。并且,随着接待能力的不断提高,我国旅游市场的规模不断扩大,这成为我国旅游业的第一个高速发展期。

　　就我国旅游产品线扩展而言,改革开放初期,我国仅有"长城、兵马俑、桂林山水"等有限的传统旅游产品。改革开放以来,我国旅游产品线不断扩展,适应来我国的外国旅游者进行多种专业考察、交流的愿望,创了科技、教育、民俗旅游,民族饮食文化旅游等多种特色旅游项目。我国一些地区在积极开发本地区人文、历史、自然资源的基础上,进一步开辟了地区性的各有特色的旅游项目,构成了我国多元化的旅游产品体系。

　　不过,1978—1992 年间,我国旅游业发展主要以产业宽度的扩展为主,这主要表现在我国旅游基本产业结构框架的构建和旅游基础设施的完善,而旅游产品线则主要表现为基于传统产品类型的简单扩展,扩展程度较弱,由此,我国旅游业宽度拓展成为该阶段推动我国旅游业发展的关键性动力。

　　如图 11‑2 所示,我国旅游业发展水平曲线 DL_0 在扩展的制度空间内逐渐由 O 点开始,沿着旅游业宽度拓展和旅游产品线扩展合力所决定的 OC 方向向均衡点 E_1 移动,并逐渐从传统的计划经济体制中以一种独立的产业形态脱颖而出,显示出巨大的发展潜力。

11.3　市场经济环境下"产业推动型"发展

　　1992 年在中国改革开放历史上是关键的一年,此后,我国进入了社会主义市场经济体制的构建阶段。这年春天,邓小平同志发表了一系列重要讲话(即"南方谈话"),对抓住机遇,加速发展的问题发表了精辟的见解,深刻回答了长期束缚人的思想的许多重大认识问题,对深化改革、建立社会主义市场经济体制有重大意义。同年,中共"十四大"正式确立了中国经济体制改革的目标是建立社会主义市场经济体制,使中国的改革开放再次进入了快车道(如表 11-1)。

在邓小平视察南方重要讲话和党的"十四大"精神鼓舞下,我国旅游业进入了产业成长期,在新的维度上获得了进一步发展,初步形成了国内旅游、入境旅游、出境旅游三大市场。随着旅游饭店建设的进一步加快,以及交通、游览、购物、娱乐、信息通信设施的建设,我国旅游要素设施供给状况明显改善,产业经济的特征日渐明显,产业规模基本形成,产业功能获得较好的发挥,成长出一批具有相当竞争力的旅游企业。随着促进行业健康发展的政策措施以及加强行业管理的法令法规不断出台,我国旅游业市场经济的框架体系大致形成,旅游政府主管部门逐步建立了一套适合转型期中国国情的管理体制。同时,伴随市场和产业的发展,旅游科学研究也在各社科研究机构、高等院校和企事业单位的科研部门中展开。我国旅游业不仅成为国民经济的支柱产业,还成为我国国民经济各产业中发展速度最快的产业之一和市场经济发育较为成熟的产业之一。

11.3.1 产业经济体系

在这一阶段,我国对旅游业的定位及实践,极大地促进了我国旅游业的发展,旅游业在我国社会经济发展中的地位空前提高,成为我国经济发展的增长点,我国旅游业获得了跨世纪发展的政策空间。同时,我国各级旅游管理机构逐步建立,行业管理从上至下形成了比较完整的系统。并且,随着促进行业健康发展的政策措施以及加强行业管理的法令法规不断出台,我国旅游业市场经济的框架体系大致形成,旅游业市场准入障碍基本扫除,行业内的多种所有制形式日益普遍化,市场规则逐步形成。由此,我国旅游业发展的制度约束空间获得空前扩张,大幅度外推至 I_2(见图 11-3),并探索出了一些具有成效的发展旅游业的阶段性模式。我国旅游业发展在更大程度上表现为产业内部的结构调整和产业素质的提高,市场经济规则性制度环境下的"产业推动型"旅游发展模式逐渐形成。

表 11-2　1992 年以来我国旅游业主要制度变迁

序号	时间	文件、事件	内　　容	备　注
1	1992 年 1 月	邓小平南方谈话	明确回答了困扰和束缚人们思想的许多重大理论、认识问题	
2	1992 年 10 月	中共十四大	确定了中国经济体制改革的目标是建立社会主义市场经济体制	把改革开放推进到建立社会主义市场经济体制的新阶段

序号	时间	文件、事件	内　　容	备　注
3	1992 年 6 月	关于加快发展第三产业的决定	明确旅游业是第三产业的重点之一	
4	1993 年 11 月	关于积极发展国内旅游的意见	明确提出要将国内旅游业纳入国民经济和社会发展计划,逐步建立统一开放、有序竞争的国内旅游市场,努力发展大众旅游服务产品,提高国内旅游业的水平,努力提高质量,维护旅游者权益。同时提出,旅游行政管理部门要会同有关部门逐步建立国内旅游业的行、游、住、吃、购、娱各个方面的服务质量标准,加强旅游职业道德教育,提高旅游从业人员素质	标志着国内旅游业正式纳入旅游行业管理的范围,国内旅游在中国开始扮演重要的角色
5	1996 年 10 月	旅行社管理条例	对各类旅行社实行年度检查制度	
6	1995 年 1 月	旅行社质量保证金暂行规定	加强对旅行社服务质量的监督和管理,保护旅游者的合法权益,保证旅行社规范经营,维护我国旅游业的声誉	根据《中华人民共和国消费者权益保护法》《中华人民共和国反不正当竞争法》和《旅行社管理暂行条例》的有关规定,按照旅行社的经营特点,参照国际惯例,经国务院批准,对旅行社实行质量保证金制度
7	1998 年 12 月	中央经济工作会议	旅游业被确定为国民经济新的增长点之一	
8	2007 年 5 月	关于全面推进长三角地区旅游合作的若干意见	确定了长三角旅游合作的发展目标	形成了联席会议的工作机制
9	2009 年	国务院关于加快发展旅游业的意见(国发〔2009〕41 号)	旅游业是战略性产业,资源消耗低,带动系数大,就业机会多,综合效益好。改革开放以来,我国旅游业快速发展,产业规模不断扩大,产业体系日趋完善。当前我国正处于工业化、城镇化快速发展时期,日益增长的大众化、多样化消费需求为旅游业发展提供了新的机遇	被社会各界一致认为是一个具有里程碑意义的重要文件,是我国改革开放以来发展旅游业以实践总结和全行业智慧的结晶,也是推动未来以发展新格局的标志性的新起点
10	2014 年 8 月	国务院关于促进旅游业改革发展的若干意见(国发〔2014〕31 号)	旅游业是现代服务业的重要组成部分,带动作用大;加快旅游业改革发展是适应人民群众消费升级和产业结构调整的必然要求,对于扩就业、增收入,推动中西部发展和贫困地区脱贫致富,促进经济平稳增长和生态环境改善意义重大,对于提高人民生活质量、培育和践行社会主义核心价值观也具有重要作用	

注: 限于篇幅,此处仅列出部分重要文件。

在大为放松的制度约束条件下,我国旅游业宽度获得进一步拓展。这一方面表现为我国旅游业基础设施获得了快速发展的制度空间和支持,我国旅游业传统"六要素"获得进一步完善。尤其是,随着旅游景点的开发建设,新宾馆、饭店的建造,一大批特色旅游项目的兴办,多元化旅游购物中心的开设,形成了旅行社、宾馆、餐厅、商店、车队相配套的比较完整的体系。随着旅游饭店建设的进一步加快以及交通、游览、购物、娱乐、信息通信设施的建设,我国旅游要素设施供给状况明显改善,产业经济的特征日渐明显,产业规模基本形成。另一方面,我国旅游业逐渐向国民经济其他行业扩展,与其他不同行业之间实现了融合发展,拓展了我国旅游业发展的内涵,带动了文化、体育、工业、农业、科教等相关产业的发展,形成了多元融合的旅游业结构,涌现了工业旅游、农业旅游、文化体育旅游、科技旅游、商务旅游、会展旅游、公务旅游、节庆旅游、拓展培训旅游和旅游咨询、旅游规划与策划、旅游信息服务等新兴融合业态,巩固、提升了我国旅游业发展的内涵和地位。

既定制度环境下,产业宽度的拓展构筑了我国旅游业发展的框架性结构,而产品线扩展则在发展深度上推动着我国旅游业的发展,并成为市场经济规则性制度环境的"产业推动型"旅游发展模式下的主要推动力。尤其是,针对我国旅游业发展的要素结构,出台了系统完善的政策体系,推动了产业融合发展,推进了乡村旅游、红色旅游和节庆赛事旅游等产品的深度开发。

如图 11-3 所示,1992 年以后,我国旅游业发展的主要动力在于产品线的扩展。在这样一种动力结构下,我国旅游业发展曲线 DL_1 逐渐按旅游业宽度和产品线扩展合力所决定的 OG 方向移向下一个均衡点 E_2,我国旅游业在更高产品线扩展水平上的获得发展。而进一步连接我国旅游业发展各阶段的均衡点 O、E_1 和 E_2,可以描绘出改革开放以来,我国旅游业发展的轨迹 OH。而从我国旅游业发展轨迹形状来看,OH 凸向原点,这也显示了改革开放以来我国旅游业的实际发展路径。

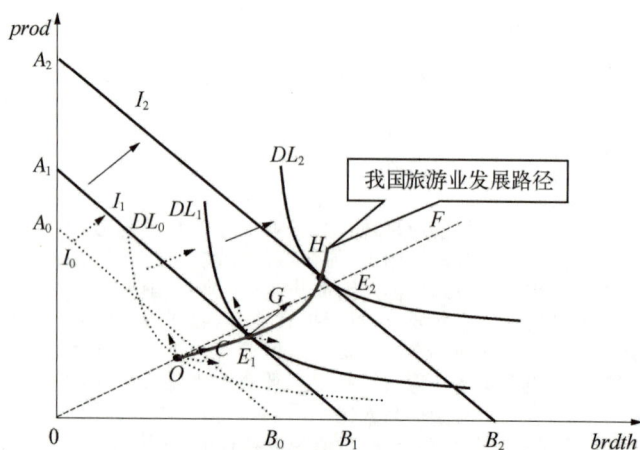

图 11-3　1992 年以来我国旅游业发展路径轨迹

11.3.2　发展的三角

历史证明,市场化是我国旅游业发展的前提,也是我国旅游业进一步发展的必要保证。经过改革开放以的发展,我国旅游业已经形成了一定规模,逐渐进入了常规发展的轨道,政府和业界都积累了一定的经验,政府与旅游业之间的关系得以理顺,规则性制度环境的"产业推动型"的旅游发展模式逐渐显现。

总体而言,在实践上,我国旅游业发展道路是一条颇具中国特色的市场化道路。从时间的动态演进意义上说,我国旅游业发展体现出制度、旅游业宽度、产品线之间的互动过程,这也构成了我国旅游业的"发展三角"(见图 11-4)。在我国旅游业改革开放的第一个阶段,市场化导向的经济政策促进了我国旅游业的初步发展,旅游业宽度拓展成为我国旅游业发展框架性结构构建过程中的主要动力。而在我国旅游业改革开放的第二阶段,在产业规模初具、市场体系逐渐完备的条件下,我国旅游产品线创新与扩展则在更为实际的纵深层面上推动了我国旅游业的发展,丰富了我国旅游业的内涵,提升了我国旅游业的发展绩效及综合竞争力表现,由此,我国旅游业站在了改革开放"新的历史起点"上。

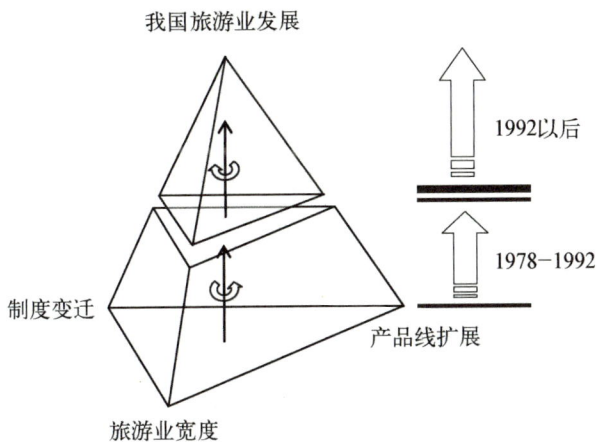

图 11-4　我国旅游业的"发展三角"

市场化和开放型改革是我国旅游业改革开放以发展的主要动力源泉之一,国务院《关于加快发展旅游业的意见》等政策的出台为我国旅游业发展提供了现实的机遇,我国旅游业在国际国内市场开发、产业体系建设、体制机制创新各个方面都实现了明显突破。在新的制度框架下,我国旅游业应顺应国内外旅游业发展趋势,在旅游业宽度方面,完善产业体系,拓展国内外市场,促进区域联动。在产品线深度等方面,整合社会资源,加快产业融合,创新旅游产品,健全和完善旅游产业和产品体系,实现旅游业的可持续、健康发展。

第五篇
旅 游 聚 集

空间聚集不仅是普遍性的经济现象,而且是旅游业发展的新维度。本篇在探讨旅游产业聚集测度方法的基础上,研究了旅游产业聚集的专业化和多样化效应,分析了空间集聚和旅游业发展间相互影响的内生化过程,结合旅游业特点对产业聚集理论及相关观点进行了拓展研究。

本篇主要讨论如下内容:
- ➤ 产业聚集
- ➤ 聚集测度
- ➤ MAR 外部性
- ➤ Jacobs 外部性
- ➤ 空间相关
- ➤ 市场潜能
- ➤ 聚集密度

第 12 讲　什么是聚集？

作为产业优化配置的一种表现，产业空间聚集已成为一种世界性的经济现象。从动态演化角度来看，旅游业聚集展示出旅游业发展的新维度。尤其是，旅游业聚集带来的外部性经济效应的不断自我积累和强化促使聚集效应不断增强，形成了基于产业聚集的系统性的可持续发展能力。在旅游业市场竞争日趋激烈的形势下，如何提升旅游业的发展能力是亟待解决的问题，而产业聚集所表现出来的较强持续发展能力构成了此类问题研究的突破口。

12.1　产业聚集

12.1.1　什么是产业聚集？

所谓产业聚集(Industrial Agglomeration)是指相同的产业高度集中于某个特定地区的一种产业成长现象。1990 年，波特(Porter,1990)[①]正式提出产业聚集这一概念，在 *The competitiveness Advantage of Nations* 一书中，指出存在"利用较小范围的产业和产业环境的占有率堆砌更大的产业聚集"的可能。后来，他在《簇群与新竞争经济学》[②]一文中解释到："簇群是指在某一特定领域内互相联系的、在地理位置上集中的公司和机构的集合。簇群包括一批对竞争起重要作用的、相互联系的产业和其他实体。"由波特(Porter,2002)[③]的定义可知，产业聚集是在某一特定领域中，在地理位置上集中的、有关联性的企业、与企业相关的产业实体以及相关的机构的集合，这些集合同时具有竞争和合作的关系，这种经济聚集现象称为产业聚集。

一直以来，产业聚集研究是学术界关注的热点问题，其在制造业和高新技术产业中应用所取得的瞩目成果吸引研究者把眼光投入到更广泛的领域。随着对于产业聚集理论研究的深入和实践的拓展，产业聚集理论也逐渐应用到了旅游业和区域旅游经济的研究和实践中，国外学者和旅游目的地管理部门已就旅游产业聚集的理论和实践进行了诸多

---

①　Porter M E. *The competitiveness Advantage of Nations*[M]. New York：Free press.1990.

②　波特(Porter M E). 簇群与新竞争经济学[J]. 经济社会体制比较,2002,(2)：21-31.

③　波特(Porter M E). 簇群与新竞争经济学[J]. 经济社会体制比较,2002,(2)：21-31.

探索。

就国内旅游研究而言,我国旅游业的快速发展对旅游研究提出了更大的挑战,而旅游业本身作为一个复杂的、综合性产业使得对其发展的规律探索和理论构建都存在着较大的困难,多学科理论的引入、多角度探讨、多视野研究对于旅游理论的逐步完善非常重要,而基于提高产业和区域竞争优势的产业聚集理论在旅游业中的应用不仅丰富了旅游学理论,而且提升了区域旅游业竞争力的研究维度。且在旅游实践中,旅游业自身网络性、信息性、连贯性和综合性的特点,促使旅游产业的空间聚集自然而然地得以形成,吸引有关研究者把目光纷纷投到旅游业。①

从动态演化角度来看,旅游产业聚集展示出旅游业发展的潜力,②即旅游产业聚集带来的外部经济的不断自我积累和强化促使聚集效应不断增强,形成了基于产业聚集的系统性的可持续发展能力,并逐渐表现为旅游业的经济绩效和现实竞争力。无疑,不同地区旅游业竞争优势的基础在于产业内部特异的、难以模仿的资源和能力,而能力是竞争力过程的反映,表现在旅游业发展的路径和业务流程中。能力包括静态能力和动态能力两种类型。静态能力是对资源的利用能力,表现为现实的旅游业发展绩效;而动态能力则主要包括资源获取能力、资源配置能力和资源整合能力,表现为旅游业潜在发展维度。因此,旅游产业聚集是在充分肯定资源价值的基础上,使相关聚集企业能有选择地获取和吸收集群内的资源以形成自身要素沉淀,并创造性地应用、整合到自身的产品和服务中去,优化组合和配置现有的资源并推向市场,形成自身独特竞争优势的能力。

12.1.2　旅游产业聚集

随着产业聚集成为一种世界性的经济现象,相关研究在制造业和高新技术等产业中取得了令人瞩目成果,研究者也逐渐把眼光投到更广泛的领域,产业聚集理论逐渐被应用到旅游业的研究和实践中。但是,对于旅游业聚集的概念,目前争议比较激烈。从聚集的观点来看,最关键的核心就是"聚集"和"关联"。尤其是,在某一特定区域内为旅游者提供上中下游各项服务的各种旅游企业,围绕核心吸引物及旅游需求产生了空间聚集现象。从这个意义上说,旅游业是存在聚集的,且有关学者对于大量旅游中小企业之间"相关联"、"聚集"、"企业合作"等方面也基本达成了一致的认识。

---

① 也有研究者指出,目前国际上关于产业聚集现象的研究对象多为制造业及其细分行业,而不包括农业、采矿业、电力和水的生产供应业和服务业,其原因在于制造业部门的各产业既是主要贸易产品部门,又是所谓的"松脚(foot loose)"产业,因此,大部分产业转移与聚集发生在制造业部门中;农业与采矿业高度依赖于本地的自然资源和自然条件,基本上无法实现产业的跨区域流动;而电力及水的生产供应业和服务业则高度依赖于本地的需求情况,且提供的产品大部分是非贸易产品。但是,随着经济发展,产业聚集的现象已不再局限于工业,有向第三产业扩展的趋势。美国纽约华尔街的金融业、拉斯维加斯的娱乐业等都是典型的第三产业聚集现象,并且,旅游业的综合性、连贯性等特色使得聚集现象必然会发生在旅游业领域。

② 所谓旅游业发展潜力,是指潜在的、在一定条件下能发挥出来并能促进旅游业持续发展的能力。

在国外,由于旅游业聚集边界识别的困难,旅游业聚集研究基本处于探索阶段。不过,有关研究者就旅游业聚集现象的客观存在性及相关问题进行了深入的研究,Porter(1998)[①]提出,"旅游业是聚集效应最明显,最适合聚集化发展的行业之一"。Ellison 和 Glaeser(1999)[②]通过对美国产业聚集的实证分析,认为旅游业是凭借自然优势实现企业聚集的产业之一。McRae-Williams(2004)[③]则以澳大利亚 3 个地区为例研究并深入分析了葡萄酒和旅游集群之间的交互作用。其研究表明,地区葡萄酒和旅游业集群的互补能为在区域内增强葡萄酒旅游提供一种方法。Jackson 和 Murphy(2006)[④]的研究则较为深入,他们通过对澳大利亚 4 个地区旅游业的研究证实产业聚集理论适用于分析旅游业。Jackson(2006)[⑤]进一步对中国东部和西部地区国际旅游业进行了研究,认为虽然两个地区条件不同,但波特的竞争优势模型是一个适用于中国旅游业发展的理想模型,而微观领域旅游企业间微弱的合作是旅游聚集发展的主要障碍。

由于长期以来,人们一直无法沿用传统的"产业"概念对旅游业及其业态进行界定,国内对于旅游业聚集的研究开始的比较晚,而聚集概念在某种程度上有助于解决这个难题,所以,近年来旅游业聚集这一概念也受到了国内旅游学界的关注,并开展了相关的研究。

在理论方面,有关研究者从不同角度定义了"旅游业聚集"和"旅游企业聚集",尹贻梅等(2004)[⑥]较早地从区域聚集的角度对旅游聚集进行了定义,认为:

> "旅游企业集群可定义为:聚集在一定地域空间的旅游核心吸引物、旅游企业及旅游相关企业和部门,为了共同的目标,建立起紧密的联系,协同工作,提高其竞争力。旅游企业集群包括旅游吸引物、提供完成旅游活动必不可少的服务的部门以及为旅游活动提供支持辅助的企业与部门。旅游集群不是从地理角度来定义的,它更多地关注特定市场和活动的经济联系,集群可以跨越地理和行政界线,依赖于价值链上所有参与者共同努力,形成某种'一揽子旅游产品'。通过联合向旅游者提供高质量的旅游经历,能提高效率,从而增强整个旅游地的竞争力和竞争优势。"

随后,研究者们对旅游业聚集存在的条件及效应进行了探讨,肯定了旅游聚集现象的存在。对旅游业聚集的概念、特征、类型和形成机理进行了初步界定,区分了旅游业聚集

① Porter M E. On Competition[M]. Boston：Harvard Business School Press，1998.

② Ellison G, Glaeser EL. Geographic concentration in U.S. manufacturing industries：A dartboard approach[J]. Journal of Political Economy，1997,105(5)：889 - 927.

③ McRae-Williams P J. Wine and tourism：Cluster complementarity and regional development[J]. New Zealand Tourism and Hospitality Research Conference，Wellington，2004.

④ Jackson J, Murphy P. Clusters in regional tourism：An Australian case[J]. Annals of Tourism Research，2006,33(4)：1018 - 1035.

⑤ Jackson J. Developing regional tourism in China：The potential for activating business clusters in a socialist market economy[J]. Tourism Management. 2006,27：695 - 706.

⑥ 尹贻梅,陆玉麒,刘志高. 旅游企业集群：提升目的地竞争力新的战略模式[J]. 福建论坛,2004,(8)：22 - 25.

可能存在的网络结构与市场结构,探讨了旅游企业聚集形成的条件、发展模式和生命周期以及旅游业可持续发展路径,并绘制出了产业聚集的网络结构和空间布局关系图。此外,还有研究者指出,旅游聚集是以旅行社为核心的网状结构,应当从主业价值链的角度去形成联合体,形成旅游产业聚集。

在实证方面,研究者们分别以大九寨国际旅游区、香格里拉和武陵山区等为例,描绘了区域旅游业聚集的构成图或空间分布图。普遍认为,旅游业聚集是提升旅游业发展水平和竞争力的一种新的战略模式。尤其是旅游业生态聚集,是适应旅游业生态化发展要求的最优空间布局模式,需要从聚集组织体系的构建和生态持续力的培植两方面,培育旅游业生态聚集体。

总体而言,关于旅游业聚集的研究,国外的研究较成熟,国内相关研究还处于初级探索阶段。首先,大部分文献只是指出了旅游企业在目的地的空间聚集现象,但并未揭示出企业间的关联关系。其次,在旅游聚集的核心企业划分上存在景区与旅行社的主观争议。第三,缺乏对目的地聚集化程度、聚集成员与形态、聚集机制的研究,直至目前,这些研究在旅游业聚集该如何界定、聚集核心产业是什么等问题上还存在较多争议,也未能深入到聚集的构成、形态与发展的动力机制层面。第四,对旅游聚集边界的划分,局限于与旅游者直接相关的部门,而事实上大多数聚集成员并不直接形成竞争,而是为旅游产业的不同部门服务。

作为客观上存在产业联系紧密、聚集特征明显的旅游业能否形成聚集也成为最近两年旅游学界和区域经济学界关注的热点问题。尤其是,随着产业聚集的研究在2000年以后开始进入旅游学界的研究视野,旅游业聚集的相关研究层出不穷。从国外旅游学者的案例和实证分析以及很多旅游目的地政府的报告中可以看出:在旅游业发达、旅游发展历史较长的地区的确出现了明显的旅游业聚集现象。用聚集理论对这种现象进行进一步的分析和研究,将有利于旅游目的地可持续发展和旅游经济的持续增长,对区域的旅游经济会起到极大的推动作用。

12.2 聚集的作用

在实际的经济发展过程中,无论是发达国家还是发展中国家,具有竞争优势的产业大都集中在某些特定的地区,因此,产业聚集是逐渐提升区域旅游业发展水平的一条有效途径。实际上,旅游业聚集是在充分肯定资源价值的基础上,使相关聚集企业能有选择地获取和吸收集群内的资源以形成自身要素沉淀,并创造性地应用、整合到自身的产品和服务中去,优化组合和配置现有的资源并推向市场,形成自身独特竞争优势的能力。在旅游业内部互动性动力结构的形成过程中,旅游产业聚集无疑成为关键的载体。根据"基于资源的企业理论"(RBV)与"结构—行为—绩效"(SCP)的理论分析,产业聚集所形成的发展优势,不仅来源于特定的资源和能力,而且来源于资源禀赋及集群对于资源的整合能力,由此,聚集作为一种中间组织形式构成了新的旅游业发展载体。

12.2.1 理论分析函数

就旅游业发展而言,旅游目的地所具有的一系列有形和无形的资源性要素构成了旅游业发展的内在基础,由此所产生的一系列外化的产能和综合效能(比如市场营利能力、市场占有率等)则构成了旅游业发展的绩效表现,而旅游企业作为旅游目的地发展过程中的重要微观载体,其所表现出来的产业聚集结构和相关行为则成为旅游目的地竞争力内在基础和现实表现之间的重要过渡性机制和纽带(见图 12-1)。

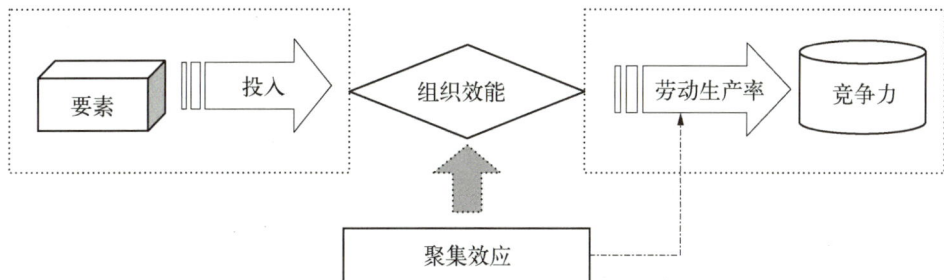

图 12-1 旅游目的地竞争力形成过程

实际上,旅游业聚集效应构成了影响中国旅游业发展区域差异的重要内在技术性机制,且在更为现实和长远的视角上决定了中国不同区域旅游业发展的潜力,动态地影响着中国旅游业发展的差异,有关研究在旅游业聚集分析上的缺乏造成了中国旅游业发展研究领域中的薄弱环节,也影响了人们对中国旅游业发展的全面理解。

不过,值得注意的是,在旅游业聚集效应机制发挥作用的过程中,旅游企业依然是一个关键实质性载体,[①]并且,由于旅游业聚集经济效应对于旅游企业而言属于外部因素,所以,旅游业产业聚集的经济效应可由生产函数 $F(\cdot)$ 乘以聚集因子 $g(\cdot)$ 得到,即

$$Y = g(\cdot)F(\cdot) \tag{12-1}$$

---

① 根据哈佛学派所提出的 SCP 理论分析范式,旅游市场结构决定了旅游企业的市场行为,而在一个给定的市场结构下,市场行为又是旅游企业市场绩效的决定因素。产业聚集的典型特征是在某一特定领域中,大量产业联系密切的企业以及相关支持机构在空间上聚集,并形成强劲、持续竞争优势的现象。新产业空间理论将这种空间和地理上的产业集群迅速发展的原因归结为网络式合作中不断产生的创新动力,这些企业之间既竞争又合作,合作的形式不仅有正式的战略联盟,合同契约和投入产出关系,还包括非正式的交流、沟通、接触和面对面的谈话。正是企业之间的这种有效的合作网络,产生了一种内生力,使其综合了市场和科层组织的功能,形成了一个稳定、持续、有序的生态组织,从而在整合力、竞争力、吸引力和影响力等方面具备了市场和各级组织所不能拥有的整体竞争优势。

其中,Y 表示旅游企业的产出;$g(\cdot)$ 将旅游业聚集的经济效应表示为旅游企业生产效率参数转换器的一种方式。$F(\cdot)$ 表示旅游企业生产函数,经常假定规模报酬不变,这是测度旅游业聚集经济效应的一般模式。通常假定式(12-1)的误差项为倍增误差项。

进一步,采用两要素 Cobb-Douglas 生产函数作为分析的起点:

$$Y = g(\cdot)F(K,L) \tag{12-2}$$

其中,Y 为增加值,K 为资本存量,L 为劳动力。在规模报酬不变的假定下,式(12-2)可以改写为密集式生产函数:

$$y = g(\cdot)F(k) \tag{12-3}$$

其中,$y=Y/L$ 为劳动生产率,$k=K/L$ 为劳动资本密度,$g(\cdot)$ 可以用有关的聚集测度指标(比如行业区位商、行业 Hoover 系数、空间基尼系数等)来表示,不过,$g(\cdot)$ 依然是一个表象的衡量,而要深入理解旅游业产业聚集的作用,必须探究旅游业产业聚集的实际作用机制。

12.2.2　聚集与竞争优势

随着关于经济活动的聚集(agglomeration)与经济增长之间的正向促进关系为研究者所重视,[①]而旅游业发展表现为比较好的产业结构以及在旅游业发展过程中所形成的比较有效的产业内部互动性动力结构,在旅游业内部互动性动力结构的形成过程中,旅游业聚集无疑成为关键的载体。

产业聚集现象在世界范围内大量存在,不仅发达国家有,如美国存在着典型的制造业

---

① Martin & Ottaviano(1999)把内生增长与内生的产业区位一体化,分析了经济增长如何影响企业生产场地的选择并进而影响经济活动的空间分布,以及企业生产场地的选择和经济活动的空间分布反过来又是如何影响作为增长源泉的技术进步的。Baldwin & Forslid(2000)将 Romer 的产品革新式增长引入到 Krugman 型中心—周边模型,其中长期增长和产业区位被联合内生决定,产业聚集能促进两地的增长。Martin & Ottaviano(2001)建立模型将 Venables 式垂直联系与含有水平差异产品的 Grossman-Helpman-Romer(G-H-R)型内生增长结合起来,他们证明经济增长与产业聚集是相互加强的过程:一方面,经济活动积聚于一地会激发经济增长,因聚集会透过金钱外部效应(pecuniary externality)(由于交易成本的存在)减少革新的成本(因革新需要耗费制成品的复合品,而制成品在异地间运输需花费运输成本);另一方面,增长促进聚集是因为当作为革新源泉的部门扩大时,新企业倾向于靠近这些部门生产。Yamamoto(2003)虽也假定革新需投入制成品,但与 Martin & Ottaviano(2001)不同,他假定革新开发出中间产品而非最终产品的新种类。Fujita & Thisse(2002)则假定革新需投入高技术劳动(而非制成品)并结合 Krugman 型中心—周边模型与含有水平差异产品的 G-H-R 型内生增长模型证明产业聚集能促进经济增长。(详请参阅 Martin P, Ottaviano G I P. Growing locations: Industry location in a model of endogenous growth[J]. *European Economica Review*, 1999,43(2): 281-302. Baldwin R E, Forslid R. The Core - periphery model and endogenous growth: Stabilizing and destabilizing integration [J]. *Economica*, 2010,67(267): 307-324. Martin P. Growth and agglomeration[J]. *International Economic Review*, 2001,42(4): 947-968. Yamamoto K. Agglomeration and growth with innovation in the intermediate goods sector[J]. *Regional Science & Urban Economics*, 2003,33(3): 335-360. Fujita M., Thisse J F. *Economics of agglomeration: Cities, industrial location, and regional growth* [M]. Cambridge University Press, 2002.)

聚集现象，而且发展中国家也普遍存在着这种产业现象。产业聚集能提高本地区产业与其他地区产业相比的竞争力，已被绝大部分经济学家所认同，甚至是国家产生比较优势的原因。实际上，作为当代经济世界的一个重要现象，产业聚集是已被实践证明了的有效的区域经济组织形式。由于产业聚集具有提高生产效率、促进竞争与创新以及带来外部经济性等优势，使其成为诸多国家发展区域经济时所倚重的重要政策工具。因此，培育地方旅游业聚集，提升目的地旅游业竞争力已经成为区域旅游业发展的一个重要途径。

产业聚集之所以能引起人们的高度关注，关键就在于它具有持续的竞争优势。由于受自然资源、经济发展水平和社会文化等多种因素的影响，不同区域、不同地区旅游业产业聚集的程度很可能大不相同。因此，旅游业产业聚集程度从一个侧面反映了一个区域或国家的旅游业发展实力和潜力。一般来说，当某一产业聚集形成时，不但对产业本身的竞争力有很强的促进作用，而且与该产业相关的最终产品、上游供应商及售后服务等方面国际竞争力都会有不同程度的提升。

20 世纪后期以来，"全球化"与"本地化"是支配世界经济运行的一对矛盾，"全球化"强调的是经济发展过程中全球的链接；而"本地化"强调的则是地区利用自身特点与优势占领全球市场，两者之间的互动与竞合所展现出来的现实张力凸显了"区域尺度"的重要性。而区域核心竞争力又往往表现在具有特色的聚集产业上，因此，区域竞争往往等同于聚集产业之间的竞争。从这样的逻辑出发，区域经济发展的关键便是如何发展区域中的产业聚集。

产业聚集在区域理论和方法上不仅是概念上的创新，更提供了分析区域经济现状和发展趋势的新思路。区域发展与规划的关键之一，就是如何发展区域中的产业聚集，它同时也成为区域应对经济全球化竞争的重要策略。因此，产业聚集已经成为区域竞争优势的基础。

SRI[①] 构架了一个具有竞争优势的产业发展环境整体框架，包括：① 优良的聚集产业；② 良好的经济基础；③ 良好的工作和生活环境。因此，产业聚集是具有竞争优势产业发展环境的基础，将其推广到区域发展，可以认为区域竞争力的关键在于培育有竞争优势和区域特色的产业集群。尤其是，核心产业和其完整的上下游产业所组成的产业聚集，往往具有竞争优势，进而带动区域经济的发展，提升区域竞争优势。因此，促进区域内产业聚集的形成、发展和生产是提升区域竞争力的关键环节。

具体说来，产业聚集的竞争优势可以归纳为成本优势（降低生产成本、提高生产率）、创新优势（创新速度快、创新能力强）、产业吸引力大、扩展能力强等方面。通过这些优势的充分发挥和系统内优势资源的整合，实现了区域竞争力的增强（见表 12 - 1）。

---

① 斯坦福国际咨询研究所（Stanford Research Institute International，SRI）是闻名全球的综合性咨询研究机构，总部设在美国斯坦福大学。

表 12 - 1　产业聚集具有的竞争优势

优　　势	内　　　　　涵
成本优势	上下游产业在地理区位上聚集,形成一个高效的专业化分工系统,使企业获得明显的成本优势(交易成本优势、信息成本优势、外部经济优势)
创新优势	产业聚集区内众多企业的聚集,对区内企业形成有效的竞争压力,迫使企业加快技术创新的步伐,改进产品和服务,推动整个行业的技术进步
扩张优势	聚集因本身具有上下游关联与买卖关系,在规模扩张上会优于单一企业,通过新企业的衍生与成长、产业链的扩张,在短时间内形成巨大的规模,拉动区域经济快速增长

12.2.3　聚集与劳动生产率

中国旅游业发展的地区差异是旅游业发展过程中日益凸显的现实问题。除了各地的区位条件和资本密集程度以外,旅游企业劳动生产率及其技术效率的差异是中国旅游业区域差距的重要原因。实际上,有关中国区域全要素生产率差异的实证研究已经取得了丰硕的成果,造成这种差异的原因被归纳为人力资本、外商直接投资、基础建设、开放程度和带有地区倾向的政策等原因。从网络角度来看,聚集竞争优势的积累过程是一个基于企业网络动态能力发展的过程,企业网络结构属性对于网络动态能力的发展有着重要的影响。一方面,企业网络密度直接有利于聚集效率的提高;另一方面,企业网络对等性在网络动态能力对聚集竞争优势的作用中起到了调节者的作用。

基于对中国旅游企业劳动生产率及其技术效率巨大差异的观察,本讲认为除了一些众所周知的经济因素以外(比如区位因素、旅游业的产业地位、劳动力素质等),日益凸显的产业聚集现象及其对旅游企业劳动生产率和技术效率的影响也不容忽视。旅游业聚集是旅游吸引物及相关要素在一定的地理空间上集中的趋向和过程,产业聚集的发展不仅有助于区域相关旅游业机构的完善和区域旅游经济的发展,而且能提升集群内单个旅游企业的竞争力,从而提升区域旅游业的整体竞争实力,是区域旅游业发展水平提升的有效模式。

现代组织理论认为,产业聚集是创新因素的聚集和竞争能力的放大,能够对产业的竞争优势产生广泛而积极的影响。因此,从世界市场的竞争来看,那些具有国际竞争力的产品,其产业内的企业往往是聚集在一起的。聚集的出现主要源于追求规模经济和范围经济的企业的大量聚集。企业的群聚可以产生相应的企业群落优势,使群聚区域内的个体获得竞争优势,从而促进个体的发展,而这又进一步促进了整个群聚区域的扩展和壮大。聚集经济是把相互关联产品的生产按照一定规模聚集到某一区域来进行,从而使企业获得生产成本或交易费用的节约。由于企业群聚加速了彼此的成长,形成所谓的"绿洲效应"。

产业聚集所带来的优势基础,正是推动产业聚集发展的重要因素。企业在空间地理位置上的临近,使企业能够从较低的运输成本与交易成本中获利,也容易获得大量的熟练的劳动力。而聚集同时也能激发竞争、知识和技术的转移扩散,进而得以促进新产业的衍生,扩大聚集的发展;还可基于企业间的互动,增加创新的产生与扩散等优势。

鉴于此,国外很多旅游目的地的管理部门已经开始了旅游业聚集的实践,而在很多旅游业占重要地位的地区已经把旅游业聚集作为重要发展战略。南非是较早在全国实施"旅游业聚集战略"(tourism cluster initiative)的国家,旅游业聚集战略方案集中于国家聚集、主题聚集和地方聚集等三个水平。由美国国际发展代理机构(USAID)在一些小国家如斯里兰卡等援助建立的"Tourism Cluster",旨在吸纳国家或区域旅游各部门积极参与,强调旅游各部门的联合,共同完成提高旅游竞争力的战略目标(USAID,2005)①。总体说来,旅游业聚集实践的主要目的是,促成企业合作竞争,形成区域战略联盟或虚拟组织,通过实施"旅游业聚集战略",强调旅游业内部的联合和集团,提高旅游目的地的整体竞争优势,实现旅游目的地的快速发展。

---

① USAID. *Creating competitiveness in Sri Lanka*[EB/OL]. http://www.usaid.gov, 2005.

第 13 讲　聚 集 测 度

　　旅游产业聚集研究中一个不可忽视的基本前提是,产业聚集现象在旅游产业中是存在的。一直以来,对于产业聚集的研究和实证都集中于制造业领域,而非制造业领域如文化产业、服务业等是否存在聚集现象、能否用产业聚集理论进行研究一直存在争议,旅游产业边界识别的困难则进一步增加了相关研究的难度。不过,随着相关研究的深入,有关研究者就旅游产业聚集现象的客观存在性及相关问题进行了深入的探讨。

13.1　聚集理论适用性

　　随着产业聚集成为一种世界性的经济现象,相关研究在制造业和高新技术等产业中取得了令人瞩目成果,研究者也逐渐把眼光投到更广泛的领域,产业聚集理论逐渐被应用到旅游产业的研究和实践中。国内外关于旅游产业聚集的研究主要集中于论证旅游产业聚集的科学涵义和系统框架,探讨旅游产业聚集特征、形成、类型、竞争优势、网络结构和空间布局关系等内容,分析旅游产业聚集对提升旅游产业竞争力的作用及相关机制,并从景区以及旅游行业角度进行实证研究。

　　从国外旅游学者的案例和实证分析以及很多旅游目的地政府的报告中可以看出,在旅游业发达、旅游发展历史较长的地区的确出现了明显的旅游产业聚集现象。Ellison 和 Glaeser(1999)[1]通过对美国产业聚集的实证分析认为,旅游业是凭借自然优势实现企业聚集的产业之一。Jackson 和 Murphy(2006)[2]则通过对澳大利亚 4 个地区旅游业的研究证实产业聚集理论适用于分析旅游业。而 Jackson(2006)[3]则进一步考虑了竞争优势的本质和 Porter(1990)[4]理论在市场经济下的适用性,提出基于 Porter 模型的地区旅游聚集的发展可能是中国地区培养旅游竞争优势的方法,肯定了 Porter 模型在研究旅游产业

　　① Ellison G, Glaeser EL. The geographic concentration of industry: Does natural advantage explain agglomeration? [J]. *American Economic Review*, 1999,89(2): 311-316.

　　② Jackson J, Murphy P. Clusters in regional tourism: An Australian case[J]. *Annals of Tourism Research*, 2006,33(4): 1018-1035.

　　③ Jackson J. Developing regional tourism in China: The potential for activating business clusters in a socialist market economy[J]. *Tourism Management*. 2006,27: 695-706.

　　④ Porter M E. *The competitive advantage of nations*[M]. London, The Macmillan Press Ltd., 1990.

聚集上的理论适用性。

就国内外旅游产业聚集的理论研究内容和实践方向来看,由于旅游产业聚集边界识别的困难,旅游产业聚集研究基本处于探索阶段,对于旅游产业聚集概念的争议依然比较激烈。并且,由于以往对于产业聚集的研究和实证都是集中于制造业领域,非制造业领域如文化产业、服务业等是否存在聚集现象、能否用产业聚集理论进行研究一直存在争议。不过,随着相关研究的深入,有关研究者就旅游产业聚集现象的客观存在性及相关问题进行了深入的研究。

不过,国内关于旅游产业聚集的实证研究却相对缺失,大部分文献的研究起点只是先验地认为旅游产业存在空间聚集现象,基本停留于把产业聚集的相关理论机械地应用到旅游产业的研究中,关于旅游业产业聚集的性质、成因及优势等方面的研究颇多,但对于旅游业产业聚集的度量问题却鲜有涉足,也缺乏一整套科学的评价体系,定性分析的多,定量分析的少,对于我国旅游产业聚集现象缺乏客观的判断,使得理论探讨缺乏实证研究支持。尤其是,在实践上,虽然近几年“旅游产业聚集”也见诸一些地区的政府文件和产业规划中,但是,政府对于旅游产业聚集的关注也仅仅是在口头上或书面上作为一种新的战略提及,到目前还几乎没有旅游目的地真正用旅游产业聚集的理论指导旅游业的发展,也很少对本地旅游产业聚集的研究进行资助和支持。

总体说来,关于旅游产业聚集的性质、成因及其优势等方面研究较多,对于旅游产业聚集水平测度方法的研究相对较少。鉴于此,在认可“产业聚集理论适用于分析旅游业”的前提下,需要通过恰当测度方法的选择,通过有关测度指标对旅游产业空间聚集水平进行测定,对旅游产业聚集的发展变化做出客观的评估和比较。

13.2　聚集程度的测度

既然旅游产业聚集是旅游产业链上相关企业在一定区域内的聚集行为,那么就必然存在一个聚集程度的问题。测度产业聚集的指标比较多,有赫芬达尔系数(Herfindahl Index)、胡佛系数(Hoover Coefficient)、泰尔指数(Theil Entropy)、EG 指数和基尼系数(Gini Coefficient)等多种方法。在上述方法中,Ellison 和 Glaeser(1997)[①]所发展的 EG指数剔除了企业规模对产业地理集中的影响。

由于对自然条件的依赖程度相对较高,同时,规模经济效应和前后向联系的正反馈作用,往往导致旅游业在空间上向一些在某方面具有优势条件的地区集中,使得旅游业存在着符合产业聚集特征的现象。不过,产业性质等多方面的不同使得旅游产业聚集与制造

---

① Ellison G, Glaeser EL. Geographic concentration in U.S. manufacturing industries: A dartboard approach [J]. *Journal of Political Economy*, 1997,105(5): 889 - 927.

业的聚集有着很大区别,识别旅游产业聚集定量方法和识别制造业聚集的定量方法必然存在差异。因为聚集在同一空间的旅游核心产业并不存在物质上的投入产出关系。国内外的研究和实践经验表明,产业聚集的识别标准不宜过于严格,否则可能不利于辨认潜在或初期的产业聚集。

13.2.1　变异系数

变异系数(Coefficient of Variation),是标准差与其平均数的比,和极差、标准差和方差一样,是反映数据离散程度的绝对值。其数据大小不仅受变量值离散程度的影响,而且还受变量值平均水平大小的影响。

变异系数又称为标准差系数,是以相对数形式表示的变异指标。根据式(13-1),变异数系数定义为样本标准差与样本均值的比例,表示在一个特定时期,各地区旅游业发展水平相对于平均水平的背离,从而在一定程度上揭示了各地区间旅游产业发展水平的不平衡。投资变异系数的值越大,表示各地区间旅游产业发展水平不平衡程度越高。当各地区间旅游业发展水平绝对不均衡时,变异系数的最大值为1;当各地区间旅游产业发展水平均相等时,变异系数的最小值为0。记变异系数为,

$$v_i = s_i / \overline{x_i} \tag{13-1}$$

其中,$\overline{x_i} = \sum_{i}^{n} x_i / n$,$s_i = \sqrt{\dfrac{1}{n-1} \sum_{i=1}^{n} (x_i - \overline{x_i})^2}$ $(j = 1, 2, 3, \cdots, 30)$。$x_i$ 表示地区 i 的旅游产业值,$\overline{x_i}$ 为所有地区旅游产业均值,s_i 为所有地区旅游产业标准差。变异系数能在一定程度上反映旅游产业聚集的态势。但是,这毕竟是一种总体性趋势的反映,只能从整体上衡量旅游产业空间分布的非平衡性,却不能够具体地衡量旅游产业分布的地理集中情况。实际上,变异系数方法内含的前提性假设是,旅游产业在不同地区范围间的分布应该是均质的,由此,忽略了各地区所固有的规模差异,并且,掩盖了旅游产业的行业聚集差异。

13.2.2　空间基尼系数

鉴于旅游产业聚集现象在空间角度表现为区位的临近,在功能角度则表现为企业之间的联系。因此,旅游产业聚集首先表现为"旅游企业在地理上趋向集中"经济现象,其本质特征是企业在特定区域的集中。

洛伦兹(Lorenz)在研究居民收入分配时,创造了揭示社会分配平均程度的洛伦兹曲线。基尼(Gini)依据洛伦兹曲线,提出了计算收入分配公平程度的统计指标——基尼系数(Gini Coefficient)。欧美国家的学者利用洛伦兹曲线和基尼系数的原理和方法,对产

业的聚集程度进行了较多的实证研究。

旅游产业聚集现象是该产业在空间中的非均衡分布。由于旅游业整体规模庞大,可假设在各区域的分布不受外力的影响,即旅游业的区域分布是均匀的,则旅游产业各行业在空间的非均衡分布指该行业的区域分布与旅游业分布的偏离程度。[①]　那么,空间基尼系数为,

$$G^i(t) = \sum_j (s_j^i(t) - s_j(t))^2 \qquad (13-2)$$

其中,$G^i(t)$ 为 i 旅游行业 t 年空间基尼系数,$s_j^i(t) = \dfrac{x_j^i(t)}{\sum_j x_j^i(t)}$,表示 t 年区域 j 的旅游行

业 i 占全部区域旅游行业 i 的份额;$s_j(t) = \dfrac{\sum_i x_j^i(t)}{\sum_i \sum_j x_j^i(t)}$,表示 t 年区域 j 的所有旅游行

业占全部区域所有旅游行业的份额。$x_j^i(t)$ 表示在 t 年区域 $j(j=1,2,\cdots,N)$ 旅游行业 i $(i=1,2,\cdots,M)$ 经济活动水平(以旅游业收入、产出、就业、资本等进行衡量),$\sum_i x_j^i(t)$ 表示在 t 年区域 j 的总体旅游经济活动水平 $\sum_j x_j^i(t)$ 表示在 t 年全部区域旅游产业 i 的总体经济活动水平 $\sum_i \sum_j x_j^i(t)$ 则表示全部区域所有旅游行业的总体经济活动水平。

式(13-2)衡量方法的价值在于简便直观(可以很方便地把基尼系数转化成非常直观的图形),系数越高(最大值为 1),表明聚集值越大,旅游产业在地理上愈加集中。不过,空间基尼系数却忽略了企业规模因素,[②]基于此,Ellison 和 Glaeser(1997)[③]构建了新的聚集指标来测量产业的空间聚集程度。

根据 $s_j^i(t)$ 和 $s_j(t)$ 这两个指标还可以得到如下行业聚集衡量指标:

(1) 区位商 $\left(\text{Location Quotient}, \text{LQ}_j^i(t) = \dfrac{s_j^i(t)}{s_j(t)}\right)$,这个值大于 1,则表明相对于其他行业,行业 i 更加集中在地区 j。

(2) 绝对集中度指标(Absolute Concentration,$\text{AC}^i(t) = \sum_j (s_j^i(t))^2$)和相对集中度指标(Relative Concentration,$\text{RC}^i(t) = \sum_j (s_j^i(t) - s_j(t))^2$),绝对集中度指标的取值范

---

① 若假定旅游产业总体在各地区的分布是不受外力(聚集力或扩散力)影响的,则当某旅游业行业的区域分布与旅游产业总体发生偏离时,说明该旅游业行业在某些地区相对集中(在另一些区域相对稀疏),该旅游业行业存在某些区域的相对集中现象。

② 尤其是,当一个地区存在一个规模很大的企业时,虽然会使得该地区的有较高的基尼系数,但并不存在明显的聚集现象。

③ Ellison G, Glaeser EL. Geographic concentration in U.S. manufacturing industries: A dartboard approach [J]. *Journal of Political Economy*,1997,105(5): 889-927.

围为[1/N,1],如果某行业完全集中某一地区,则取1;如果某行业均匀分布在各个地区,则取 1/N;某行业绝对集中度越大,则该行业越集中在某些地区。相对集中度指标的取值范围为[0,2],如果某行业的空间分布与全国所有行业的空间分布一致,则取0;若某行业的空间分布与全国所有行业的空间分布完全不同,则取2;某行业相对集中度越大,则该行业的空间结构与全国所有行业空间结构差异越大,行业地方化程度越高。

13.2.3 区域聚集系数 γ^i

鉴于 Ellison 和 Glaeser(1997)[1]指数的优点,本讲进一步采用行业区域聚集系数(γ^i)和区域共同聚集系数(γ^{Ic})对旅游产业聚集现象进行测算。对于旅游行业 i 来说,

$$\gamma^i(t) = \frac{G^i(t) - \left(1 - \sum_j (s_j(t))^2\right) H^i(t)}{\left(1 - \sum_j (s_j(t))^2\right)(1 - H^i(t))} \tag{13-3}$$

其中,$G^i(t)$ 是 i 旅游行业 t 年在 j 区域的空间基尼系数,$s_j(t)$ 是 t 年区域 j 所有旅游行业经济活动总量占全国所有旅游行业经济活动总量的比例,$s_j^i(t)$ 是 i 旅游行业 t 年在 j 区域内旅游经济活动占该行业全国旅游经济活动总量的比例,$H^i(t)$ 是 i 旅游行业的赫芬达尔指数(Herfindahl Index)。

13.2.4 共同聚集系数

从区域角度来说,互补性是旅游产业聚集的关键特性之一,且旅游产业特性决定了聚集于某一区域的旅游行业之间彼此间相互依赖性,即各旅游行业必须互相合作为旅游者提供本地区的旅游产品。任何一个旅游行业产品的质量好坏都会影响整体旅游产品的质量,影响旅游者对旅游地的消费选择,最终影响到同一旅游地其他旅游行业的经营效益。因此,在旅游目的地聚集的企业必然是旅游产业链上相互关联的企业。

不过,由于旅游产业边界的模糊性,现有关于行业聚集的研究通常局限于较大的区域和较粗的行业分类,这在一定程度上忽略了更加细分的区域和行业之间的异质性。例如,五星级酒店和一星级酒店同属星级酒店业,但是,显然这两个小行业的差异性很大,其区域聚集的状况、原因和影响都会有一定的差别。

旅游产业 $G^i(t)$ 系数和 $\gamma^i(t)$ 系数衡量的是同一旅游行业内企业区域聚集程度。然而,作为满足旅游者多元需求的供给主体,不同旅游企业之间相互依赖关系使得不同旅游行业之间的联系相当紧密,并通过不同旅游行业的组合共同满足旅游者的需求,从而使得

---

① Ellison G, Glaeser EL. Geographic concentration in U.S. manufacturing industries: A dartboard approach [J]. *Journal of Political Economy*, 1997,105(5): 889-927.

不同旅游行业呈现出共同聚集状态。一般而言,相关联旅游行业首先表现为各个小类旅游行业之间的关系,例如"星级饭店"中不同星级的饭店、"旅行社"中的国际旅行社和国内旅行社等。基于此,本讲通过行业区域共同聚集系数 $\gamma^{Ic}(t)$ 来衡量各小类旅游行业共同区域聚集的程度。

$$\gamma^{Ic}(t) \equiv \frac{\left(G^{I}(t) / \left[1 - \sum_{j}(s_{j}(t))^{2}\right]\right) - H^{I}(t) - \sum_{i=1}^{I}(\omega^{i}(t))^{2}\gamma^{i}(t)(1 - H^{i}(t))}{1 - \sum_{i=1}^{I}(\omega^{i}(t))^{2}}$$

$$(13-4)$$

其中,I、i、j 分别代表大类旅游行业、小类旅游行业和区域,$G^{I}(t)$ 代表大类旅游行业 I 的区域集中度,$\gamma^{i}(t)$ 是小类旅游行业 i 的 $\gamma^{i}(t)$ 系数,$\omega^{i}(t)$ 是小类旅游行业 i 在所属大类旅游行业 I 中所占的职工人数比例。$H^{I}(t) = \sum_{i}(\omega^{i}(t))^{2}H^{i}(t)$ 代表小类旅游行业 i 的赫芬达尔系数,是大类旅游行业 I 中小类旅游行业 i 的赫芬达尔系数的加权平均。

式(13-4)设计的基本思路是:大类行业 I 的区域集中度($G^{I}(t)$)可分解为三个组成部分,分别是行业大类 I 中企业的集中度($H^{I}(t)$)、小类行业 i 本身(intra-industry)的区域聚集程度($\gamma^{i}(t)$),以及大类行业 I 内小类行业间(inter-industry)的区域共同聚集程度($\gamma^{Ic}(t)$)。利用 $G^{I}(t)$、$H^{I}(t)$ 和 $\gamma^{i}(t)$,可以计算出 $\gamma^{Ic}(t)$。如果 $\gamma^{Ic}(t) > 0$,则表明同一大类行业内的各小类行业间存在区域共同聚集。$\gamma^{Ic}(t)$ 越高,则区域共同聚集程度越高。

13.3 聚集动态及影响因素

作为资源依托型行业,旅游资源影响着旅游业发展的区域分布和空间聚集,但是,随着旅游业的发展以及旅游维度的增加,旅游业发展呈现出显著的"脱物化"趋势。旅游业对传统资源的依赖性减弱,一些新型的旅游资源也逐渐显现。由此,使得中国旅游业在产业聚集水平进一步加强的同时,促进了新的旅游产业聚集地出现,即旅游产业聚集程度的变动,而旅游产业聚集水平的加强和新旅游产业聚集地的出现,也构成了中国旅游业聚集程度变动的两个重要维度。

13.3.1 动态分析

在实际的技术性分析过程中,旅游产业聚集程度的变动直接表现为旅游产业在特定区域经济活动水平份额的相对变动,现将旅游行业 i 在区域 j 经济活动水平份额的变动

定义为,

$$s_j^i(t+1)-s_j^i(t)=\hat{\alpha}+\hat{\beta}(s_j^i(t)-s_j(t))+\hat{\eta}(s_j(t+1)-s_j(t))+\hat{\epsilon}_j^i(t)$$

$$(13-5)$$

式(13-5)中,α、β 和 η 是待估参数,$\hat{\epsilon}_j^i(t)$ 为正交误差项。式(13-5)将区域 j 旅游产业经济活动份额的变化分解为基期旅游行业 i 在区域 j 经济活动份额、旅游产业在该区域经济活动份额的离差和区域 j 旅游产业经济活动份额的变化。为了简化上述模型,指定 $\hat{\alpha}=0$,$\hat{\eta}=1$,得到,

$$s_j^i(t+1)-s_j^i(t)=\hat{\beta}(s_j^i(t)-s_j(t))+s_j(t+1)-s_j(t)+\hat{\epsilon}_j^i(t) \quad (13-6)$$

根据式(13-2),旅游产业 i 在 t 时期的原始集中指数为 $G^i(t)=\sum_j (s_j^i(t)-s_j(t))^2$,另据式(13-6)得,

$$G^i(t+1)-G^i(t)=(2\hat{\beta}+\hat{\beta}^2)G^i(t)+\sum_j (\hat{\epsilon}_j^i(t))^2 \quad (13-7)$$

式(13-7)将旅游产业原始集中指数的变动分解为两个部分。$(2\hat{\beta}+\hat{\beta}^2)G^i(t)$ 被定义为旅游产业聚集水平的"回复效应",反映了基期旅游行业 i 的初始聚集状态对其聚集水平的影响程度。

由式(13-6)和式(13-7),当 $-2<\beta<0$ 时,旅游行业 i 聚集水平有降低的趋势,且旅游行业 i 的原聚集地逐渐削弱,而基期低于旅游业经济活动份额的区域,其旅游产业 i 的经济活动份额有上升的趋势。当 $\beta>0$ 或 $\beta<-2$ 时,旅游行业 i 聚集水平将进一步加剧,且当 $\beta>0$ 时,旅游行业 i 聚集水平的上升源于旅游产业聚集地的加强,当 $\beta<-2$ 时,旅游行业 i 聚集水平的上升源于新旅游产业聚集地的形成。$\sum_j (\hat{\epsilon}_j^i(t))^2$ 被定义为旅游产业聚集水平的"随机效应",反映了旅游行业 i 基期经济活动份额相近的区域报告期旅游产业经济活动份额的离散程度。通常认为旅游行业 i 经济活动份额在不同区域间离散程度越大,则该地区的聚集水平越高。

13.3.2 影响因素

旅游产业具有产业联系和空间聚集的客观性,研究者把旅游目的地企业的空间聚集特征和产业联系作为旅游产业聚集存在的判据,并认为旅游业具有创新性,从聚集产生的效应角度证明了旅游产业聚集的存在。从区域角度来看,一个地区的旅游业往往是在旅游吸引物附近或旅游依托地或集散地聚集分布的,即旅游产业本身具有形成聚集的客观条件。就旅游产业的空间聚集来说,旅游者的时间是有限的,旅游企业需要靠近市场才能销售产品。所以,旅游产业具有天然围绕核心吸引物聚集布局的特点,这也是旅游企业降

低成本和追求规模经济的需要。因此,就旅游产业联系来说,旅游产业内各行业的联系虽然是非贸易联系,但彼此联系的紧密程度可能要超过制造业集群内部的联系。

1. 旅游资源与旅游产业宽度

作为资源依托型的产业,旅游资源在旅游业发展初期影响着旅游业的分布。但是,随着旅游业的发展以及旅游维度的增加,一些新型的旅游资源(比如,都市旅游资源)逐渐显现,旅游业对传统资源的依赖性减弱。

Ellison 和 Glaeser(1997)[①]通过对美国产业聚集的实证分析得出结论认为,要素禀赋优势聚集力可以解释 20% 左右的产业聚集现象。然而,要素禀赋优势却难以解释为什么有的地区具有发展某产业的自然资源和自然环境两方面的优势,但该地区却为什么没有发生产业聚集的现象;另一方面,"资源禀赋"也无法解释某些行业的"零资源"产业聚集现象。旅游业属于资源依赖型的,随着旅游模式的不断丰富,旅游业对资源的依赖程度正在降低,传统经济学的"资源禀赋"理论在解释产业聚集上也无能为力,为此,需要进一步探究"旅游资源非优"背景下的旅游产业聚集机理。

实际上,随着旅游者消费需求的多元化以及旅游业发展"脱物化"转型,旅游业在多维度发展的基础上不再大比重的受到具体旅游资源的限制,旅游资源非优地区由此获得了越来越大的成长空间。所谓资源非优区是指特定地区内没有国家级和世界级的风景区,缺少骨干旅游景点,并且旅游景点丰度不够,难于形成知名旅游产品的地区。由于旅游资源的"空间异质性",在一定发展阶段会形成旅游资源优势区位和非优势区位,在旅游资源非优区开发的技术层面,实施旅游业空间拓展战略被广泛认为是旅游资源非优区旅游业发展的重要途径。但是,不可忽视的是,这依然是一种基于旅游资源禀赋不均衡的资源主导型的观点。

其实,就旅游资源非优区的旅游业发展来说,旅游业态宽度[②]扩展可以在更为实际的意义上实现旅游业的发展,并成为旅游业长远发展的关键路径。而随着旅游业态宽度的扩展,多元化的旅游要素会逐渐向特定的地区流动,或强化了某些地区的旅游产业聚集趋势,或促使了新的旅游产业聚集地的形成。

从动态角度而言,多元化旅游要素向特定地区的流动是旅游产业聚集的动态发展和升级过程。根据区域经济学的"点—轴"模式,首先,在旅游产业聚集的萌芽期,旅游要素的非均匀流动形成聚集产业"点"以后,由于外部经济的作用,会导致旅游要素的进一步聚集,且随着更多旅游要素的聚集,旅游产业宽度获得拓展,聚集企业间的关系由简单转为复杂,初步形成了多元化经营和联合化协作关系,不同的旅游企业间产生了或水平或垂直

---

① Ellison G, Glaeser EL. Geographic concentration in U.S. manufacturing industries: A dartboard approach [J]. *Journal of Political Economy*, 1997,105(5): 889－927.

② 关于"旅游产业宽度"的讨论,请参阅本书第 11 讲。

的关系,旅游企业聚集的"轴线"形态逐渐得以显现。其次,在形成具有一定地域范围的产业聚集"轴线"以后,在外部经济和规模经济效应的共同推动之下,旅游产业聚集"轴线"逐渐发展为旅游产业聚集"面"。第三,随着更多多元化旅游产业要素的流入,旅游产业聚集"面"内形成了共同的基础设施(交通、通信、人才、信息以及制度等),强化了旅游产业与本区域社会经济的联系程度以及集群内企业间的联系强度。第四,当旅游产业要素流入的数量不再绝对增加时,旅游产业的区域聚集达到某种程度的均衡,但是,仍然有要素结构的变化,比如高素质的人力资源比重的提升、旅游产业结构的优化等,并逐渐表现出与其他地区不同的竞争优势,形成旅游产业聚集"极",成为更大范围内的区域旅游产业增长中心,也为资源非优区旅游业发展提供了更为现实的途径。

2. 市场导向与交通运输条件

经济学原理告诉我们,产业聚集有两种方式,一是资源导向性聚集,二是市场导向性聚集。就我国旅游产业聚集来说,在大多数旅游行业中,占有最大份额的省份都是中国沿海省份,许多相对"落脚自由"的旅游产业都集中在沿海地区。除了资源密集型产业外,"五星级酒店"多为"落脚自由"者,它们不必因为对特定投入的需求而定位在特定的地区。所以,"五星级饭店"的空间基尼系数一般比较高,且主要集中在沿海地区。并且,改革开放以来,优先发展东部沿海地区的战略使这些地区有较大的市场规模(国民收入高、购买力强),加上特区的优惠政策,靠近出口、转口港的地理优势和接近国际大市场,沿海地区便成为"五星级饭店"等"落脚自由"行业的落脚点。这些"五星级饭店"聚集在沿海地区以接近市场、节省交易和费用,也成为推动"五星级饭店"等产业聚集于同一或相邻区域的力量。

此外,交通运输条件一直是古典区位理论中的基本要素,交通运输上的便利是许多产业聚集的动力。随着交通运输条件的发展和完善,交通运输业会日益成为支撑旅游业发展的一般性条件,呈现出与区域旅游业发展同步的发展趋势。

3. 市场规模

作为需求拉动型行业,接近旅游者市场是旅游业聚集的重要原因之一。本讲关于我国旅游业空间聚集的分析显示出,市场规模较大的东部省份是我国旅游业聚集的主要区域。从我国经济发展的历史来看,20世纪80年代以前属于经济低水平发展期,东西部经济发展水平差异不大。改革开放以来,具有经济发展潜质的东部地区在中央政策和资金的扶持下保持了强大的经济活力,发展速度远远超过中、西部地区,我国区域不平衡状况开始出现并日益严重,到目前已经达到非常突出的程度。进一步,根据居民出游的距离衰减规律,中国城市居民旅游和休闲出游人数随距离增加而衰减,这也会使得旅游产业聚集与区域经济之间存在一定的对应性。东部沿海省份人均收入和人口作为市场规模的决定性要素放大了"回流效应"而制约着"扩散效应",促进了旅游产业在东部地区的聚集。

　　首先,人均收入和人口作为市场规模的决定性要素,放大了"回流效应"而制约着"扩散效应",因为市场规模是我国旅游企业区位选择的重要因素之一,我国东部地区人均收入明显高于中、西部地区,甚至达到 2～3 倍,人口也相对密集,这样从质上、量上都保证了东部市场规模的绝对优势,促进了旅游业在东部地区的聚集。其次,我国逐步放开了户籍管理而增加了劳动力的流动性,这使得东部地区聚集了大量的优质人才,促使旅游企业向东部地区聚集,尤其是对于"五星级饭店"等对人才素质要求较高的旅游企业来说更是如此。第三,近年来,中央政府和地方政府共同致力于增加对中、西部基础设施投资建设,而对交通状况的改善更增加了区域间要素的自由流动性,促进旅游业在地域上向东部沿海省份的集中。

　　从政策含义上讲,旅游产业聚集已成为旅游业发展新的维度,并逐渐成为旅游业竞争力的重要来源和集中体现。因此,政府应正确认识和高度重视旅游聚集发展问题,客观科学评估旅游聚集发展的条件、作用和影响,从本地实际出发,确定旅游聚集发展的方向、规模、时序、措施等问题。以产业链为纽带强化旅游各行业内在关联性,构建旅游产业聚集体系。优化旅游聚集发展环境,为旅游企业的聚集及聚集化发展提供良好的外部环境,发挥旅游产业聚集优势,促进区域旅游经济的发展。

第 14 讲　聚 集 机 理

　　随着旅游业的发展,我国旅游业区域差异及空间聚集现象日渐明显,这不仅源于历史条件、旅游资源禀赋、地理区位等方面的原因,而且源于旅游业内在发展机制上的动态作用。现有文献主要从发展角度考察旅游业发展过程中综合性要素投入及发展差异,实际上,空间聚集和经济增长本质上是相互影响的内生化过程,本讲构建空间旅游业发展模型,分析了旅游业聚集形成的内在机制。

14.1　空间相关

14.1.1　空间聚集

　　传统上,经济学家多在企业间知识、技术溢出或动态外部性的基础之上,试图从经验上确定是产业专业化(specialization)还是多样化(diversity)主导了各个地区的产业增长,并由此导致相关产业在特定空间的聚集。但是,这仅是着眼于传统 Cobb-Doug las 函数中的效率参数(A)关注于厂商发展过程中相互之间形成的静态外部性机制,忽视了需求方面的市场规模效应以及产业聚集所带来的社会网络效应。

　　新经济地理学理论认为,市场需求的规模差异会对产业在各地区间的非平衡分布产生重要影响,并在规模经济和运输成本存在的情况下,通过企业在市场潜能较大地区的主动性选址过程形成空间聚集现象。以是观之,旅游业聚集表现为企业经营区位选择过程中聚集力和分散力相互作用的动态平衡,而在企业倾向于定位或选址于接近市场区域的情况下,市场需求规模即成为影响旅游企业区位选择的重要因素。

　　特别地,考虑旅游者出游的距离衰减效应,旅游地入游旅游者人数随旅行距离增大而减小,旅游业发展更多依赖于本地市场需求状况。并且,由于技术、知识外溢受企业间距离影响,距离增加会减少隐性知识、共享市场的获取数量和质量。因此,在市场潜能较大的地区对相关旅游企业有更强吸引力的情况下,不同旅游企业在地理上与相关知识源临近、客源市场共享等需求下形成了在地理位置上相对集中的空间现象。

14.1.2　本地市场规模

　　与国民经济核算体系中的一般生产性产业不同的是,有关研究对旅游业主要从需求方进行定义,并随着旅游者日益多元化的消费需求状态,旅游业的发展也逐渐表现为涉及多元内涵、综合性的动态产品形态。而在某一特定区域内互相联系的、共处一个竞争环境中的旅游企业空间集合,则通过不同旅游企业间频繁的互动交流与合作来获得所需知识、分享客源或要素市场,实现了旅游业创新发展,为消费者提供了丰富的体验和感受,在提升旅游者满意度的同时推动了旅游业的整体发展。因此,在旅游业聚集所产生的静态专业化(specialization)和多样化(diversity)外部性之外,进一步关注旅游业聚集形成机制中的市场规模效应,有助于实现对旅游业聚集现象的全面理解。

在新经济地理学分析框架中,企业总是选择在市场潜能较大的地区进行生产,并由此使生产要素聚集在靠近市场的地方,导致了产业发展过程中的空间聚集现象。从现实情况看来,各区域的旅游市场规模存在较大差异。首先,各区域经济规模在人口、人收入水平等方面存在显著差异,这些差异使得各区域的本地旅游市场规模(local market)各不相同。而在衡量旅游市场规模方面,除了 GDP(或 GNP)、可支配收入和可支配时间等普遍认可的影响因素外,国内外学界对其他影响因素及分类说法不一[①]。Crouch(1994)[②]采用meta-analysis 方法[③],通过对 85 项研究的相关综述表明,收入、价格、营销和旅游业发展趋势及时尚是影响旅游需求的关键因素。Lim(1999)[④]遵循了 Crouch(1994)[⑤]方法,考察了收入、交通成本和价格因素对旅游需求的作用,发现大部分研究均支持收入对旅游需求正向影响、价格对旅游需求负向影响的结论。[⑥] Witt 和 Witt(1995)[⑦]和 Song 和 Li(2008)[⑧]对影响旅游消费需求因素的综述性研究,旅游者收入、相对于居住地的目的地旅游产品价格、汇率等是影响旅游需求的关键变量。

14.1.3 开放条件

需要注意的是,以往有关研究大多基于特定区域在封闭环境下的考量,现有文献在描

---

① 除以上影响变量外,相对价格、汇率、人均收入、交通成本与项目特色也被认为是决定旅游需求的重要变量。

② Crouch G I. A study of international tourism demand: A review of findings[J]. *Journal of Travel Research*, 1994,33(1): 12 - 23.

③ Meta-analysis 是用统计的概念与方法,去收集、整理与分析之前学者专家针对某个主题所做的众多实证研究,希望能够找出该问题或所关切的变量之间的明确关系模式,可弥补传统的文献综述的不足。

④ Lim C. A Meta-Analytic review of international tourism demand[J]. *Journal of Travel Research*, 1999, 37(2): 273 - 284.

⑤ Crouch G I. A study of international tourism demand: A review of findings[J]. *Journal of Travel Research*, 1994,33(1): 12 - 23.

⑥ 尽管价格和收入对消费者旅游决策有着显著的影响,而旅游目的地温度、海岸线长度等其他非货币性因素也发挥着重要的作用。这些非货币性变量的作用在 Crouch(1994)的研究综述中所涉及的研究中均有所分析(详请参阅 Crouch G I. A study of international tourism demand: A review of findings[J]. *Journal of Travel Research*, 1994, 33(1): 12 - 23.)。

⑦ Witt S F, Witt C A. Forecasting tourism demand: A review of empirical research[J]. *International Journal of Forecasting*, 1995,11(3): 447 - 475.

⑧ Song H, Li G. Tourism demand modeling and forecasting: A review of recent research[J]. *Tourism Management*, 2008,29(2): 203 - 220.

述区域旅游业发展的投入产出过程时,也通常将各个区域看作一个独立的系统。而在有关空间聚集的研究中,区域之间的空间依赖性或空间自相关的特征是需要考虑的关键内容(Anselin,1988)[1],地理邻近为旅游者在不同地区间流动提供了便利,产业特征相似也有利于地区间旅游资源、市场的互补性利用。但是,现有文献通过建模对旅游业发展的研究往往只关注区域内部旅游业要素的相互作用,而不同区域之间的相互联系在建模时并未得到考虑,造成了考察结果的偏误。

新经济地理学强调了企业经济活动或行为相互作用的空间维度,相关旅游企业类似的选址决策结果通过企业间空间邻近性提升了旅游业聚集密度,增强了特定区域空间内的旅游活动强度,逐渐形成了集群内部独特的网络结构,提升了不同旅游企业间的社会联系及其活动的"密度"。旅游聚集密度越高,旅游企业越能够从旅游者交通成本的节省、知识(特别是隐性知识)溢出和共享、有效地实现产品创新、旅游者多元需求的满足等方面获取合作性的收益,使集群内旅游企业获得了稳定的发展基础和机制。不过,遗憾的是,鉴于官方权威数据的缺失、旅游合作网络的复杂性及其量化衡量方面的困难,有关研究多着眼于概念性的分析,而数量方面的实证检验表现的相对比较缺失,影响了人们对中国旅游业聚集的全面理解。

鉴于此,本讲在考虑空间因素的情况下,从市场潜能、聚集密度等角度解读和分析我国旅游业聚集内在机制。通过旅游业聚集密度将社会网络、创新、多元化等难以量化的因素纳入分析框架以扩展分析维度和深度。

14.2 理论框架

本讲根据迪克西特-斯蒂格利茨模型(Dixit and Stiglitz,1977)[2]和 Fujita et al. (2001)[3]的研究建立一个空间旅游业发展模型。该将空间外部性对地区旅游企业发展水平的影响机制用一个简易的模型表述出来。它涉及多个旅游区域,并且这些区域之间存在与距离有关的交通、时间等形式的成本。

14.2.1 两部门旅游经济体

考虑一个只有旅游产品(TP,Tourism Product)和基础设施(INFRA, Infrastructure)两部门旅游经济体,其中,旅游产品部门生产大量的多元差异化产品,而基

① Anselin L. *Spatial econometrics: Methods and models*[M]. Dordrecht: Kluwer Academic Publishers, 1988.

② Dixit A K, Stiglitz J E. Monopolistic competition and optimum product diversity[J]. *The American Economic Review*, 1977,67(3): 297-308.

③ Fujita M, Krugman P, Venables A. *The spatial economy: Cities, regions and international trade*[M]. Cambridge: MIT Press, 2001.

础设施部门则生产相对单一的同质产品。之所以考虑这样一个旅游经济体组合结构,是因为在旅游者时间约束条件下,旅游业发展在某种程度上是由高度嵌入地理空间和不可移动的基础设施以及不断创新的产品体系所决定的。

就多元化旅游产品而言,在旅游业聚集中,不同旅游企业及其经济活动在旅游业链及产品体系中有着不同的相对位置,星级酒店、旅行社、景区(点)、车船公司等旅游企业分别提供了不同的旅游产品和服务,并通过相互之间多层次的合作共同满足旅游者多元化的消费需求。并且,随着旅游经历的增加和经济水平的提升,旅游者及其消费需求变得越来越复杂和多元。而在旅游业聚集中,鉴于不同旅游业部门以及相关产业的空间邻接性,旅游企业能够方便地通过竞争或合作的方式和路径为旅游者提供多元化的旅游产品,并由此催生了系列旅游新型业态,成为旅游业发展过程中的新维度和新方向。因此,本讲假定在旅游业集群中存在大量潜在的多元化产品,并且,为了方便分析,本讲把整个产品空间假设为是连续的,这样就能避开产品数量必须是整数的限制。

就旅游基础设施而言,系指"一个区域支持旅游业发展所需的各种设施(amenity)和设备"(Beaver,2002)[①]。一般而言,旅游基础设施除了交通等公共基础"硬"设施,还包括制度化的产业发展"软"环境,旅游资源结合有关基础设施以多层次的功能关系和空间关系共同编织成一个复杂旅游发展体系,构成了特定区域旅游业有效运作所需要的最基本的系统和服务。因此,旅游业发展是包含核心旅游资源和支持性因素的系统性互动过程,尤其是,作为一种类型化产业形态,旅游资源与散见于国民经济体系中的有关要素组合成多元化的产品体系,并基于特定基础设施获得了长足的发展。

实际上,不同旅游经济活动在特定空间的聚集可以使有关旅游企业通过区域内共享基础设施、产业基础环境[②]获得空间聚集收益,这不仅表现硬件基础设施的共享和支持,而且表现为集群内旅游企业通过集体行动(如成立行业商会或协会、合作协会等组织)为企业成长创造重要的营销、生产和质量控制等资源能力以及旅游业聚集中的地方政府从发展地方的经济出发为旅游企业发展给予制度化资源供给的推动。因此,旅游业发展根植于特定的外部环境中,当越来越多的旅游企业在特定区域聚集的时候,旅游业地位在当地经济环境中会得到显著增强,有关政府部门、旅游行业协会等盈利性或非盈利性机构以及系列旅游政策法规的"密度"及其活动"频度"也会获得相应的提升,为旅游业发展提供了有效的支持和帮助,并成为促进旅游业发展的关键性力量。

---

① Beaver A. *A Dictionary of travel and tourism terminology*[M]. Wallingford: CAB International Publishing, 2002.

② 目前,在我国大部分省份和城市,均设有相关的旅游服务中心等基础设施,为旅游消费者和旅游企业提供全面的信息支持。另外,集群内旅游企业的联合可以共同建立销售中心,提高在市场上的竞争力,从共享的销售网络中获得营销方面的外部规模经济,而且通过这种联合能推动政府加大力度改进基础设施,使集群内旅游企业共享基础设施方面的外部规模经济。

进一步,假设所有旅游者对于旅游产品(TP)和基础设施($INFRA$)两个部门的产品都具有相同的偏好,效用由柯布-道格拉斯(Cobb-Douglas)函数形式表示,

$$U = TP^{\mu}INFRA^{1-\mu} \qquad\qquad (14-1)$$

其中,TP 代表多元化旅游产品消费量的综合指数,$INFRA$ 是旅游基础设施的消费量,μ 是常数,表示旅游者在多元化旅游产品上的支出份额。

14.2.2　多元化旅游产品

多元化旅游产品为旅游者提供了丰富和绚丽多彩的旅游体验,满足了旅游者多样的消费需求。本讲将旅游产品数量指数 TP 定义为在多元化旅游产品种类的连续空间上的子效用函数;$tp(i)$ 表示每种可得多元化旅游产品的消费量。

假定 TP 符合不变替代弹性函数(CES),

$$TP = \left(\int_0^n tp\,(i)^{\rho}di\right)^{1/\rho}, 0 < \rho < 1 \qquad\qquad (14-2)$$

在式(14-2)中,n 表示多元化旅游产品种类的范围,通常为可得多元化旅游产品种类的数目,参数 ρ 表示旅游者对多元化旅游产品多样性的偏好程度。

当 ρ 趋近于 1 时,多元化产品几乎是完全替代的;当 ρ 趋近于 1 时,消费更多种类差异化产品的愿望越来越强。令 $\sigma = 1/(1-\rho)$,则 σ 表示任意两种多元化旅游产品之间的替代弹性。

14.2.3　旅游者最优行为

旅游是一种在形态上表现为空间转移的消费行为,与距离有关的交通、时间等成本或其他交易障碍意味着,距市场较远区域的旅游产品需求受到障碍的同时,也会产生额外的消费成本。无疑,价格通常被视为影响需求的关键变量,就旅游业而言,受到到达旅游目的地的旅游成本、旅游目的地的生活成本,以及旅游产品消费成本等三种价格的影响。虽然在理论上将交通成本纳入旅游需求影响因素分析不存在显著的争议,但是,鉴于多重共线性以及数据缺乏等问题的存在,研究者往往将其排除在研究视野之外。并且,考虑到旅游者消费过程中的时间成本,本讲从一般性概念角度分析旅游产品价格。

给定旅游消费预算总开支 Y[①] 和一组价格:P^{INFRA} 是旅游基础设施消费价格[②],$p(i)$ 是每种多元化旅游产品的价格,那么旅游者的问题就是在下面的预算约束条件下使其效

----

① 假定每位旅游者有自己的预算旅游消费总支出。
② 一般而言,旅游基础设施的使用价格,或直接,或间接地包含,或体现在旅游产品中,分离出该部分价格只存在理论上的可能性,现实统计数据中则往往难以实现。

用最大化，$P^{INFRA}INFRA + \int_0^n p(i)tp(i)di = Y$。

本讲分两步来解决这个问题：第一步，不论多元化旅游产品集合 TP 是多少，本讲都选定 $tp(i)$ 使获得多元化旅游产品组合 TP 的成本最低。这也就意味着要解决下面方程的最小化问题，

$$\min \int_0^n p(i)tp(i)di \quad s.t. \quad \left(\int_0^n tp(i)^\rho di\right)^{1/\rho} = TP \tag{14-3}$$

在式（14-3）中，旅游者在受到时间和资金的约束的情况下，不同旅游产品之间相对价格影响着旅游者消费组合的构成，并使旅游者在预算不变的情况下引起的不同旅游产品之间的替代性效应。

因此，解决这个支出最小化问题的一阶条件是边际替代率等于价格比率，即，

$$\frac{tp(i)^{\rho-1}}{tp(j)^{\rho-1}} = \frac{p(i)}{p(j)} \tag{14-4}$$

对于任意一组 i 和 j，都有 $tp(i) = tp(j)(p(j)/p(i))^{1/(1-\rho)}$。将其带代入最小化问题的约束条件，$\left(\int_0^n tp(i)^\rho di\right)^{1/\rho} = TP$。并将公共项 $tp(i)p(j)^{1/(1-\rho)}$ 放到定积分符号的外面，可得到，

$$tp(j) = \frac{p(j)^{1/(\rho-1)}}{\left(\int_0^n p(i)^{\rho/(\rho-1)}di\right)^{1/\rho}}TP \tag{14-5}$$

方程（14-5）为第 j 种多元化旅游产品的补偿需求函数（compensated demand function），据此可以推导出获得多元化旅游产品集合 TP 的最低成本的表达式。

第 j 种产品的支出是 $tp(j)p(j)$，利用方程（14-5）对 j 求定积分，即，

$$\int_0^n p(j)tp(j)dj = \left[\int_0^n p(i)^{\rho/(\rho-1)}di\right]^{(\rho-1)/\rho}TP \tag{14-6}$$

把（14-6）式右边与 TP 相乘的那一项定义为价格指数，从而价格指数与数量组合相乘就等于支出。

将多元化旅游产品的价格指数记为 G，得到，

$$G = \left(\int_0^n p(i)^{\rho/(\rho-1)}di\right)^{(\rho-1)/\rho} = \left(\int_0^n p(i)^{1-\sigma}di\right)^{1/(1-\sigma)} \tag{14-7}$$

其中，$\rho = 1/(1-\sigma)$ 或者 $\sigma = 1/(1-\rho)$。价格指数 G 是购买一单位多元化旅游产品组合的最小成本，正如本讲前面把 TP 看成是效用函数一样，G 可被视为支出函数。

将（14-7）式代入方程（14-5），并把 $tp(j)$ 的表达式写得更紧凑些，

$$tp(j) = \left(\frac{p(j)}{G}\right)^{1/(\rho-1)} \cdot TP = \left(\frac{p(j)}{G}\right)^{-\sigma} \cdot TP \qquad (14-8)$$

14.2.4 旅游者效用最大化过程

旅游者把旅游消费预算总开支在多元化旅游产品和旅游基础设施之间进行合理的分配以实现效用最大化,即选择 TP 和 $INFRA$ 使,

$$\max U = TP^{\mu} INFRA^{1-\mu} \quad s.t. \quad G \cdot TP + p^{INFRA} \cdot INFRA = Y \qquad (14-9)$$

据此得出旅游者对两种产品的消费量,即: $TP = \mu Y/G$ 且 $INFRA = (1-\mu)Y/p^{INFRA}$ 。将以上两步合起来可得到两种产品的非补偿消费需求函数(uncompensated consumer demand function)。即对每种多元化旅游产品有,

$$TP(j) = \mu Y \frac{p(j)^{-\sigma}}{G^{-(\sigma-1)}}, j \in [0, n] \qquad (14-10)$$

对旅游基础设施有,

$$INFRA = (1-\mu)Y/p^{INFRA} \qquad (14-11)$$

保持 G 为常数,则多元化旅游产品之间的需求价格弹性也是常数且等于 σ 。根据式(14-1),可以把旅游者最大化效用看成是旅游消费预算总开支、多元化旅游产品以及旅游基础设施价格指数的函数。由此,得到旅游者的间接效用(indirect utility function):

$$U = \mu^{\mu} (1-\mu)^{1-\mu} YG^{-\mu} (p^{INFRA})^{-(1-\mu)} \qquad (14-12)$$

其中, $G^{-\mu} (p^{INFRA})^{-(1-\mu)}$ 是该旅游经济体的基本旅游消费成本指数。假定所有多元化旅游产品价格都是 p^{TP} 。价格指数(14-7)式就可以简化为,

$$G = \left(\int_0^n p(i)^{1-\sigma} di\right)^{1/(1-\sigma)} = p^{TP} n^{1/(1-\sigma)} \qquad (14-13)$$

价格指数对可得多元化旅游产品数目的敏感度取决于不同种类多元化旅游产品之间的替代弹性 σ , σ 越低(即各种旅游产品间的差异性越大),产品种类增加引起价格指数下降的幅度就越大。根据间接效用函数(14-12),其对旅游者福利的影响就越大,旅游者也由此可获得多元化的旅游体验。

14.2.5 旅游者满意度

以往有关研究模型普遍低估了旅游者消费需求及其变化的影响,实际上,鉴于旅游产品在通过旅游者体验、感知过程中进行定义的特性,旅游者既是旅游产品的起点又是旅游产品的终点,因此,关于旅游产品研究需要消费者导向的理论视角。而在旅游业集群中,

鉴于旅游者多元化的消费需求能够得到有效而全面的满足,并通过"口碑效应(Word of Mouth)"吸引更多的旅游者,形成旅游消费需求和企业发展之间的正向反馈效应。

具体说来,旅游者之间存在着显著的交流外部性,即由于旅游产品的销售和价值实现依赖于消费者的感知,而在旅游服务产品形象的形象过程中,旅游者的口碑是一个关键的途径。所以,旅游者交流的外部性就成为旅游者之间相互作用后对旅游产品效用函数产生影响的特性。

$$u_i = P(y_i, c_i, u_{j,j\neq i}) \qquad (14-14)$$

式(14-14)表明一个旅游者的效用不仅依赖于自身的收入和消费,而且依赖于其他旅游者的效用、收入和消费,[①]旅游产品市场通过旅游者之间的信息共享和口碑传播为旅游企业营造了良好的发展空间。因此,在旅游企业收入与旅游者效用感知之间存在着有效的正向对应关系,即,

$$rev = A \cdot U, A > 0 \qquad (14-15)$$

将式(14-12)、(14-13)代入(14-15),可得,

$$rev = A \cdot \left(\frac{\mu}{p^{TP}}\right)^{\mu} \left(\frac{1-\mu}{p^{INFRA}}\right)^{1-\mu} Y n^{-[\mu/(1-\sigma)]} \qquad (14-16)$$

14.2.6　多地区与距离成本

式(14-16)中,Y 为特定地区面临的实际旅游需求。进一步,考虑一个有 R 个地区和两个部门的旅游业经济体。在开放条件下,特定地区旅游产品不仅包含本地的旅游者消费需求,而且包含来自其他地区的旅游者消费需求。假定旅游基础设施部门仅局限于本地,无距离成本;多元化旅游产品部门在垄断竞争条件下生产异质品[②],且存在距离成本。

借鉴萨缪尔森的"冰山成本"形式,根据距离递减效应,s 地区旅游者对 1 单位 r 地区旅游产品的需求只剩下 $1/v_{rs}$。这里,$v_{rs} = e^{\tau d_{rs}} > 1$,$\tau$ 表示单位距离成本,d_{rs} 表示地区 r 与地区 s 间的距离。

因此,考虑到地理距离对旅游产品需求的影响,在运输技术一定且均匀的情况下,r 地区面临的实际旅游消费需求为:

$$Y = W y_k, (k = 1, 2, \cdots, R) \qquad (14-17)$$

---

① 旅游动机是一个人外出旅游的主观条件,包括旅游者身体、文化、社会交往、地位和声望等方面的动机,其中,提高个人声望和魅力、获得他人尊敬、发展自我潜能以及"羊群效应"均是旅游消费者的旅游动机。
② 这部分源于特定地区旅游资源的异质性。

其中,W 为元素 $1/v_{rs}$ 为空间权重矩阵,y_k 为各区域旅游者的预算旅游需求。根据 Harris (1954)[①]的定义,经过空间权重矩阵加权后的 Y 衡量了地区 r 的旅游市场潜能,反映了所有其他地区旅游者对地区 r 旅游产品的旅游消费需求。

14.2.7　聚集密集性效应[②]

1. 聚集密度与旅游产品多元化

在旅游业集群中,旅游企业间基于知识外溢、信息交流、技术扩散等效应形成了整体性创新能力,推动了旅游产品和服务的创新进程,进一步丰富了多元化的旅游产品体系。鉴于知识溢出、信息交流、技术扩散是地理距离的递减函数,相对于空间位置比较分散的旅游企业而言,地理位置临近给有关旅游企业带来了面对面交流的机会。这不仅有利于集群内企业有效地共享市场信息,而且旅游业集群内一家企业通过创新所获得的包括产品特色、产品市场信息以及产品品牌、企业管理方式等新知识通过外溢到聚集区内的其他旅游企业成为集群内旅游企业的"缄默性知识""组织知识"等公共知识,使得集群中旅游企业在技术知识、管理、市场知识以及组织文化等方面比较方便地通过日常的观察和交流进行学习和仿效,产生强烈的"传染效应"。

此外,旅游业集群内空间接近性和共同的产业文化背景,在促进显性知识的传播与扩散的同时,促进了隐性知识的传播与扩散,并通过隐性知识的快速流动进一步促进了显性知识的流动与扩散,进而激发新思想、新方法的应用,从而促进旅游企业的创新。因此,旅游产品多元化可以被视为旅游业聚集密度的函数,多元化旅游产品种类 n 则成为与旅游业聚集密度相关的一个内生变量,即,

$$n = (den)^{\zeta}, \ \zeta > 1 \tag{14-18}$$

2. 聚集密度与旅游成本

新经济地理学从地理角度强调了企业经济活动或行为相互作用的空间维度,在旅游相关企业地理邻近的情况下,旅游聚集密度越高,旅游企业越能够从旅游者交通成本的节省、旅游者多元消费需求的满足以及成本方面的节约等方面获取合作性的收益。

首先,从宏观角度而言,旅游业聚集密度为满足旅游者多元化需求提供了丰富而及时的产品供给,旅游产品或服务递送时间被大为缩短,节省了旅游者在不同旅游产品体验之间转换的时间,这在旅游者面临强烈的时间约束情况下丰富了消费者的旅游体验,提升了旅游者满意度。虽然众多研究者分别从多个角度、多种学科对旅游及旅游业有关问题进

---

① Harris C. The market as a factor in the localization of industry in the United States[J]. *Annals of the Association of American Geographers*,1954,44(4):315-348.

② 关于这一点,后面章节将会专门论述。

行了研究,但是,旅游者的时间预算和金钱预算并没有得到很好的研究,并且,缺乏时间与空间之间的有效桥接。

事实上,闲暇时间是产生旅游活动的基本条件之一,但是,只有少数学者注意到了时间预算的重要性,并在统计调查基础上对旅游者在各种活动中使用的时间数量进行了研究。Schwanen 和 Dijst(2002)[1]则将旅游时间分为旅行时间(即用于地点转换的交通时间)和活动时间,并提出了"行游比(Travel-Time Ratio)"的概念,认为行游比越低(即活动时间越长),人们的旅游意愿越强烈,满意度越高。因此,在旅游业集群中,旅游经济活动在相对较为密集的空间范畴内组织成一个连贯的整体,并通过时间成本的有效节省和便利的空间转换为旅游者提供了多彩多姿的产品体验。

其次,有关聚集效应研究的基本前提均基于相关企业的地理邻近性的假设,并且,地理邻近性对企业信任、价值认同等有利于知识有效共享的因素有着显著的影响。进一步,旅游业密度不仅衡量了旅游企业的空间邻近程度,而且在一定程度上有利于旅游企业在相同或相近的社会文化背景和制度环境下进行合作性竞争,并通过形成共享的竞争规范和行为准则等非正式制度有效地防止了旅游企业间的机会主义行为,降低了旅游企业的交易成本。

在旅游业市场充分竞争的情况下,旅游产品成本和价格相等($p=c$)。这不仅包括旅游者在不同旅游产品间转换的时间成本,而且包括旅游产品生产方面的成本。进一步设定旅游者消费 r 地区旅游产品的边际生产成本 c_r 是该地区旅游经济活动密度的减函数,

$$p_r = c_r = (den_r)^{-\theta}, \theta > 0 \qquad (14-19)$$

14.2.8　旅游企业绩效

将式(14-17)、(14-18)、(14-19)代入式(14-16),得:

$$rev = A \cdot Wy_k \cdot (den)^{\theta-\tau[\mu/(1-\sigma)]} \cdot \left(\frac{\mu}{p^{TP}}\right)^{\mu} \left(\frac{1-\mu}{p^{INFRA}}\right)^{1-\mu} \qquad (14-20)$$

其中,式(14-20)表明,一个定位于地区 r 的代表性旅游企业的收入是该地区旅游市场潜能(Wy_k)和旅游业聚集密度(den)的增函数,同时是该地区旅游产品价格水平(p^{TP} 和 p^{INFRA})的减函数。

由于以利润最大化为目标的旅游企业总会选择可以获得高收入水平的地区作为经营区位,因此一个地区的市场潜能越大,产业聚集密度越高,旅游企业就会越向该地区聚集,从而会使得该地区旅游业发展水平越高。

① Schwanen T, Dijst M. Travel-time ratios for visits to the workplace: The relationship between commuting time and work duration[J]. *Transportation Research Part A: Policy and Practice*,2002,36(7):573-592.

14.3　市场潜能

14.3.1　开放条件下的旅游总需求

在旅游业发展过程中,旅游景区(点)构成了旅游产品发展的第一阶段,而在现代旅游业一方面随着旅游者需求的变化,购物、娱乐、休闲等新型旅游资源不断出现,尤其是对经济发达地区而言,传统资源禀赋式的发展思路正逐渐转向市场驱动型;另一方面,在包价旅游状态下,旅游企业选址有着明显的松脚(foot loose)特性,并倾向于集中在接近市场的区域,市场潜能构成了影响旅游企业区位选择的重要因素。就市场潜能而言,以往研究多用收入作为影响旅游需求的重要变量,Lim(2006)[①]的综述性研究表明,收入和价格是影响旅游需求的重要变量,在 Lim(2006)[②]涉及的 124 篇旅游需求研究文献中,105 篇使用了收入变量。但是,各地区人均收入和可支配收入以及消费习惯、恩格尔系数等却存在显著差异,采用居民消费数据更加直接和合理。不过,由于某特定地区的旅游市场规模既包括本地区的旅游需求,也包括来自其他地区的旅游需求,需要构建综合考虑各地区旅游需求的消费变量。

具体地,本讲借鉴 Harris(1954)[③]方法基于引力模型构造各地区市场潜力(Market potential)指标以测度各地区旅游业面临的地区市场规模,某一地区旅游业所面临的潜在市场容量即表现为一个空间加权平均值。这样,i 地区 t 时期的市场潜能 MP_{it} 可表示为:

$$MP_{it} = \sum w_{ij} Y_{jt} \qquad (14-21)$$

其中,Y_{it} 为 t 时期 i 地区的居民消费水平;w_{ij} 距离加权变量。

鉴于新经济地理学理论认为企业所在区域的市场条件以及不同区域之间的距离是影响经济主体行为的重要变量,在旅游者需求行为中,受时间等因素的约束,根据旅游需求的"距离衰减函数",旅游者的旅游需求随距离递减,距离对消费者旅游需求行为的影响效应成为特定区域旅游业之间相互依赖的主要原因。距市场较远区域的旅游产品需求受到障碍的同时,也会产生额外的消费成本。因此,旅游市场潜能函数通过旅游企业与旅游者距离加权变量这一平衡变量准确地衡量了我国各地区旅游业对广泛市场的接近性。根据

① Lim C. A survey of tourism demand modeling practice: Issues and implications[A] in Dwyer L, Forsyth P (Eds). *International Handbook on the Economics of Tourism*[M], Cheltenham: Edward Elgar, 2006: 45 - 72.

② Lim C. A survey of tourism demand modeling practice: Issues and implications[A] in Dwyer L, Forsyth P (Eds). *International Handbook on the Economics of Tourism*[M], Cheltenham: Edward Elgar, 2006: 45 - 72.

③ Harris C. The market as a factor in the localization of industry in the United States[J]. *Annals of the Association of American Geographers*, 1954,44(4): 315 - 348.

$Harris$(1954)[1],该指标与本地区及其他地区居民消费水平呈正比,与其他地区到该地区的距离呈反比。

14.3.2 空间权重矩阵

在空间权重矩阵的选择上,鉴于旅游者的流动是旅游的核心特征,比较合适的空间权重矩阵应当是区域之间的"旅游者运输量"。但是,由于难以从一般的统计年鉴中计算出这一数值,本讲采用简单权重矩阵和距离权重矩阵来替代"旅游者运输量"权重矩阵。[2]

简单权重矩阵一般使用二进制邻接矩阵,矩阵元素为 1 表示两个单元相邻,0 表示不相邻,即,

$$w_{ij} = \begin{cases} 1 & \text{如果区域 } i \text{ 和 } j \text{ 相邻} \\ 0 & \text{如果区域 } i \text{ 和 } j \text{ 不相邻} \end{cases} \qquad (14-22)$$

简单空间权重矩阵表明,地理位置越近,旅游者在两地间流动就会越方便和频繁。但是,该矩阵仅反映了相邻地区旅游需求和市场规模对本地旅游业发展的影响,却割裂了一个地区与其不相邻地区旅游业之间的联系。

一般来说,邻接矩阵更适合于战争和突发事件等对相邻地区的影响,而对于存在一个更广阔相互影响空间的情况而言,基于地理距离的权重矩阵更为恰当(Abreu et al.,2005)[3]。由此,距离权重矩阵考虑更远的空间单元之间的关系,其形式演变为,

$$w_{ij} = 1/D_{ij} \qquad (14-23)$$

式中,D_{ij} 为空间单元 i 和空间单元 j 之间的地理距离,则某一地区旅游业面临的潜在市场规模可表示为,

$$\mathrm{MP}_{it} = \sum_{j \neq i} (Y_{jt}/D_{ij} + Y_{it}/D_{ii})。$$

就我国旅游业发展而言,鉴于省会城市一般为该省的经济交通中心,是旅游者重要的目的地和中转站,在旅游流动过程中发挥着节点性作用,因此,可以以省会距离为准来衡

① Harris C. The market as a factor in the localization of industry in the United States[J]. *Annals of the Association of American Geographers*, 1954,44(4): 315-348.

② 胡鞍钢和刘生龙(2009)根据其理论模型构建和分析了 4 类权重矩阵,即简单权重矩阵、铁路里程权重矩阵、GDP 差距权重矩阵、公共边界距离权重矩阵,并分析了各自的优缺点(详情参阅胡鞍钢,刘生龙. 交通运输、经济增长及溢出效应——基于中国省际数据空间经济计量的结果[J]. 中国工业经济,2009(5): 5-14.)。陈继勇等(2010)则分析使用了铁路里程权重矩阵、GDP 差距权重矩阵、产业结构相关性权重矩阵(详情参阅陈继勇,雷欣,黄开琢. 知识溢出、自主创新能力与外商直接投资[J]. 管理世界,2010,(7): 30-42.)。

③ Abreu M, De Groot HLF. Florax RJGM. Space and growth: A survey of empirical evidence and methods [J]. *Région et Développement*, 2005,21: 13-43.

量两省之间的距离。那么，D_{ij} 为 i、j 两地区省会城市间的距离；D_{ii} 为 i 地区内部距离。

根据 Redding 和 Venables（2004）[①]，各地区内部距离取地理半径的 2/3，即 $D_{ii} = \frac{2}{3}\sqrt{\mathrm{area}_i/\pi}$，其中 area_i 为 i 地区土地面积。这样，直辖市等陆地面积小的省区具有相对较大的地区市场（能够节约交通、时间等成本）。

14.3.3　市场潜能

就市场潜能来说，开放条件下经过加权的市场潜能对各地旅游业空间聚集会产生积极的影响，来自其他地区的市场需求规模差异会对本地旅游业聚集水平产生显著的影响。就中国旅游业发展的现实情况而言，改革开放以来，由于区域经济发展的不平衡，东部沿海省份本身较为雄厚的市场和相对完善的基础设施使东部地区具有了初始优势，这种优势吸引着旅游业向东部地区聚集，进而扩大了东部地区旅游业的潜在需求。并且，距离对经济行为的影响效应是特定区域经济个体之间相互依赖的主要原因，市场接近因素有效地影响了旅游企业的区位选择，一个地区的市场潜能越大，旅游业就越倾向于向该地区聚集，并由此导致了经济聚集的发生。

此外，需要注意的是，旅游业聚集不仅是一个基于单纯商业特性简单、自发的过程，而且呈现出利益相关者协同运作的复杂网络机制，使旅游业聚集具有自我强化性的社会网络结构。实际上，旅游业聚集作为不同旅游企业在特定地理空间上的集中，在不同旅游企业之间形成了多样化的互动性商业网络体系，而作为一个连续的动态过程，前一期聚集在一起旅游企业会通过有效地社会网络结构、旅游者的口碑效应等途径对当期旅游业发展水平产生某种影响，形成区域旅游业发展过程中"内生性"的惯性机制和自我强化式的过程。

进一步，根据内生增长理论，投资能够产生溢出效应，资本积累会导致劳动生产率的提高，而地理邻近旅游企业之间会形成共享的熟练劳动力市场，并通过"劳动池"效应促进旅游空间聚集的形成。尤其是，一个健康发展的旅游业聚集区会由于其所具有的内在发展机会和企业家等人力资源而吸引更多关键的旅游企业向特定区域集中，并由此形成自我强化式的聚集发展机制，通过旅游产品创新满足了旅游者多元化的消费需求。因此，旅游业空间聚集会引致通过企业层面上的规模经济效应，并进一步通过要素密度影响旅游业空间聚集的发展。

上述分析不仅使我们了解了当前旅游业空间聚集的具体机制，而且并彰显出下列政策含义。一是，地区和本地市场是各地区旅游业空间聚集的关键动力和机制，各地区旅游

---

① Redding S, Venables A J. Economic geography and international inequality[J]. *Journal of International Economics*，2004，62(1)：53 - 82.

业发展要积极保持与其他地区间的有效合作,充分利用和发挥各地区旅游市场潜能。二是,要提升旅游业聚集密度,构建旅游相关企业间的协作网络体系,形成旅游业集群的内在良性发展机制。三是,要聚集旅游业生产要素,发挥要素规模经济效应,推动旅游业空间聚集进一步健康发展。

第 15 讲　聚 集 效 应

经济的空间聚集程度与经济增长密切相关,就旅游业聚集来说,旅游业地理聚集与旅游业发展是自我强化的过程。依托于旅游企业的产品、管理和组织创新行为,空间聚集导致旅游业聚集区域创新活动的成本下降,进而吸引旅游企业和旅游者的共同聚集,从而形成了旅游业聚集与经济增长的循环累积的过程。一般来说,MRA 外部性和 Jacobs 外部性更多强调的是产业聚集的经济性外部性效应,而上述因素之外,社会网络和旅游产业链在旅游业聚集过程中发挥着重要的隐形作用。尤其是,考虑到不同区域旅游业发展过程中的产品、商业文化、利益相关者以及产业地位和政策支持等方面的异质性,旅游业空间聚集内部经济、社会结构呈现出错综复杂的特性,导致各区域旅游业发展过程中有着不同的动态机制,并在一定程度上造成了旅游业发展过程中空间不均衡现象的存在。

15.1　聚集的特征

15.1.1　外部特征

具有竞争优势的旅游业聚集具有鲜明的内外部特征。就其外部特征而言,一方面,旅游业聚集形成一定的产业规模和完整的旅游业链,促进旅游部门专业化分工的不断深化,进而促进产业增长和集中。另一方面,只有大量旅游企业聚集才能形成产生激烈的市场竞争和产业间的整合和分工,吸引相关支撑机构和政府制度的扶持,形成交流频繁、流动性强的劳动力市场,促进旅游业聚集不断创新和保持竞争优势。

此外,旅游企业创新和旅游聚集创新在时间和空间上具有一定的密集性,[①]这成为旅游业聚集区别于简单旅游业聚集的重要特征。这不仅表现为旅游集群内部企业间合作竞争导致的企业不断推出差异化的产品和服务,而且表现为旅游地整体形象的不断提升、管理体制的创新、整体产品的创新,以及对于集群内部企业空间格局和景观格局的改善和创新。

---

① 这也显示了旅游产业聚集创新能力的强度。

15.1.2　内部特征

就旅游业聚集的内部特征而言,一方面,旅游业集群内部合作性竞争明显。旅游业链上核心企业间没有投入产出关系,不同行业企业为给旅游者提供完整的旅游产品会进行紧密的合作,这也使得旅游业聚集和一般产业聚集不同。旅游业集群内的合作不仅是互补行业之间进行合作,而且是同类企业之间经过了长期的竞合博弈和基于相同或相近的社会文化背景和制度环境下进行合作性竞争。这种合作既包括契约和合同形式的正式合作,也包括非正式合作如非正式交流、信息和社会观念分享等。

另一方面,旅游企业间形成了共享的竞争规范和行为准则等非正式制度,且只有当旅游企业间通过长期竞合博弈最终形成了建立在信任和合作基础上的、非书面的、企业共享的竞争规范和行为准则等非正式制度时,旅游业聚集才真正得以出现。[①] 集群内企业共享的非正式制度能有效地防止各种机会主义行为,降低交易成本,加强企业间的交流与合作,促进知识外溢和技术扩散,提高旅游业聚集整体的竞争力。

15.2　静态聚集效应

随着产业聚集逐渐成为我国旅游业发展过程中突出的空间特征,旅游企业在特定地理空间的聚集通过竞争或合作等路径促进了旅游产品创新和绩效的提升,使产业聚集成为我国旅游业发展新的维度和载体,并通过区域旅游业比较优势的形成决定了旅游业的长远发展。

随着经济活动中的空间特性受到经济学家、地理学家以及规划人员越来越广泛地关注,有关研究为分析我国旅游业发展及其绩效的区域差异提供了有益的借鉴,也为分析旅游业聚集和其他经济社会因素之间的互动性关系提供了必要的视角。虽然有关学者关于产业聚集的定义存在着不同的理解,但是,研究者在基于产业聚集理论解释旅游业发展方面做出了巨大的努力,且重点着眼于一般化的产业聚集分析框架解析了旅游业发展的绩效,探讨了旅游业聚集对旅游企业创新及其对旅游业发展的促进作用。

15.2.1　外部性

1909 年,韦伯(Weber)在《工业区位论》(Theory of the location of industries)[②]中第

---

① 旅游业市场进出门槛低,且旅游产业的大部分是中小企业,产业集中度较低,在旅游产业发展初期极易产生价格竞争、商业欺诈、以次充好等混乱的市场秩序,这个时期的产业聚集不能称为产业集群。

② Friedrich C J. *Alfred Weber's theory of the location of industries*[M]. The University of Chicago Press, 1929.

一个提出了聚集与聚集经济概念,指出聚集经济是一种"优势",是生产在很大程度上被带至某一地点集中所产生的成本降低优势。但是,韦伯的聚集经济只考察了产生于厂商内部规模经济的成本节约。而英国经济学家阿尔弗雷德·马歇尔则第一个触及聚集经济的外部性实质,在韦伯的概念上更进了一步,提出行业内厂商的集中产生的外部性可以降低行业的成本,并带来整个行业的优势。

1. 外部经济

马歇尔(1964)[①]在其经典著作《经济学原理》第四篇《生产要素——土地、劳动、资本和组织》中研究生产要素的报酬规律时首先提出了"外部经济"和"内部经济"这一对概念,指出:

> "我们可把因任何一种货物的生产规模之扩大而发生的经济分为两类:第一是有赖于这工业的一般发达的经济;第二是有赖于从事这工业的个别企业的资源、组织和经营效率的经济。
>
> 我们可称前者为外部经济,后者为内部经济。……这种经济(外部经济)往往能因许多性质相似的小型企业集中在特定的地方——即通常所说的工业地区分布——而获得。"

同时,马歇尔认为"外部经济"实际上包括产业部门的地理位置、辅助部门的发展水平、通讯手段的条件情况、熟练劳动力的供给等,即厂商之间形成的一种相互依存的关系总和,这种关系促进了产量的增加。虽然,马歇尔在其著作《经济学原理》并未明确"聚集"的概念,但是,他认为,在类似于工业综合体的经济聚集现象的形成过程中,外部性是关键性因素,

> "首先,当一种工业已这样选择了自己的地方时,它是会长久设在那里的。因为,从事同样的需要技能的行业的人,互相从邻近的地方所得到的利益是很大的。行业的秘密不再成为秘密,而似乎是公开了,工人们不知不觉地也学到许多秘密。优良的工作受到正确地赏识,机械上以及制造方法和企业的一般组织上的发明和改良之成绩,得到迅速的研究。如果一个人有了一种新思想,就为别人所采纳,并与别人的意见结合起来,因此,它就成为更新的思想之源泉。不久,辅助的行业就在附近的地方产生了,供给上述工业以工具和原料,为它组织运输,而在许多方面有助于它的原料的经济。
>
> 其次,在同一种类的生产的总量很大的区域里,即使用于这个行业的个别的资本不很大,高价机械的经济使用,有时也能达到很高的程度。因为,辅助工业从事于生产过程中的一个小的部门,为许多邻近的工业进行工作,这些辅助工业就能不断地使

---

① 马歇尔(Marshall A.),朱志泰译. 经济学原理[M]. 北京:商务印书馆,1964.

用具有高度专门性质的机械,虽然这种机械的原价也许很高,折旧率也许很大,但也能够本。

再次,除了最早的阶段之外,在一切经济发展的阶段中,地方性工业因不断地对技能提供市场而得到很大的利益。雇主们往往到他们会找到他们所需要的有专门技能的优良工人的地方去;同时,寻找职业的人,自然到有许多雇主需要像他们那样的技能的地方去,因而在那里技能就会有良好的市场,一个孤立的工厂之厂主,即使他能得到一般劳动的大量供给,也往往因缺少某种专门技能的劳动力而束手无策;而熟练的工人如被解雇,也不易有别的办法。"

2. MAR 外部性和 Jacobs 外部性

外部性在经济发展中的作用问题在近些年已经得到了学者们的大量关注,然而在有关外部性来源的看法上却存在着很大的争论。

第一种观点认为,外部性主要来自同一产业内的企业之间,同一个产业内的企业在某个区域内的大量集中有利于知识在企业之间的外溢与扩散,一个产业的专门化程度越高,越有利于外部性的产生,越有利于产业的创新和经济增长。这种认为外部性主要来源于同一产业间的专业化分工的观点被称为"当地化经济"(Localisation),也称为 MAR 外部性。[①]

第二种外部性来源的观点来自 Jacobs(1969)[②],她认为创新在很大程度上取决于经济组织的数目和多样化程度。外部性主要来源于不同产业间的企业,而不是源自同一产业内的企业之间,因而一个地区产业的多样化程度越高,就越有利于促进知识的传播及经济活动的交往,越有利于外部性的产生,也就越有利于这个地区产业的经济增长。这种不同产业之间的多样化更有利于外部性产生的观点被称为都市化经济(Urbanization Economies),也称为 Jacobs 外部性。[③]

归纳起来,产业聚集的正外部性表现在以下三个方面:一是知识的无成本外溢,这也正是建立城市经济学、新聚集增长理论的基础,它是基于外生的规模经济之上的;二是共享的工人市场,工人、厂商在这一聚集区内可以既减少失业的风险又可以方便厂商雇用熟练工人;三是产业间的联系,这种力量正是现代经济学第四次革命的着眼点,它们是基于

---

① 即"Marshall-Arrow-Romer 外部性",该理论源于 Marshall(1920)、Arrow(1962)、Romer(1990)的论著,认为在一个给定的地区,某种企业能从本地区的同行业的其他企业或不同行业的其他企业的经济活动中受益,并进一步促进该产业在这个地区的增长。(详请参阅 Marshall A. *Principles of economics*[M]. London: Mac Millan, 1920. Arrow K. The economic implications of learning by doing[J]. *Review of Economic Studies*, 1962, 29(6): 155 - 173. Romer P. Endogenous technological change[J]. *Journal of Political Economy*, 1990, 98(5): 71 - 102.)

② Jacobs J. *The Economy of cities*[M]. New-York: Vintage, 1969.

③ 对于产业生产率的提高和区域经济发展,这两种观点均具有非常广泛而深刻的政策含义。如果 MAR 型外部性起主导,同类企业将会向某个特定地区集中;反之,如果某个行业较多地受 Jacobs 型外部性的支配,这个行业的企业的发展就需要一个产业多样化的环境。也就是说,多种产业并存,而不是同类产业集中。总之,产业专门化是一种发生于产业内的外部性,产业多样化是一种发生在产业间的外部性。

厂商水平上的内生规模经济所引致的,也是 Fujita、Krugman 和 Venables(1999)①用模型化的方法建立新经济地理学的贡献之处。波特(Porter,2002)在其《簇群与新竞争经济学》②一文中进行了如下归纳:

> "簇群通过三种方式影响竞争:首先,通过增强以该领域为立足点的公司的生产力来施加影响;其次,通过推动创新的方向和步伐,为未来生产力的增长奠定坚实的基础;再次,通过鼓励新企业的形成,扩大并增强簇群本身来影响竞争。每个簇群总能使其每个成员受益,仿佛它拥有更大的规模或已与其他簇群正式地联合在一起——而并不要求它牺牲自身的灵活性。"

根据上述分析,结合产业聚集的竞争优势,不难得出如下命题,即产业聚集可以持续地提升区域经济发展水平和竞争力。这无疑是来自聚集产业自身具备自我强化的机制,一旦聚集规模达到某一临界值,聚集的规模将以更快的速度扩张,一方面,单个企业的规模不断扩张;另一方面,新企业不断进入。这意味着培育区域产业竞争力的关键在于培育聚集产业,产业聚集的可持续性使得区域在该产业上的竞争力得以长久的保持。并且,随着区域竞争环境的不断改善,聚集产业的竞争优势将不断向外扩张,衍生至聚集产业的上下游企业、"支持性"要素和服务业,使区域经济竞争优势不断增强,并导致不同区域经济绩效的差异化。

15.2.2 规模效应

聚集源于企业在地理位置上的集中,因此,与之最为相关的是,企业在选址决策上遵循特定的共同规律。当特定地域满足特定条件时,企业就会不约而同地聚集在同一地域从而形成集群,这一过程反映了环境对企业战略的决定作用。韦伯(Weber)③最早从这一角度建立了模型,他提出企业选址过程中的三个导向:运输成本导向,劳动力成本导向和聚集力导向,其中前两个因素决定于地理位置,而第三个因素具有非地域特征,基于原材料投入、需求和部分劳动力不能随意流动的假设。Weber 所提出的选址模型开创了对聚集形成阶段的研究,其后的追随者对此模型进行了扩展。Isard(1951,1956)④和 Moses(1958)⑤将最小化成本方法运用于需求和市场的地域分布研究,区别了生产成本和运输

---

① Fujita M, Krugman P, Venables A. *The spatial economy: Cities, regions and international trade*[M]. Cambridge: MIT Press, 2001.

② 波特(Porter ME). 簇群与新竞争经济学[J]. 经济社会体制比较,2002,(2):21-31.

③ Friedrich CJ *Alfred Weber's theory of the location of industries*[M]. Chicago: University of Chicago Press, 1929.

④ Isard W. Distance inputs and the space-economy part II: The locational equilibrium of the firm[J]. *Quarterly Journal of Economics*, 1951,65(3):373-399. Isard W. *Location and space-economy*[M] Cambridge: MIT Press, 1956.

⑤ Moses LN. Location and theory of production[J]. *Quarterly Journal of Economics*, 1958,72(2):259-272.

成本对选址的影响,试图将其纳入到一般生产理论范畴,认为选址决策可用传统经济学要素替代理论来解释,其中的要素不仅包括劳动力和资本,还涵盖土地这一不可流动的稀缺资源。

就旅游业聚集而言,通过对旅游业聚集优势效应的分析可知,大量旅游企业在地理空间上的聚集,不仅有利于降低群内企业经营成本,实现规模效应,而且有利于群内技术创新,实现产业的升级,还有利于发挥资源共享效应,形成区域旅游品牌,实现集群内企业间的多赢。此外,还有利于促进资本聚集,扩大区域旅游业规模。由此,作为在一定的地理空间上形成的、具有一定产业规模旅游业集群,拥有较为完整的旅游产业链,及较强的创新能力。旅游业集群内企业合作性竞争明显,形成了有利于提高整体竞争力的企业共享行为规范和目标。

15.3　动态聚集效应

鉴于产业聚集的 MAR 和 Jacobs 外部性效应,旅游业发展在一定程度上依赖于专业化或多样化的产业聚集环境。但是,需要指出的是,专业化或多样化依然是旅游业发展过程中相对肤浅的表象,并且有关研究在更多地强调旅游业聚集过程中经济因素的同时,遵循了"聚集效应—产业发展"相关变量之间"原因—结果"式的静态内在分析逻辑,忽视了旅游业聚集与产业发展之间内在互动性机制。因此,为了深入地理解旅游业聚集及其对旅游业发展的作用,应该对旅游业聚集的内在机制进行更为全面的探究。

15.3.1　知识溢出

20 世纪 90 年代,受区域经济动态理论的影响,经济学家们在研究创新环境对企业创新影响的过程中对产业聚集现象提出了新的认识。动态聚集逐渐成为产业聚集现象持续存在的重要原因,它增强了企业的学习能力,减少了创新的不确定性。尤其是,在特定区域内企业的学习能力已成为区域保持竞争力的核心,而一个企业的学习能力,不仅取决于企业的战略和结构,而且依赖于企业的外部因素,这些因素根植于企业所处的区域背景中。

在产业聚集区内,知识和技术的扩散、商业信息和技术诀窍的交流等,会通过集体学习能力和创新能力的增强产生动态的聚集经济。并且,在特定创新环境下的产业聚集,通过地理临近和便利的学习,来实现技术的创新、扩散和知识的积累,同时不断提高区域创新能力,减少创新的不确定性。

鉴于空间聚集在知识溢出和扩散过程中关键性载体作用,知识外部性是产业聚集的一个重要原因。而在特定的产业聚集空间中,空间邻近有助于不同旅游企业之间业务协作和知识共享网络的形成,知识—尤其是隐性知识—溢出将基于不同旅游企业之间的经济、社会网络变得更为常见,并通过增强旅游企业创新促进旅游业的发展。

15.3.2　社会网络

在旅游业空间聚集中,旅游企业聚集不仅是一个基于单纯商业特性的简单、自发的过程,而且呈现出利益相关者协同运作的复杂网络机制,由此,使得旅游业聚集具有"自我强化"式的社会网络结构。不同旅游企业依托产业集群社会、经济网络借助产业合作和互补机制,实现了信息的交流和知识的创新。

在旅游业聚集的 MAR 和 Jacobs 等经济外部性之外,社会网络在旅游业发展中发挥着关键的作用。尤其是,在旅游消费需求日益多元化的趋势之下,旅游业聚集作为互补性旅游企业共同聚集的结果,在实践中得益于此前存在的旅游企业之间形成的动态网络和联盟,且旅游业聚集中存在社会网络机制为旅游企业提供了接触不同知识、多样化旅游资源以及共享旅游市场的机会,有助于相关旅游企业以战略联盟的形式为旅游者提供多样化的产品或服务。

聚集优势依赖于集群内部网络结构,聚集的蓬勃发展重新塑造了商业竞争的形态,把竞争从单个企业之间提升到更大的群体之间。作为新的组织形式,产业聚集的竞争优势体现出了与个体企业不同的形成机制。从网络角度对旅游业聚集的分析可以发现,与传统战略领域对企业竞争的分析相比,旅游业聚集竞争优势的形成机制存在如下两方面的差异:一是,聚集重构了旅游传统组织(群内企业或机构)中的资源,旅游业聚集在集中、管理、升级各种资源时具有更大的空间,具有更为灵活的资源组织优势;二是,旅游业聚集竞争优势的分析是对旅游业聚集整体的分析,整体分析的基础是聚集内个体组织间的互动关系,正是这种反复的、持久的组织间联系将旅游业聚集连接为一个有机的发展整体。

15.3.3　规模报酬递增

近年兴起的新经济地理学在解释工业聚集和地区间差距方面获得了巨大的成功。这一理论认为,地理位置和历史优势是聚集的起始条件,规模报酬递增和正反馈效应导致了聚集的自我强化,使得优势地区保持领先。[①]

借鉴物理学中的耦合(coupling)[②]概念,可以识别产业聚集与区域经济发展两个系统

---

① 在该领域中,Fujita, Krugman & Venables(2001)是一部总结性的著作。(详请参阅 Fujita M, Krugman P, Venables A. *The spatial economy: Cities, regions and international trade*[M]. Cambridge: MIT Press, 2001.)

② 所谓耦合,是指两个或两个以上的系统或运动方式之间通过各种相互作用而彼此影响以至联合起来的现象,是在各子系统间的良性互动下,相互依赖、相互协调、相互促进的动态关联关系。

通过各自的耦合元素产生彼此影响的相互作用过程的 10 个方面,即产业聚集与区域经济增长的耦合、产业之间特有的关联性与产业聚集的耦合、地方特色产业聚集与区域优势的耦合、产业聚集与区域经济结构调整与升级的耦合、产业聚集同整合区域资源的耦合、产业聚集同所在区域信息业的耦合、产业聚集区域技术进步与技术创新的耦合、产业聚集同区域市场运行效率之耦合、产业聚集与区域经济开放程度之耦合、产业聚集同区域经济的负效应之耦合等。

Martin 和 Ottaviano(2001)[①]的研究证明,经济增长与产业聚集是相互自加强的过程:一方面,经济活动聚集于一地会激发经济增长,因聚集会透过金钱外部效应(pecuniary externality)(由于交易成本的存在)减少革新的成本(因革新需要耗费制成品的复合品,而制成品在异地间运输需花费运输成本);另一方面,增长促进聚集是因为,当作为革新源泉的部门扩大时,新企业倾向于靠近这些部门生产。

15.4 聚集效应指标及构建

在新经济地理学和增长理论方面,众多理论研究和实证研究都尝试用不同方法来揭示"聚集经济"的作用和性质。一般而言,产业聚集效应主要源于两个方面,即基于产业专业化(specialization)的 MAR 效应和基于产业多元化(diversity)的 Jacobs 效应,前者是发生于产业内的外部性效应,后者则是发生在产业间的外部性效应。按照 Krugman(1991)[②]的观点,马歇尔确认了导致特定产业地方化(localization)外部性性质的三个原因,即产业专属技能的劳动力市场、非贸易的特定投入品和信息溢出导致生产者函数的改进。而新经济地理文献中提到的 Jacobs 外部性则一般沿袭 Glaeser et al.(1992)[③]的思路,强调知识在互补而非相同产业间溢出,并且互补性知识在多元化企业间的交换促进了创新实践。由此,多元化的生产结构导致了递增收益并产生了多元化外部性(diversification externalities)。

值得注意的是,以往关于产业聚集的研究基本关注于不同产业之间的外部性,鲜有研究深入到某一个产业层面。而就旅游业聚集的研究而言,旅游业聚集效应的作用途径和机制并未得到深入的实证检验和研究,这也使得关于旅游业聚集效应的认识仅停留在肤浅的直观或概念认识层面。究其因,一方面是源于对旅游业聚集的认识还不够深入,另一

① Martin P, Ottaviano GIP. Growth and agglomeration[J]. *International Economic Review*,2001,42(4):947-968.

② Krugman P. Increasing returns and economic geography[J]. *Journal of Political Economy*,1991,99(3):483-499.

③ Glaeser EL, Kallal HD, Scheinkman JA, Schleifer A. Growth in cities[J]. *Journal of Political Economy*,1992,100(6):1126-1152.

方面则源于旅游业统计数据的不完善,尤其是后者限制了旅游业聚集的实证研究。

鉴于此,本讲基于对我国旅游统计现状和统计数据体系的分析,深入到旅游产业内部,探究旅游产业专业化和多样化指标的构建途径和方法,为实证检验和分析旅游产业聚集对旅游业发展的影响、探究旅游产业聚集的作用机制和路径奠定基础。

具体说来,有关旅游产业的实证研究并未定量评估地区旅游产业的专业化或多样化对旅游业发展的作用。限于我国旅游统计的现状,鉴于旅游相关行业边界的模糊性和当前统计体系下数据的可得性,旅游企业作为旅游业最重要的微观经济单元和现代旅游活动的主体,为本讲提供了一个比较好的研究视角和突破口。尤其是,作为以盈利为主要目的为旅游者提供各种服务、满足其需要的单位和个体,旅游企业是旅游业发展中的重要微观经济单元,是旅游活动中不可或缺的纽带和桥梁,是旅游业发展中的重要参与者,也是表征旅游业发展的重要技术性关键载体。不同旅游企业及其经济活动在旅游产业链及产品体系中有着不同的相对位置,根据我国现有旅游统计体系,星级酒店(star-rated hotels)、旅行社(travel agencies)、旅游景区(点)(senic spots)、旅游车船公司(transportion companies)以及其他旅游企业(other)等基本旅游企业(HASTs)分别为旅游者提供了不同的旅游产品和服务,并通过相互之间多层次的合作共同满足旅游者多元化的消费需求,构成了旅游产业体系中的核心企业群体。

一般而言,产业是指构成同类的、生产相对同质性的产品或使用基本相同的技术企业群或生产者的总和。严格来讲,构成一个"产业"的一组企业群,必须满足三个标准,即生产相对同质性的产品、使用基本相同的技术、企业数量和它们产出的财务价值必须在数量上大到足以值得从统计上作为一个单独的部门。这些标准意味着,随着社会经济和技术的发展过程,有些老的产业会逐渐消失而新的产业会不断出现。在这里,企业数量与其产出规模非常关键,"同质性产品"和"相同技术"更是作为确定是否将同一组企业群认作一个产业的核心所在。① 具体到旅游产业而言,在微观层面上,具有不同或相异属性的旅游企业组成了不同的旅游行业②,其所表现出的结构则构成了旅游产业结构的重要载体和映射。

15.4.1 专业化

产业聚集的专业化效应源自某区域中同一产业经济规模的扩张,就测量方法而言,近

---

① Smith(2004)提出了不同的意见,认为尽管在政策分析、旅游宣传、教育和目的地营销过程中,人们常常使用"旅游产业"这个词,但旅游并不是上述意义上的一个产业,这首先是因为住宿企业的产品(使人们在一个地方待下来)和交通运输公司的产品(使人们走来走去)之间的明显差异,根本不符合同质性产品的标准,其次是因为旅游基本上是一个需求方面的概念,以某一类特殊消费者的活动为其特征,而产业的定义则是依据产品而非产品的消费者。(详请参阅 Smith S LJ, 赵丽霞、刘臻译. 旅游测度 & 旅游卫星账户[M]. 中国统计出版社, 2004.)

② 为了区分旅游产业以及旅游产业结构的概念,本讲将后者称为旅游行业。

年来,随着数据的可获得性及数据质量的提高,涌现了大量的实证文献,并且,地区专业化的度量指标也取得了一定程度的发展,其中,得到较多应用的是 Hoover 地方化系数(Hoover,1936)[①]、行业分工指数(Krugman,1991)[②]及 γ_j 系数(Ellison & Glaeser,1997)[③]等。樊福卓(2007)[④]则在合理的假设下提出了新的度量指标,构建了"地区专业化系数",并进一步提出了"产业结构差异系数"。

根据 Henderson 等(1995)[⑤]的方法,专业化被定义为"产业在某个地区的就业量在该地区就业总量中所占的份额与该产业的就业总量在就业总量中所占的份额之比",即 i 地区 j 产业的专门化指数被定义为 j 产业在 i 地区产业总体中的所占的份额与该产业在所有地区产业总体中的所占的份额之比,这个指数度量了 j 产业相对于全部地区水平而言在 i 地区的专业化。从空间分布而言,该指标反映了分均质状态下 j 产业相对于全部地区水平而言在 i 地区的相对分布密度。

鉴于旅游产业边界的模糊性,我们不能清晰地界定旅游业的相关产业。因此,本讲仅着眼于单一的"旅游业",在省际层面上[⑥],采用各区域旅游业收入占全国旅游总收入的比重来衡量旅游业的相对专业化。并且,考虑到各地区域空间大小的差异,本讲用地区土地面积($area_i$)进行了平衡。即,

$$spc_{i,t} = \frac{rev_{i,t}/\sum_{i,t} rev_{i,t}}{area_{i,t}} \tag{15-1}$$

其中,$rev_{i,t}$ 代表现有统计体系中 i 地区 t 年旅游企业的收入。该指标衡量了旅游产业经济规模的扩张和旅游产业密度,[⑦]度量了旅游产业相对于全国水平而言在 i 地区 t 年的相对规模和产业密集程度,也显示了旅游产业的相对聚集程度。一般而言,旅游产业经济规模的扩张和产业密度提升所引致的基于企业水平上的内生规模经济效应会通过知识的无成本外溢、共享的工人市场和共享的需求市场等途径影响旅游业的发展。如果这个变量

①　Hoover M. The measurement of industrial localization[J]. *Review of Economics and Statistics*, 1936,18(4): 162-171.

②　Krugman P. Increasing returns and economic geography[J]. *The Journal of Political Economy*, 1991, 99(3): 483-499.

③　Ellison G, Glaeser EL. Geographic concentration in U.S. manufacturing industries: A dartboard approach [J]. *Journal of Political Economy*, 1997,105(5): 889-927.

④　樊福卓. 地区专业化的度量[J]. 经济研究,2007,(9): 71-73.

⑤　Henderson V, Kuncoro A, Turner M. Industrial development in cities[J]. *Journal of Political Economy*, 103(5): 1067-1090.

⑥　当然,该方法也可以应用到地区、市、县等层面上。

⑦　产业密度是用来反映一个国家或地区经济发展水平的重要指标,它能够准确地反映出一个国家或地区单位土地总面积上的经济产出水平。一般而言,聚集所表现出来的外部效应是建立在内部各组织间、组织与环境间一定的关联之上的,聚集经济由此可以表现为集群内部独特的网络结构,机构稠密性(institutional thickness)就是以集群所带来的社会联系为研究对象的。所谓机构稠密性是指集群内存在大量各种各样的组织,如企业、金融机构、行业协会、政府机构等,这些组织间又存在密切的互动关系,而且它们都有强烈的区域意识。

对增长的作用为正,则表明旅游业规模的外部性能在产业内部能够提高旅游企业的总体发展水平及生产效率。

15.4.2　多样化

相对而言,专业化强调的重点在于静态的外部性经济,即由于产业规模的扩大和区域内行为主体间互动性行为的密集程度而带来的集体效率。而随着研究的深入,经济学家们在研究创新环境对企业创新影响的过程中对产业聚集现象提出了新的认识,动态聚集逐渐成为产业聚集现象持续存在的重要原因,即知识和技术的扩散、商业信息和技术诀窍的交流等都会产生动态的聚集经济,并促进了集体学习能力和创新能力的增强。

就旅游产业聚集的内部特征而言,旅游产业链上核心企业间没有投入产出关系,旅游产业集群内部合作性竞争明显。并且,由于消费者旅游需求的多元化,不同旅游行业企业为了给旅游者提供完整的旅游产品会进行紧密的合作,这也导致了旅游产业聚集和一般产业聚集的不同。此外,旅游产业集群内的合作不仅是互补行业之间进行合作,而且是同类企业之间经过了长期的竞合博弈和基于相同或相近的旅游资源、社会文化背景和制度环境下进行合作性竞争。另一方面,从消费者角度看,旅游经历应当被看作是一种单一的、与个人体验相融合的一种产品,这种产品从旅游者离开家到回到家这段时间里,涉及种类繁多的服务类型和服务内容,因此,为了满足旅游者多元化的需求,旅游产业边界获得了快速的拓展,仅仅依赖 HASTs 已不能满足旅游者的需求,越来越多的产业被纳入到在旅游产业的发展过程,由此,旅游产业的多元化构成了旅游业发展的重要维度。

一般而言,学术界普遍采用市场结构理论中的 Herfindhal 集中性指数的倒数来度量其多样化程度,即 i 省 j 产业的多样化指数被定义为除 j 产业外所有其他产业在 i 省工业总产值(除 j 产业外的)中的份额的平方和的倒数,即

$$div_{i,j} = \frac{1}{\left(\sum_{k \neq j} y_{i,k} / \left(\sum_{j} y_{i,j} - y_{i,j} \right) \right)^2}$$

但是,囿于我国旅游统计的现状和旅游业的特点,该指标在旅游业中的应用依然面临巨大的困难,这需要借鉴其他途径来构造我国旅游产业多样化衡量指标。

1. 基本思路

在旅游业聚集中,星级酒店、旅行社、景区(点)、车船公司等旅游企业分别提供了不同的旅游产品和服务,并通过相互之间多层次的合作共同满足旅游者多元化的消费需求。此外,随着旅游者需求的不断变化,仅仅依赖于传统意义上的旅游企业并不能为旅游者有效地提供有针对性的旅游产品和服务。实际上,从旅游业链角度来看,旅游产品包含了相对宽广的产业内容,并且,随着旅游业与相关行业结合深度与广度的增加,旅游业与其他

行业融合的趋势日渐增强,旅游业态不断地从低级向高级、从简单向复杂、从浅层向深层发展变化,旅游产品线宽度不断扩展,一批有别于传统观光旅游模式的新业态悄然兴起,为满足旅游者日益增强的多元化和个性化产品需求提供了条件,并在壮大旅游业的规模、丰富了旅游业内容的同时成为旅游业态良性发展的一个重要标志。

　　一般而言,聚集区域旅游业竞争力源自区域内以及区域间旅游企业之间合作性竞争,但是,以往有关旅游业研究模型却普遍低估了旅游者消费需求及其变化的影响。实际上,鉴于旅游产品在通过旅游者体验、感知过程中进行定义的特性,旅游者既是旅游产品的起点又是旅游产品的终点,因此,关于旅游产品研究需要消费者导向的理论视角,并且,随着旅游经历的增加和经济水平的提升,旅游者及其消费需求变得越来越复杂和多元,旅游业需要整合越来越多的产业以满足旅游者多元化的消费需求。而在旅游业聚集中,鉴于不同旅游业部门以及相关产业的空间邻接性,旅游业集群中的旅游企业能够方便地通过多样化的路径和方法为旅游者提供多样化的旅游产品,并由此催生了系列旅游新型业态,成为旅游业发展过程中的新维度和新方向。遗憾的是,有关产业链的研究更多关注于制造行业,虽然近年来有关研究者对旅游业链进行了描述性的研究,但囿于统计数据方面的缺乏,相关旅游业多样化的实证研究却一直比较鲜见。

　　此外,旅游资源的地域性特征以及旅游服务不能储存的特性使得旅游者必须到特定的旅游目的地进行旅游产品的体验,因此,从某种意义上说,旅游目的地就是旅游产品。在旅游产品体验过程中包含旅游者各种消费需求的情况下,旅游产品供给呈现出不同旅游企业之间横向、纵向以及交叉式的多维产品关系网络,旅游系统就成为旅游产品或服务的供给和需求在特定地理空间中相互作用的过程。在旅游业聚集区中,旅游产品或服务递送时间被大为缩短,这在旅游者面临强烈的时间约束情况下丰富了消费者的旅游体验,提升了旅游者满意度。进一步,作为区域旅游业组织的一种形式,旅游业空间聚集为旅游产品创新提供了更多容易捕捉的机会,旅游企业能够更方便地接近市场,了解顾客的旅游消费倾向,减少旅游企业的学习成本,对旅游企业产品对产业创新和产业发展起到了至关重要的作用。

　　借助推动、完善和建立旅游业聚集区及其内部的社会、经济网络,不同旅游企业通过合作路径为旅游者提供了有针对性的旅游产品,因此,旅游目的地不仅是有形产业和无形社会文化组成的实体,而且是融合了旅游者体验的旅游产品混合体,并且同时以物质性和精神性的形式存在于当前以及潜在旅游者心目中。因此,在旅游目的地实际存在的产品和应该存在产品之间的关系直接影响到旅游业的发展,并且,只有在旅游产品多样化的地区,旅游者多元化的消费需求才能够得到有效而全面的满足。鉴于此,旅游产品越多元,旅游者的需求越容易得到满足,而当旅游者消费需求得到充分满足的时候,会通过口碑效应吸引更多的旅游者,形成旅游消费需求和产业发展之间的正向反馈效应,这在增强旅游业竞争力的同时提升了区域旅游业发展水平。

2. 旅游需求

在现有国民经济核算体系框架内描述旅游产业规模存在困难的一个主要原因是,在国民经济核算体系内,产业是建立在其产出基础之上的,而非建立在它们消费对象数据的基础上。就旅游产业的一个显著特点而言,从理论上来说,有关研究对旅游产业主要从需求方进行定义,而在供给方面无单一的供给或产业与之对应,与旅游产业相关的旅游经济活动流量隐藏于一国的国民经济核算体系中,或隐藏于现有的不同宏观经济变量中①。因此,旅游产业是满足旅游者各种需求的产品要素组合体系,其满足旅游者需求的过程就成为国民经济体系中相关产业部门产品创新性地再实现和组织过程。但是,这并不表明旅游产业在国民经济中不存在,实际上,旅游消费、一些旅游生产要素在现实中也是可以观察到的。目前我国采用和施行的相关旅游统计制度和体系也为我们的研究提供了可资借鉴的基础数据。

从 1993 年起,国家旅游局每年委托国家统计局城市社会经济调查总队进行城镇居民出游情况的抽样调查,1997 年开始,又与国家统计局农调队合作,进行农村居民国内旅游抽样调查,其调查的主要内容有出游的总人次、在外的停留时间、出游花费等,以此测算国内旅游的总人次和总收入,这两个调查的最主要成果反映了全国国内旅游的出游人数和国内旅游收入。1999 年,国家旅游局与国家统计局联合颁布了《旅游统计调查制度》,其中结合先前一些地方开展国内旅游统计的实际情况和调查方法,向各省(区、市)推荐了一套"地方接待国内旅游者抽样调查方案"以进一步规范各地的国内旅游统计工作。这些先期进行的工作为完善国内旅游统计体系打下了坚实的基础。

根据旅游活动的范围,旅游可以分为入境旅游、国内旅游和出境旅游,对一个国家而言,前两者对应着收入,后者对应着支出,中国的旅游统计也包括了这三方面的内容。就入境旅游而言,我国入境旅游者总量来自口岸统计,入境旅游消费数据主要来自《入境旅游者在华花费情况调查表》,该调查内容涉及被调查的入境旅游者的社会人口特征(国籍、性别、年龄、职业、旅游目的、停留天数等)、对旅游业服务质量、接待设施、旅游资源等的评价、入境旅游者游览城市数、对中国旅游产品的兴趣等 10 多个问题。

---

① 统计视角下的"旅游"是通过需求角度反映的,旅游统计数据中的旅游收入概念是由旅游者的总花费来体现的,而旅游者的花费涉及"食、住、行、游、购、娱"等方方面面的内容;与此对应的是,这些内容的供给散布在国民经济中的各个行业里。因此,需要在现有的国民经济核算体系框架内分离、描述旅游产业体系的内容,从各个行业中归集出由于旅游活动引起的相应产出,使旅游需求和旅游供给相互匹配,以全面科学地核算旅游产业对国民经济的贡献。世界旅游组织正在倡导世界各国建立的旅游卫星账户(TSA)就是这样一种办法,它反映的是一种经济体内由旅游产生的需求和为满足这些需求的供应之间的总的平衡,能从需求和供给两方面来反映旅游经济的发展状况,将各产业中为旅游者提供的物品和服务识别和分离出来作为"旅游业"的统计范畴,解决旅游统计中的许多难题。但是,TSA 在我国的应用还仅仅处于起步的阶段,仅有江苏等少数省份开始编制本省的 TSA 账户,这大大限制了有关统计数据的可得性。

由于旅游的统计定义是从需求方反映的,因此,中国的旅游总收入是通过统计调查旅游者的花费来计算的。一般而言,国内旅游总收入根据国家统计局城调总队和农调总队对我国城镇居民和农村居民进行的入户抽样调查,推算出我国居民国内旅游的出游率和国内旅游的人均花费,并在此基础上计算出中国居民国内旅游的总花费,即中国国内旅游收入。入境旅游收入则根据的公安部出入境管理局汇总的口岸入境人数和通过抽样调查获取的入境旅游者平均花费情况,用入境人数和入境旅游者平均花费相乘得出入境旅游者的总花费,即中国的入境旅游收入。

3. 旅游供给与多样化指标

作为一种动态的休闲行为,旅游者旅游目的日益呈现出更为多元的消费需求状态,旅游产业的发展也逐渐扩大到更加广阔的范围。但是,由于旅游涉及人们需求的方方面面,并进而涉及多元化的产业内涵,因而呈现出强烈的综合性特征,涉及相关诸多产业、部门间的协调和配合,并导致识别和分离旅游产业要素上的困难。①

另一方面,消费者旅游需求是旅游总收入的来源,而根据国民经济核算的恒等式,相关旅游消费需求对应着相应的旅游产业供给。另外,由于旅游收入是通过旅游消费数据统计出来的,旅游消费对应着最终消费,则旅游消费等于与此相关的旅游业增加值,②因此,可用需求方面的数据来衡量旅游产业总规模的大小。另一方面,我国于 1999 年首次对全国旅游住宿设施(旅馆业)进行了抽样调查,2000 年下半年国家统计局、国家旅游局、国家工商行政管理局、公安部又联合对 1999 年全国旅游住宿设施进行了追踪调查,主要涉及涉外宾馆饭店、社会旅馆和个体旅馆,分别采用全面统计调查和抽样问卷调查方式进行。2000 年起,各地旅游企业执行新的《旅游统计调查制度》,全面报表统计的范围和内容进一步扩大和丰富,在以建立对旅游饭店、旅行社全面统计的基础上,又增加了对主要旅游景区(点)的接待经营统计,基本形成了覆盖行、游、住、食、购、娱六大旅游供给要素的旅游统计体系,调查统计涉及各类旅游企事业单位包括旅行社、旅游饭店、主要旅游景区、旅游车船公司、其他旅游企业及国内旅游住宿设施等。从我国现行的旅游产业供给方调查情况来看,涉及星级酒店、旅行社、旅游景区(点)、旅游车船公司等企业的大量财务数据,也包括大量的接待人数、住宿出租率等实物性指标的调查内容。这些被调查的企业构成了旅游产业的核心内容,但是,这主要是针对旅游行业管理范围内的企业进行调查,无法涉及旅游行业管理之外的产业,与旅游相关的其他产业的数据也就相对缺乏。

需要注意的是,旅游产业发展的一个关键维度是旅游业宽度的拓展。根据旅游产业

---

① 以前的国民经济行业分类用"旅行社业"来指代"旅游业",实际上是低估了旅游业,而在新的国民经济行业分类下,要通过旅游卫星账户的手段,把旅游业从国民经济的供给部门中"挖"出来。

② 这种推理忽略了一个基本的问题,即支出法能够计算出国内生产总值的总量,但是只能通过"终端"来体现,而大量作为中间投入的产出被忽略了。

的特点，所谓旅游业宽度①，从旅游产品的供给者角度来说，是指旅游产业形态结构在国民经济各方面的扩展程度，而从旅游产品的消费者角度来说，是指针对旅游者的特定需要，旅游业所能够提供的产业形态的产品线宽度。因此，它可以用于衡量旅游业发展的程度，即一国旅游产品的丰富程度、旅游产品结构的合理程度等。作为旅游业向旅游者群提供的旅游产品和旅游服务的类型化形态，旅游业态是旅游活动的具体载体，也是旅游业宽度的具体体现指标。因此，旅游业态是一个动态性概念，旅游业态不断地从低级向高级、从简单向复杂、从浅层向深层发展的发展变化历程就是旅游业不断趋于成熟和壮大的历程。另一方面，随着旅游者消费需求取向的多元化以及旅游新潮的不断涌现，旅游产品的系列化和多层次化成为旅游业发展开发的必然选择，旅游业与相关行业结合深度与广度也逐渐增加，金融、保险业、工业、农业和其他社会行业逐步向旅游业渗透，旅游产业与其他行业融合的趋势日渐增强，这些行业的潜在旅游优势得以释放，农业旅游、工业旅游、商业旅游、教育旅游、体育旅游等新型旅游业态成为各地旅游发展的新的亮点和热点。

遗憾的是，限于统计数据的缺失，旅游产业宽度的衡量更多地停留在概念层次上。因此，就旅游产业的多元化而言，目前研究更多地停留于一种经验或直观表象的一种判断。有关统计数据的不全制约了关于旅游产业多元化判断的实证基础，并限于现有的旅游统计现状，有关多元化的研究方法并不能在旅游产业中获得应用。不过，根据上文分析，鉴于旅游需求和旅游供给方面的统计现状，本讲利用如下指标衡量旅游产业的多样化程度，

$$div_{i,t} = 1 - \frac{rev_{i,t}}{total_{i,t}} \qquad (15-2)$$

其中，$total_{i,t}$代表 i 地区 t 年旅游总收入。即基于旅游产业是满足旅游者各种需求的产品要素组合的综合性产业体系，星级酒店、旅行社、旅游景区（点）和旅游车船公司等构成了基本的旅游产业供给，也是当前统计体系中相对明确的旅游产业供给要素。div_i 则衡量了 i 地区 t 年除此之外的其他旅游相关企业收入总和占旅游总收入的比例，表征为了满足旅游者多样化的需求所涉及相关产业内容广泛性程度和多样化程度，该数值越大，旅游产业多样化程度越强，反之，则旅游产业的多样化越弱。

特别是，随着旅游者需求的动态变化和演进，虽然 HASTs 旅游企业构成了最为核心的旅游产业内容，但是，仅仅依赖于传统意义上的 HASTs 旅游企业并不能为旅游者有效地提供有满足其需求的旅游产品和服务。节庆旅游、海岛旅游、美食旅游、博彩旅游等新型旅游产品的出现不断涉及越来越广的产业内容，越来越多地相关产业被纳入到旅游产品和服务的创新组合和供给过程中，旅游产业多样化获得逐步增强。随着越来越多地相关产业被纳入到旅游业范畴中，旅游业多样化获得逐步增强，并通过多元产业的综合为旅

---

① 关于"旅游产业宽度"的讨论，请参阅本书第 11 讲。

游者提供了更为丰富和绚丽多彩的旅游产品体系,丰富了旅游者的旅游体验,使旅游者多元化的消费需求得到有效而全面的满足,在丰富旅游者旅游体验的同时进一步促进了旅游业的发展。

第 16 讲　聚 集 密 度

产业聚集逐渐成为旅游业发展过程中突出的空间特征,并通过竞争或合作等路径促进了旅游产品创新和企业绩效的提升,成为旅游业发展新的维度和载体,并通过旅游业区域比较优势的形成决定了旅游业的长远发展。根据新经济地理学等有关理论,基于产业专业化(specialization)的 MAR 效应和基于产业多样化(diversity)的 Jacobs 效应是产业聚集效应的两个主要来源。但是,MRA 外部性和 Jacobs 外部性关注的重点在于产业聚集的经济性外部性效应,而在上述因素之外,社会网络和产品结构在旅游产业聚集过程中发挥着重要的隐形作用,对旅游业动态性发展机制的关研究提出了挑战。因此,分析旅游业聚集效应的空间维度及其动态机制对旅游业发展的作用,不仅有利于解析旅游业发展过程中空间不均衡现象;而且有助于拓展旅游研究视野,探寻旅游业的发展路径,增强措施对策研究的实践性。

16.1　空间邻近

16.1.1　空间邻近

旅游业聚集具有自我强化式的社会网络结构。尤其是,在旅游消费需求日益多元化的趋势之下,旅游业聚集作为互补性旅游企业共同聚集的结果,在实践中得益于此前存在的旅游企业之间形成的动态网络和联盟,使不同旅游企业依托产业集群内社会、经济网络借助产业合作和互补机制实现了信息的交流和共享。因此,在旅游业聚集的 MAR 和 Jacobs 等经济外部性之外,社会网络在旅游业发展中发挥着关键的作用。

空间邻近有助于不同旅游企业之间业务协作和知识共享网络的形成。知识,尤其是隐性知识溢出,基于不同旅游企业之间的经济、社会网络而变得更为常见,并通过增强旅游企业创新促进了旅游业的发展。遗憾的是,虽然有关研究识别了旅游接待及其他旅游行业中的上述机制,但是,相关的实证研究却相对比较少见。

16.1.2　业务互补

业务互补性旅游企业在特定区域的聚集,有利于为旅游者提供具有多种特性组合的区域性旅游产品。尤其是，随着旅游者需求由单一到多元的不断演变，以旅游者消费体验为导向的产品设计为旅游业发展提供了广阔的市场基础。旅游业聚集中关联性和功能互补性旅游企业的存在则为满足旅游者多元化的需求提供了动态且弹性的即时反应机制和平台，形成了旅游业发展中整合旅游者需求的"交叉聚集"过程，为旅游者提供了多元化消费体验。

　　鉴于上述分析，旅游业聚集具有复杂的内在发展机制。尤其是，在外部性经济效应之外，旅游企业之间复杂社会网络和产业链机制一方面通过知识、信息、市场等方面的共享促进了旅游产品的创新，另一方面通过不同旅游企业之间的分工合作为旅游者提供了多元的产品体验，使旅游业具有了持续的发展动力。但是，有关研究或基于案例式问卷调查就特定区域的旅游业聚集进行研究，或基于概念式理论分析进行简单的经验佐证，这不仅在区域异质性条件下影响了有关结论的科学性，而且限制了有关政策建议的适用性。

　　囿于我国旅游统计体系现状和数据方面的缺失，有关旅游业聚集的经济、社会网络效应也未得到充分的证实。本讲通过如下基础性维度对我国旅游业聚集的经济、社会网络效应进行分析，即：一方面，基于旅游企业聚集中社会网络架构的协作本性分析旅游业聚集"密度"，这有助于理解旅游业聚集过程中的知识溢出、创造和产品创新效应；另一方面，基于旅游业活动的"多样化"衡量旅游业满足旅游者多元化需求的聚集性力量。聚集于特定空间的不同旅游企业会强化该区域旅游经营活动的"密度"，通过经济外部性、社会网络等途径对其他旅游企业产生连锁式的影响，进而使旅游业发展表现为一个自我强化式的动态连续过程。

16.2　聚集密度

16.2.1　什么是聚集密度？

　　聚集所表现出来的外部效应建立在内部各组织间、组织与环境间的关联之上，聚集经济由此表现为集群内部独特的网络结构，以及以社会联系为基础的机构稠密性及其活动的"密度"。旅游业聚集密度衡量了特定区域空间内的旅游活动强度，一般说来，旅游业聚集强调了旅游企业在特定地理空间中集中，以及由此所形成的旅游企业之间的空间邻近性特征。特定空间范围中的旅游业活动越多，旅游业聚集密度越高。

　　新经济地理学从地理角度强调了企业经济活动或行为相互作用的空间维度，这不仅包括企业选址过程中关于距离效应、网络机制、知识和信息的共享程度以及组织制度支撑等因素的考虑，而且包括特定区域空间内企业身份的认同，以及企业行为互动性格局对企业自身以及产业绩效的整体性影响。此外，新经济地理学将规模经济效应视为产业集中的关键性力量，并成为影响企业选址的重要因素。同时，以利润最大化为目标的旅游企业可以从旅游业聚集过程中的获取多样化的利益，这不仅包括可以获取当地旅游资源投入、进入当地旅游市场、获取旅游业信息、减少搜寻成本，还包括充分获取当地有关经济、制度支持所提供的有关聚集环境收益。而在产业聚集的实证研究中，有关研究者或将城市或产业规模作为影响生产率的变量，或将知识溢出作为聚集经济效应产生的内在机制，在产业聚集和生产率、经济增长和创新的实证检验结果中得出了积极的空间相关关系。

需要指出的是，上述有关研究的基本前提均基于相关企业的地理邻近性的假设，并且，地理邻近性对企业信任、价值认同等有利于知识有效共享的因素有着显著的影响。进一步，考虑到不同区域旅游业在文化、旅游资源禀赋、区域面积等方面的异质性，相对于产业规模来说，旅游业密度不仅衡量了旅游企业的空间邻近程度，而且一定程度上了反映了旅游业社会网络密度。

换言之，作为旅游产品创新、旅游信息沟通的旅游社会网络的平台，旅游聚集密度越高，旅游企业越能够从旅游者交通成本的节省、旅游者多元消费需求的满足等方面获取合作性的收益。尤其是，知识溢出，特别是隐性知识的溢出在聚集密度较高的区域表现得更加频繁，这在旅游企业层面上有效地提升了生产效率，并进一步促进了产业增长。

16.2.2 聚集密度的作用途径

1. 共享劳动力市场

之所以强调旅游业聚集密度的重要性，是因为，地理邻近旅游企业之间会形成共享的熟练劳动力市场，尤其是一个健康发展的旅游业聚集区会由于其所具有的内在发展机会和企业家等人力资源而吸引更多关键的旅游企业向特定区域集中。由此，形成了自我强化式的聚集发展机制，通过旅游产品创新满足了旅游者多元化的消费需求。

此外，地理位置临近给旅游从业人员提供了便利的交流机会，通过"人力资本增进型知识"的传播与扩散激发了新思想、新方法的应用，促进了旅游企业的创新。一般说来，知识可以分为物化的知识和以"人"为载体的知识。鉴于旅游业劳动密集的特性，相关知识更多体现为"人力资本增进型知识"，尤其是在旅游业劳动力流动比较快速的情况下，以"人"为载体的传播方式有效增强了旅游产业聚集中的知识共享水平。

2. 共享基础设施

不同旅游经济活动聚集在一定的空间，可以通过区域内共享基础设施、产业基础环境[①]获得空间聚集收益，这不仅表现硬件基础设施的共享和支持，而且表现为集群内旅游企业通过集体行动（如成立行业商会或协会、合作协会等组织）为企业成长创造重要的营

---

① 目前，在我国大部分省份和城市，均设有相关的旅游服务中心等基础设施，为旅游消费者和旅游企业提供全面的信息支持。另外，集群内旅游企业的联合可以共同建立销售中心，提高在市场上的竞争力，从共享的销售网络中获得营销方面的外部规模经济，而且通过这种联合能推动政府加大力度改进基础设施，使集群内旅游企业共享基础设施方面的外部规模经济。

销、生产和质量控制等资源能力以及旅游业聚集中的地方政府从发展地方的经济出发为旅游企业发展给予制度化资源供给的推动。

实际上,旅游业发展根植于特定的外部环境中,当越来越多的旅游企业在特定区域聚集的时候,旅游业地位在当地经济环境中会得到显著增强,有关政府部门、旅游行业协会等盈利性或非盈利性机构以及系列旅游政策法规的"密度"及其活动"频度"也会获得相应的提升,为旅游业发展提供了有效的支持和帮助,并成为促进旅游业发展的关键性力量。

3. 知识溢出

鉴于知识溢出是旅游企业空间距离的函数,相对于地理位置比较分散的旅游企业而言,地理位置临近给有关旅游企业带来了面对面交流的机会,这不仅有利于集群内企业有效地共享市场信息,而且旅游业集群内一家企业通过创新所获得的包括产品特色、产品市场信息以及产品品牌、企业管理方式等新知识通过外溢到聚集区内的其他旅游企业成为集群内旅游企业的"缄默性知识""组织知识"等公共知识,使得聚集中旅游企业在技术知识、管理、市场知识以及组织文化等方面比较方便地通过日常的观察和交流进行学习和仿效,产生强烈的"传染效应"。

旅游业集群内空间接近性和共同的产业文化背景在促进显性知识的传播与扩散的同时促进了隐性知识的传播与扩散,并通过隐性知识的快速流动进一步促进了显性知识的流动与扩散,进而激发新思想、新方法的应用,从而促进旅游企业的创新。

4. 增强特定社会网络

特定社会网络增强了旅游企业之间的联系。尤其是,鉴于旅游业经济社会维度的复杂性,集群内旅游企业的经济活动根植于地方社会网络之中,旅游企业与企业、人与人之间的合作基于共同的社会文化背景和一致的价值观念,旅游业集群内各个成员企业在长期的交往中奠定了良好的信任和承诺基础。

首先,从社会学意义上来说,旅游业聚集包含企业间通过长期竞合博弈形成的建立在信任和合作基础上的、非书面的、企业共享的竞争规范和行为准则等非正式制度,且这种企业共享的非正式制度能有效地防止各种机会主义行为,有助于降低交易成本,加强企业间的交流与合作,促进知识外溢和技术扩散。

其次,旅游业聚集和一般产业聚集的区别在于旅游业聚集不仅是互补行业之间进行合作,而且是同类企业之间经过了长期的竞合博弈和基于相同或相近的社会文化背景和制度环境下进行合作性竞争。这种合作既包括产业集群内的企业经过长期的交易和博弈形成的企业间契约和合同形式的正式合作,也包括建立在企业间相同或相似的文化背景和价值观念基础之上的共享竞争规范和行为准则、伦理准则和意识形态、默认知识的交流等非正式约束机制。

第三,在旅游目的地意义上,地理邻近性在商业信任和共享价值观等方面对旅游业社会网络的形成和运作发挥着关键性的作用,并进一步通过相似或非相似旅游产品之间的相互学习促进了有关知识的有效共享,在提升旅游业满足消费者多元性旅游需求的同时提升了旅游业竞争力及其发展水平,使集群内旅游企业获得了稳定的发展基础和机制。

第四,从宏观角度而言,旅游业聚集密度通过当地社会网络加快了信息交流,为满足旅游者多元化需求提供了丰富而及时的产品供给,节省了旅游者在不同旅游产品体验之间转换的时间。此外,旅游业聚集密度以其所承载的经济、社会网络特色为旅游业发展提供了积极的具有当地特色的经济外部性,并由此使旅游产品和产业发展路径生产了显著的异质性。尤其是,旅游企业通过特定的社会网络而紧密联结在一起,在某种程度上形成了利益共同体,并且在市场开拓、产品设计等方面形成了有效的战略联盟,由此增强了区域旅游业的整体竞争力。

16.3 聚集密度指标

考虑到旅游业聚集中社会网络在旅游企业聚集过程中的"粘合"作用及其对当地旅游业发展的促进作用,鉴于大范围进行旅游社会网络实地调查的可行性较低,可以采用区域旅游业聚集密度作为衡量区域旅游社会网络的替代变量。特别是,旅游企业与旅游业聚集效应之间有着积极的互动性反馈机制,这不仅存在于不同旅游企业之间,而且存在于旅游企业与有关政府部门、旅游行业协会等盈利性或非盈利性机构之间,还表现为有效的社会网络促进了新型旅游企业的出现。鉴于此,旅游业聚集密度在经济效应、社会网络维度上表征了区域旅游业发展的异质性,并且在广泛的意义上提升了旅游业发展水平。

16.3.1 密度指标设计

就我国旅游统计数据情况而言[①],限于我国旅游统计体系现状和数据方面的缺失,关于旅游企业空间聚集对当地旅游业发展作用的实证研究相对比较少见,有关旅游业聚集的经济、社会网络效应也未得到充分的证实。

不过,基于我国当前区域旅游业、旅游企业统计数据资料状况,可以通过如下两个基础性维度对我国旅游业聚集的经济、社会网络效应进行分析。一方面,基于旅游企业聚集中社会网络架构(social fabric)的协作本性(collaborative nature)分析旅游业聚集"密度",这有助于理解旅游业聚集过程中的知识溢出、创造和产品创新效应。另一方面,基于旅游业活动的"多样化"衡量旅游业在国民经济体系中的延伸和渗透程度,这有助于理解满足旅游者多元化消费需求的聚集性力量。同时,可以从社会网络和经济性因素等角度来理

---

① 关于我国旅游统计数据的说明,请参阅本书第 15 讲。

解和分析旅游业聚集对旅游业发展的动态性作用机制。

鉴于旅游产业边界的模糊性,在国民经济体系中并无明确的单一产业供给与之相对应,与旅游需求相关的旅游经济活动隐藏于整个国民经济核算体系中,或隐藏于现有的不同产业经济变量中,因此,在现有国民经济核算体系框架内描述旅游产业规模存在诸多困难。虽然借助旅游卫星账户可以将各产业中为旅游者提供的物品和服务识别、分离出来作为"旅游业"的统计范畴,但是,旅游卫星账户在我国的应用还仅仅处于起步的阶段,目前仅有江苏、云南等少数省份开始编制自己的旅游卫星账户,无法获得全国范围内的可比数据。

根据国民经济核算的恒等式,旅游者旅游消费需求对应着相应的旅游核心产业及相关产业供给,则旅游消费总量即等于与此相关的旅游产值。因此,本讲使用区域旅游总收入来衡量当地旅游产业规模的大小。进一步,考虑到各地区域空间大小的差异,本讲用土地面积($area_i$)进行平衡得到旅游产业聚集密度指标,即,

$$den_{i,t} = \frac{SoTI_{i,t}}{area_i} \times 100 \qquad (16-1)$$

其中,$SoTI_{i,t}$ 代表 i 地区 t 年旅游业总收入,反映了该地区旅游产业规模(Scale of Tourism Industry)。$den_{i,t}$ 衡量了旅游产业经济规模的扩张及聚集密度,度量了旅游产业活动密集程度。

16.3.2　聚集密度与多样化

密集的旅游产业经济活动,既能为旅游企业间知识溢出提供更好的溢出来源,产生显著的地理外部性,也是影响区域旅游企业多样性产品创新的经济地理因素。聚集密度强调的重点在于,由于产业规模的扩大和区域内行为主体间互动性行为的密集程度而带来的集体效率,以及与此相关的多样化旅游供给体系。

就后者而言,由于旅游者消费需求的多元化,密集聚集在一起的不同旅游企业为了给旅游者提供完整的旅游产品会进行紧密合作,形成了满足旅游者消费需求日益多元化的产业能力。一方面,基于聚集企业间的空间邻近性,旅游业聚集中的有关企业能够方便地通过多样化的路径和方法为旅游者提供多样化的旅游产品,催生了系列旅游新型业态。另一方面,借助推动、完善和建立旅游业聚集区及其内部的社会、经济网络,不同旅游企业通过合作路径为旅游者提供了有针对性的旅游产品,成为旅游业发展过程中的新维度和新方向。

此外,旅游企业的产出不仅是一般投入要素的函数,而且是其所在地区旅游产业或整个地区经济环境的函数。旅游产业聚集密度不仅反映了旅游产业内活动的聚集程度

(within-industry agglomeration），而且，反映了关联产业的聚集程度（related-industry co-agglomeration）。在投入要素一定的情况下，多样化产业聚集环境中的旅游企业可以通过与其他关联产业间存在的密切投入—产出关系，获取跨行业知识交流、服务组合所带来的外部性效应，使得旅游企业选址于有投入—产出关系的企业附近，并通过选址效应形成该区域旅游业自组织功能式的累积循环增长，对旅游企业的劳动生产率具有正面的促进作用。

鉴于旅游业发展过程中的惯性机制和自我强化式的内生机制，旅游业发展是一个连续的动态过程，旅游业发展会通过有效地社会网络结构、旅游者的"口碑效应"等途径对未来旅游业发展水平产生影响，使旅游业发展存在明显的自我强化式过程，并通过旅游企业和旅游者的共同聚集实现了"循环累积"式发展。在旅游业发展过程中，旅游业聚集密度的增加有助于特定地区旅游社会网络、共享行为规范的形成，强化了不同旅游企业间知识溢出和共享，促进了旅游产品、管理和组织创新，并通过聚集企业的合作竞争有效地满足了旅游者旅游多元化需求，使旅游业获得了可持续的发展能力。

因此，促进旅游业聚集是旅游业发展的关键路径之一，旅游业聚集发展要点要着眼于提升旅游业聚集密度，平衡集群内企业的竞合行为，提高旅游业聚集的竞争优势。要构建协作网络体系，旅游相关企业为了获得和分享利益，需要达成协作和共识，并通过进一步合作形成长期成熟的合作网络体系，推动旅游业聚集的进一步健康发展。

第六篇
效率及其他

提高产业运行效率,优化产业结构,走内涵式发展道路,是旅游业发展的长期动力。本篇以"发展质量"为中心线索,将旅游业发展质量与技术效率、结构变迁、产业集群等融合起来,把相关问题具体化、现实化,探讨了旅游业的转型、发展的方向和动力,分析当前及未来旅游业发展的现实途径。此外,会展是旅游经济学研究中的一个关键领域,会展的经济效应也越来越受到业界和学界的关注,本篇借鉴经济理论研究的方法,对会展经济效应评价中涉及的若干关键问题进行了诠释和辨析,为全面而客观地分析会展的经济地位和作用提供了一般性分析框架。

本篇主要讨论如下内容:

➢ 密度依赖

➢ 凡登效应

➢ 效率悖论

➢ 技术效率

➢ 随机前沿分析

➢ 结构变迁

➢ 偏离—份额分析

➢ 结构红利

➢ 结构负利

➢ 会展的经济效应

➢ 收益发动机

➢ 会展消费主体与"新钱"

➢ 捕获率和乘数

第17讲 聚集与效率

作为评价经济发展水平和效率的重要指标,劳动生产率是解析区域经济差距和均衡发展关键视角,受到学术界和管理者的广泛关注。改革开放以来,我国旅游业发展取得了显著的成就,但是,区域间旅游企业劳动生产率差异巨大却是普遍存在的特征性事实,这与新古典经济理论所预言的增长趋同大相径庭。一般而言,导致地区间旅游企业劳动生产率差异的原因是多重的,而旅游产业聚集通常被视为影响旅游企业发展重要因素之一。但是,作为旅游产业聚集程度的有效衡量和表征变量,有关研究却没有涉及旅游产业区域聚集密集度对旅游企业劳动生产率的影响,那么,旅游产业聚集密度对企业劳动生产率是否存在显著影响呢? 哪种类型的旅游企业更容易得益于旅游产业聚集密度及与其伴生的多样性呢? 这一命题并未得到相应的诠释和实证。基于以上问题,本讲采用区域 HASTs等旅游企业总体性数据(aggregate data)[①],重点分析研究旅游产业聚集密度及其伴生的多样性对不同类型旅游企业劳动生产率的影响,探究区域旅游企业发展的内在机制,并给出政策建议。

17.1 一般性分析

在得到多样化促进旅游产业发展的有力证据后,对为什么是多样化而非专业化促进中国旅游产业发展做进一步讨论是有意义的。首先,从消费者角度来看,旅游者的多样性偏好在多样化产业体系中更容易得到满足,获得较高的满意度,并由此形成良性循环。其次,生产者聚集与消费者聚集在新经济地理文献中存在一种正向的自我强化机制。从旅游企业角度来看,如果旅游企业从资源禀赋等角度偏好某些特定的区域,而旅游者从多样性需求角度流向能够提供多样化产品的区域,那么,多样化就更有助于吸引资本和劳动,其在旅游产业聚集中作用就更为显著。

---

① 对旅游企业总体性数据(aggregate data)来说,地区是一个相对较高级别和相对大的地域空间。但是,鉴于旅游相关企业之间"非投入产出性"的产业关联特点,多样化的正向影响更可能是源于产业间的横向产业关系,而不一定是源于产业间对互补性技术的分享与开发,尤其是对于旅游产业这种劳动密集型的产业尤其如此,这不仅是因为旅游产业的需求性特征,而且是由于旅游产业对技术的依赖性相对较弱。鉴于此,采用区域总体性数据可以反映旅游业的发展特征和特点。

具体说来,不论是 MAR 外部性还是 Jacobs 外部性均存在关于技术和市场结构的假定,MAR 外部性强调技术扩散限制在同类产业中的企业中并且只能被特定产业的区域集中支撑,而 Jacobs 外部性则强调知识在互补的而非相同产业间的溢出。因此,多样化的地方生产结构导致了递增收益并且产生了多样化外部性。就单一的旅游产业而言,这其实构成了旅游产业聚集过程中两个层面的内容。其中,前者构成了旅游产业聚集的初步原因,后者则构成了旅游产业内部及涉及的多样化相关产业中各类企业之间动态性的互动性机制。

17.1.1　效率

在传统的 MAR 和 Jacobs 外部性分析框架中,关于市场结构的假定[①]为相关行业中的企业提供了具体的行为空间,也导致了二者关于外部性作用机制的分歧。就旅游产业环境而言,Jacobs 外部性关于完全竞争的市场结构假设更接近于现实的情况。因此,旅游企业从多样化的聚集中可以获得如下三个方面的好处。

第一,消费者交流的外部性,即由于旅游产品的销售和价值实现依赖于消费者的感知,而在旅游服务产品形象的形成过程中,旅游者的口碑是一个关键的途径。所以,旅游者交流的外部性就成为旅游者之间相互作用后对旅游产品效用函数产生影响的特性。

$$u_i = P(y_i, c_i, u_{j, j \neq i}) \tag{17-1}$$

式(17-1)表明一个旅游者的效用不仅依赖于自身的收入和消费,而且依赖于其他旅游者的效用、收入和消费,旅游产品市场通过旅游者之间的信息共享和口碑传播为旅游企业营造了良好的发展空间。

第二,劳动力市场和知识共享效应,即旅游企业间相互作用对于生产函数的影响不仅包括生产技术,而且包括了生产要素,尤其是聚集外部性中企业受益于由其他企业建立的劳动力市场和企业共享某种供给有限的免费资源。有些学者在研究人力资本外部性(教育投资的社会收益大于私人收益)时认为,交流外部性属于人力资本外部性中的一类,面对面的交流更有助于知识溢出,那么这种交流外部性就通过影响生产函数成为技术外部性的一个来源。

第三,就旅游产业而言,劳动密集是其基本的产业特征。可将其细分为专业化劳动力市场外部性和多样化劳动力市场外部性,而管理知识、生产技能等内生于个体雇员中。那么,在较强的旅游业劳动力流动过程中[②],专业化劳动力市场外部性会提升专业化人力资源与旅游企业间的匹配质量,多样化劳动力市场外部性则在相关旅游企业的互动或互补

---

① MAR 外部性假定市场是垄断竞争的,而 Jacobs 外部性则假定市场是完全竞争的。
② 旅游服务业有很大的劳动力市场,但是从事旅游服务行业的人员存在着很大的流动性和不稳定性。

过程中为旅游者提供了多样化的产品供给,形成了有效的旅游产业市场供给。[1]

17.1.2　劳动生产率

经济活动的聚集(agglomeration)与经济增长相互促进,二者的正向关系已被很多人研究过。鉴于上述认识,探讨旅游产业聚集所产生的 MAR 外部性、Jacobs 外部性和旅游业发展的关系及其二者之间的作用机理,显然不能忽略如下两个环节的联系:一是旅游产业聚集的 MAR 外部性、Jacobs 外部性和旅游业发展之间的联系,二是旅游产业聚集所产生的外部性的具体作用载体和路径机制。

就上述旅游产业聚集的作用机制而言,或通过要素投入数量的聚集作用于地区旅游产业的增加值,或通过旅游产业要素质量和效率增进促进旅游业发展。就前者而言,是一种基于旅游业整体尺度所进行的判断,该项指标显示出旅游业发展的整体表现,却掩盖了具体的发展路径;而就后者而言,则可以在更为具体的实际作用层面上理解旅游产业聚集效应的作用过程。一般而言,聚集经济在解释劳动生产率的空间差异时获得了巨大的成功,多数研究得出了空间聚集促进要素生产率提高的结论。

1. 专业化

就旅游产业专业化而言,旅游产业专业化提升了旅游产业效率。实际上,产业聚集所带来的优势基础是推动产业聚集发展的重要因素,而作为基于企业网络动态能力发展的过程,聚集竞争优势的积累通过企业网络密度直接有利于聚集效率的提高。与其他产业的外部性不同,旅游产业的外部性主要来源于市场共享效应。所以,产业规模以及产业密度就显得特别重要。尤其是,对于旅游企业而言,相关企业在空间地理位置上的临近,使其能够从较低的交易成本中获利,并容易共享市场,获得大量的熟练的劳动力,同时激发了旅游企业间的竞争、知识和技术的转移扩散,并基于企业间的互动性效应增强了旅游产品创新的产生与扩散优势。具体说来,旅游产业专业化促进旅游企业要素效率提升的路径或机制主要体现在如下几个方面。

一是,资本积累。内生增长理论认为,投资能够产生溢出效应,资本积累的副产品之一就是劳动生产率的提高,旅游企业集中使其单位劳动力配备的资本数量(可简称为资本密集度,Capital Intensity)获得提升,提高了旅游产业聚集区旅游企业的劳动生产率。另一方面,一国的平均人力资本水平影响着每一企业的单个生产率,而作为一种劳动密集型的行业,旅游企业所提供服务的无形性、易逝的特点决定了旅游企业经营效率的提升必然同劳动力素质息息相关,那么,既然旅游业产业地位高有利于旅游业聚集效应的形成,在

---

[1]　这对大量的旅游小企业尤其如此。即一方面,旅游小企业必须依赖外部的劳动力市场,对于劳动市场变化反应更为敏感;另一方面,旅游小企业通过利用劳动力交流可以获得必需的管理知识和技能。

利益驱动下,大量国内资本、外资和高素质的人才必然会流向旅游业聚集程度高的区域,由此形成巨大的外部效应,并在良性互动的过程中不断增强该趋势。

二是,规模效应。大量旅游企业在地理空间上的聚集,有利于降低群内企业经营成本,实现规模效应,并通过资源共享效应,实现集群内企业间的多赢,扩大区域旅游产业规模。实际上,旅游企业聚集能够对旅游业竞争力的持续提升产生广泛而积极的影响,这是由于聚集企业自身具备自我强化的机制,一旦聚集规模达到某一临界值,旅游企业聚集规模将以更快的速度扩张,一方面单个企业的规模不断扩张,另一方面新企业不断进入,导致旅游业规模报酬递增效应的产生。首先,旅游企业在空间地理位置上的临近,使旅游企业能够从较低的运输成本与交易成本中获利,也容易实现基础设施的共享、获得大量的熟练劳动力,并激发竞争、知识和技术的转移扩散,并且,一个地区容纳的旅游企业越多,旅游企业间的交流及就业人员的流动就越频繁,从而有利于管理经验扩散和交流,旅游企业可借此提高劳动生产率。其次,旅游企业在某个区域内的大量集中有利于知识在旅游企业之间的外溢与扩散,有利于旅游产业的创新和劳动生产率的提高。再次,增强了旅游企业效率动机。大量旅游企业的聚集直接使竞争环境变得更加激烈,迫使旅游企业积极适应变化后的市场环境,这有助于提高旅游企业的效率。同时,竞争性环境产生的信息比较动力、生存动力和信誉动力,能激励所有旅游企业提高效率。

三是,竞争效应。产业在一个区域的聚集能刺激该区域产业内企业间的技术创新和扩散,这种企业间的创新刺激和信息扩散主要由产业聚集说导致的区域性竞争而非区域性垄断所致,并由此导致区域产业生产效率的提高和区域经济的发展。尤其是,旅游产业在一定的地理空间内聚集形成具有一定产业规模的综合性旅游产业链,拥有较强创新能力。集群内企业合作性竞争明显,并由此形成了有利于提高整体竞争力的企业共享行为规范和目标,或者通过竞争促进创新对旅游业发展产生了正向的影响。

四是,密集创新。只有大量的企业聚集才能形成产生激烈的市场竞争和产业间的整合和分工,吸引相关支撑机构和政府制度的扶持,形成交流频繁、流动性强的劳动力市场,促进聚集不断创新。对于旅游者来说,各种设施和旅游企业组成的旅游地是完整的旅游产品提供者,旅游产业聚集的创新表现为集群内部企业间合作竞争导致的企业不断推出差异化的产品和服务,同时也表现为旅游地整体形象的不断提升、管理体制的创新、整体产品的创新,以及对于集群内部企业空间格局和景观格局的改善和创新,因此,旅游企业创新在时间和空间上具有一定的密集性。

2. 多样化

就旅游产业多样化而言,旅游产业多样化虽然可能有利于整体收入水平的提升,但是,在效率层面上却有可能收到如下因素的制约和影响。

一是,关联性行业。一般而言,行业分类只是大致上按企业产品近似程度进行的分类,而多样化旅游企业之间的关系不仅局限于同一行业内部,相关联(相近、相类似)行业的企业区域聚集也可能带来外部效应,但是,企业集群内结成的网络必须根植于当地的社会经济文化环境之中,并受到集群外不断变化的条件影响,企业的外部活动越活跃,集群内合作基础就越不稳固。因此,在旅游企业和外部环境之间的关于人力资源和资本边际收益率发生错位的情况下①,人力资源和资本会流出旅游行业去追逐更高的收益率,削弱了旅游产业要素效率的提升。

二是,产业地位。在特定区域内企业的学习能力已成为区域保持竞争力的核心,而一个企业的学习能力,不仅取决于企业的战略和结构,而且依赖于企业的外部因素,这些因素根植于企业所处的区域背景中。但是,在于其他产业的比较过程中,旅游产业占 GDP 的比重普遍偏低,其产业地位在一定程度上限制了其发展的空间,削弱了其发展的内在动力,而这主要从如下两个方面影响着区域旅游企业的经营表现:首先,旅游业产业地位越低,旅游企业从到政府获取政策层面甚至原材料方面的支持的力度越弱,其为旅游者提供多样化的产品和服务的能力也就越弱。其次,旅游业是一个关联很广的行业,旅游相关企业的健康、生命力、成就感以及企业不断扩张的商业冒险性投资,将从不同角度、以不同方式为旅游企业的健康经营提供巨大的贡献,进而促进旅游业的发展。旅游业产业地位越低,越不利于形成有利于旅游企业经营的生态环境。

17.2　作用机制

国内外关于产业聚集的研究已有较长的历史,且多基于专业化(specialization)的 MAR 效应和基于多样化(diversity)的 Jacobs 效应研究了产业聚集效应。而在上述作用机制和路径中,劳动生产率作为关键结果变量被广泛应用到相关研究文献之中。尤其是,进入 20 世纪 70 年代以来,随着空间经济学、新经济地理学以及计算机模拟技术等的发展,产业聚集效应与劳动生产率之间关系的理论研究模型趋于成熟,继而出现了大量实证性文献,且大部分研究结果均在不同程度上支持了聚集经济效应对地区劳动生产率的显著正向影响。

一般而言,大部分聚集经济效应模型都是基于经济规模而非经济密度进行建模,一定程度上忽略了空间尺度的影响。鉴于此,国内外相关研究也逐渐将表征产业经济活动聚集程度的产业聚集密度纳入视野,对密集经济活动产生的技术外部性进行了研究和概括,引发了大量后续实证研究,证实了产业聚集密度对劳动生产率的促进作用。

遗憾的是,国内关于旅游产业聚集密度与劳动生产率关系的研究一直进展缓慢。在

---

①　关于旅游就业还有一个关键的影响因素,就是职业荣誉感,相比其他行业而言,职业荣誉感较低也是导致旅游从业人员流动性大、从业人员队伍不稳定的关键原因之一。

微观旅游企业层面上,旅游产业聚集是以大量旅游核心企业为其配套的相关企业高密度地聚集在同一地区的导致的地理集中性产业经济现象,是旅游企业经营区位选择过程中聚集力和分散力相互作用过程中的动态平衡结果。因此,在考虑地理空间差异的情况下,单位面积土地上承载的旅游经济活动量(即聚集密度)更能准确地反映出一个国家或地区单位土地总面积上的旅游经济活动聚集水平及相关的基础性网络、制度机制,是影响旅游企业劳动生产率及区域旅游业发展水平的重要因素。与一般 MAR 或 Jacobs 外部性不同,旅游产业密集经济活动对当地企业劳动生产率所带来的促进作用,是一种典型的产业链外部性效应。

17.2.1　密度依赖

旅游产业聚集区域内多样化产业内容组成了旅游产业种群,根据组织生态学理论,对旅游企业劳动生产率产生了合法性和竞争性的共同影响,密度依赖则是其中关键的作用路径。

就合法性而言,根据 Hannan 等(1995)[1]的定义和研究,体现了旅游企业在当地的社会认同和接受度,且随着旅游产业聚集密度的不断提高,其合法性不断增强,提升了旅游产业聚集区域内旅游企业获取资金、劳动力的能力及供应商、经销商和政府的支持力度,并基于不同旅游企业间的社会网络强化通过机构稠密性(institutional thickness)促进了劳动生产率的提升。尤其是,旅游产业聚集密度的提升促进了旅游企业间"非市场关联效应"的形成,旅游企业间的地理邻近性和密集性通过特定社会网络增强了旅游企业之间的联系,使其在长期的交往中奠定了良好的信任和合作基础,并能充分获取当地有关基础设施、制度、共享价值观、企业信任所提供的有关"聚集环境收益"(Sørensen,2007)[2],这也成为提升旅游企业劳动生产率的关键变量。

竞争性则体现了同一市场中的旅游企业在争夺市场有限客源过程中产生的直接竞争效应,以及旅游产品过度供给造成价格下降等间接竞争效应。随着旅游产业聚集密度的增加,旅游企业间竞争性作用不断增强,这在提升旅游企业劳动生产率的同时,也会在一定程度上对其劳动生产率产生负面的影响,形成竞争程度与劳动生产率空间的倒"U"型关系。因此,虽然有关研究确认了竞争程度对企业劳动生产率提高的有利作用,但是,也不可忽视竞争过于激烈通过拥挤效应对劳动生产率的削弱。不过,研究者一般研究旅游产业聚集的总体性效应,关于旅游企业竞争性对其劳动生产率的影响却并有得到充分的

① Hannan MT, Carroll GR, Dundon EA, Torres JC. Organizational evolution in a multinational context: Entries of automobile manufacturers in Belgium, Britain, France, Germany, and Italy[J]. *American Sociological Review*, 1995,60(4): 509-528.

② Sørensen F. The geographies of social networks and innovation in tourism[J]. *Tourism Geographies*, 2007, 9(1): 22-48.

分离研究。

随产业聚集密度发生变化的合法性和竞争性同时会影响企业的经营和发展（Hannan 和 Freeman, 1989）[①]。虽然旅游产业聚集密度的提升有利于通过合法性路径提高旅游企业劳动生产率，但是，过高的旅游产业聚集密度却可能通过拥挤效应或竞争效应削弱甚至超过合法性效应，对旅游企业劳动生产率产生不利的而影响。因此，在实际的研究过程中，分离这两种效应的难度较大，因此，综合考虑这两种效应的综合性影响，分析旅游产业聚集密度的净效应，这可以一定程度上避免难以完全剥离相关效应的理论与方法缺陷。

17.2.2　凡登效应

在消费者旅游需求日益多元化的状态下，多样性是旅游产品创新的基本特征，特定区域丰富的相关产业元素成为旅游企业发展的关键优势条件。服务的当地可得性对于主导产业部门的发展非常重要，在旅游企业经营过程中，产业聚集密度的提升为其产品创新提供了丰富而多元的组合元素，旅游企业的绩效也因投入的当地可得性而得以增强，并获取了抵抗外部需求波动和突发事件冲击的能力。在产品创新过程中，旅游企业间的邻近性为知识（尤其是隐性知识）高效转移奠定了基础，有效地推动了旅游产品创新实践，形成了与多样化的生产结构相关的递增收益并产生了多样化外部性，使产业聚集密度区内旅游企业获得了稳定的发展基础和机制。

不过，值得注意的是，相关研究却普遍忽略了聚集经济效应和产业发展之间的累积循环因果作用关系，以及产业规模增长和扩大本身带来的劳动生产率的提高。凡登效应（Verdoorn effect）即是这一路径上有代表性的成果（Kaldor, 1966）[②]，多数学者在区域层面上的研究均得出了区域经济运行显著地受凡登效应支配的结论，有关研究也揭示了服务经济活动密集度与劳动生产率间"凡登效应"的存在。但是，以往研究者多基于随机前沿分析、数据包络分析等方法研究旅游业效率，或基于偏离—份额法从结构变化角度分析要素从低生产率向高生产率旅游企业转移时对旅游企业劳动生产率的影响，忽略了旅游企业劳动生产率的内部提升机制，因此，作为一种揭示经济运行中基础性特征的经验定律，从稳健性角度验证旅游企业劳动生产率增长中的规模递增效应，分析凡登效应在旅游业发展过程中的适用性，在旅游产业聚集研究中无疑具有重要的现实意义与理论价值。

总体而言，虽然目前关于劳动生产率研究文献较多，且关于旅游产业聚集密度及其经济效应讨论散见于有关研究文献中，但是，针对旅游产业聚集密度与企业劳动生产率关系的研究文献却并不多见，影响了人们对旅游产业聚集发展的全面理解。鉴于此，本讲主要

---

① Hannan MT, Freeman J. *Organizational ecology*[M]. Cambridge: Harvard University Press, 1989.

② Kaldor N. *Causes of the slow rate of economic growth of the United Kingdom: An inaugural lecture*[M]. Cambridge: Cambridge University Press, 1966.

着眼于旅游产业聚集密度与 HASTs 等旅游企业劳动生产率的关系进行分析,研究旅游产业聚集密度劳动生产率效应的存在性和"凡登定律"在旅游产业中的适用性。进一步,如果上述效应存在的话,研究旅游产业聚集密度劳动生产率效应是否对不同类型企业存在差异,并深入探讨内中的作用机制,为地区间劳动生产率的差异提供一个新的解释视角。

17.3 理论框架

17.3.1 分析模型

根据 Ciccone 和 Hall(1996)[①],本讲结合旅游产业和企业特点建立旅游产业区域聚集密度与旅游企业劳动生产率之间的关系模型。假定每个地区内部的旅游企业分布是均匀的,并且,由于旅游产业聚集的空间外部性作用,区域 i 单位面积上的旅游企业收入 q 是该单位面积上的旅游要素投入、旅游产业地区总规模的函数,

$$q = \Omega_i f(n, k; O_i, A_i) \tag{17-2}$$

其中,O_i 为旅游产业总规模,A_i 为区域 i 总面积,n、k 分别为区域 i 单位面积投入的劳动力数量和资本规模。Ω_i 为旅游产业聚集效应,反映了旅游产业聚集空间外部性的综合能力水平。进一步,根据 Cobb-Douglas 生产函数,本讲将式(17-2)改写成如下基础理论模型,

$$q = \Omega_i (L_i/A_i)^\alpha (K_i/A_i)^{1-\alpha} \left(\frac{O_i}{A_i}\right)^{(\lambda-1)/\lambda}, (0 \leqslant \alpha \leqslant 1) \tag{17-3}$$

其中,N、K 分别为区域 i 旅游企业劳动力和资本投入总量,α 和 $(1-\alpha)$ 分别代表了单位面积上旅游企业收入对其劳动力和资本投入的产出弹性系数。根据 Ciccone 和 Hall(1996)[②],本讲将旅游产业聚集密度(O/A)界定为单位面积上的旅游经济活动水平,$\left(\frac{O_i}{A_i}\right)^{(\lambda-1)/\lambda}$ 衡量了旅游产业聚集密度对单位面积旅游企业收入的影响,$(\lambda-1)/\lambda$ 表示单位土地面积旅游企业收入对整体旅游产业聚集密度的反应系数。进一步,区域 i 旅游企业总收入水平是可表示为每单位面积收入乘以该区域的总面积,即:

$$Q_i = A_i \times q = A_i \times \Omega_i (L_i/A_i)^\alpha (K_i/A_i)^{1-\alpha} \left(\frac{O_i}{A_i}\right)^{(\lambda-1)/\lambda} \tag{17-4}$$

① Ciccone A, Hall RE. *Productivity and the density of economic activity*[R]. NBER Working Paper No. 4313, 1996.

② Ciccone A, Hall RE. *Productivity and the density of economic activity*[R]. NBER Working Paper No. 4313, 1996.

其中,Q_i 为区域 i 的旅游企业总收入水平,那么,将(4)两边除以劳动力数量,可以得到区域 i 旅游企业劳动生产率:

$$lp_{it} = \frac{Q_{it}}{L_{it}} = \Omega_{it} \, (K_{it}/L_{it})^{1-\alpha} \left(\frac{O_{it}}{A_{it}}\right)^{(\lambda-1)/\lambda} \tag{17-5}$$

其中,lp 表示旅游企业劳动生产率,体现了单位旅游劳动力实现的收入能力和水平。方程(5)显示出,旅游产业聚集效应的存在意味着区域旅游企业劳动生产率不仅是其一般要素投入的函数,同时还是其所在地区旅游产业聚集密度的函数。

此外,旅游产业聚集密度外部性的存在意味着旅游企业收入及劳动生产率会由于旅游产业环境的变化而改变。旅游产业聚集整合了系列文化、自然、娱乐及其他系列相关资源,旅游企业通过与不同相关产业间的合作形成了多元产业组合发展机制,因此,本讲在旅游产业聚集的概念下,将多样性(div)作为一个独立要素纳入影响旅游企业劳动生产率的外部性变量体系,测算多样性对旅游企业劳动生产率的作用能力,考察旅游企业所处产业环境的多样性对其劳动生产率的影响。

进一步,设,$\Omega = div^{\tau}$,$(\tau > 1)$。如果旅游企业所处的产业聚集环境越多样,其劳动生产率越高,说明旅游企业越得益于其多样化的旅游产业聚集环境。

17.3.2　计量方程

将 $\Omega = div^{\tau}$ 代入式(17-5),并对其两边取对数,可得如下计量方程,

$$ln(lp_{it}) = \phi + \gamma ln(den_{it}) + \beta ln(pccs_{it}) + \zeta ln(div_{it}) + \varepsilon_{it} \tag{17-6}$$

其中,t 为时间,den、$pccs$ 和 div 分别代表旅游产业聚集密度、单位劳动力资本(per captia capital stock)和旅游产业聚集多样化水平。γ、β 和 ζ 分别为待估系数,ϕ 和 ε 分别为常数项和误差项。

γ 显示了旅游产业聚集密度正外部性与拥挤成本的负外部性相抵后的净聚集密度效应水平。当 $\gamma > 0$ 时,存在 Verdoorn 效应,即旅游产业聚集密度对旅游企业劳动生产率的净效应为正,旅游资本或劳动力由于趋利性而从外部持续流入该区域,旅游产业聚集效应获得持续放大,从而产生 Verdoorn 效应。当 $\gamma = 0$ 时,不存在 Verdoorn 效应,即旅游产业聚集密度对旅游企业劳动生产率的净效应为 0。当 $\lambda < 0$ 时,存在 Verdoorn 负效应,即旅游产业聚集密度对旅游企业劳动生产率的净效应为负,单位土地面积聚集的旅游资本和劳动力要素过多,拥挤成本超过聚集效应,最终产生了负效应。

旅游企业劳动生产率(lp)是指地区旅游企业一定时期内实现营业收入与其劳动投入量的比值,是考核区域旅游企业经济活动技术、管理、效率及其员工素质的综合性指标。本讲用区域旅游企业营业收入除以从业人员表征区域旅游企业劳动生产率,特定旅游企

业从业人员实现的营业收入越高,劳动生产率越高。

资金是旅游业等服务业领域创新投入的核心要素,从旅游企业发展要素的投入角度看,随着旅游开发力度的增大,旅游企业发展一定程度上取决于资本积累和创新能力。内生增长理论认为,资本积累的副产品之一就是劳动生产率的提高,但是,却忽略了旅游企业经营过程资本与劳动力之间的替代性关系。鉴于此,本讲以旅游企业固定资本存量的核算值作为资本投入的度量指标,以固定资产存量值除以旅游企业从业人员人数得到区域旅游企业单位劳动力资本量(per capita capital stock, $pccs$),该指标不仅反映了旅游企业资本要素在单位劳动力上密集程度,而且,体现了旅游企业发展过程中的资本深化程度,在技术进步、技术效率以及劳动力结构转变等因素之外对旅游劳动生产率增长提供了物质条件,并在一定程度上解决资本与劳动力之间的替代性问题。

17.4 凡登效应

鉴于旅游产业聚集密度对旅游企业生产率有着显著地正向作用,一个地区旅游产业聚集密度越大,旅游企业就越倾向于向该地区聚集,通过累积因果循环机制,这种聚集效应促成了旅游业在特定地区的发展路径锁定并进一步扩大了特定地区的旅游企业劳动生产率。由此,本讲关于区域旅游产业聚集的研究[①],证实了旅游产业聚集过程中凡登效应(Verdoorn effect)的存在,即在旅游企业劳动生产率增长和旅游产业产出增长之间存在双向因果关系。

具体而言,旅游产业凡登效应主要表现为:一方面,旅游产业聚集密度的提升带来由于劳动分工和专业化所带来的静态收益,以及劳动力由低生产率向高生产率旅游企业转移所带来的动态收益,这两种收益促使旅游企业劳动生产率进一步得到提高。另一方面,旅游产业聚集密度的提升还将通过引致技术进步和知识交流所产生的动态收益,带来旅游企业劳动生产率的长期效应。

进一步,旅游产业聚集密度增加,导致旅游企业劳动生产率提升的凡登效应路径可归结为如下三个方面:

17.4.1 产业链组合

从产业链组合角度,具有互补性投入产出关系的旅游产业内部不同企业聚集于同一区域,节省了中间投入品的在途运输成本,有利于提升旅游企业劳动生产率。因此,旅游产业聚集密度越高,旅游企业越能够从旅游者交通成本的节省、旅游者多元消费需求的满

---

① 具体计量过程,请参阅杨勇. 集聚密度、多样性和旅游企业劳动生产率——兼对产业聚集理论观点的拓展研究[J]. 财贸经济,2015,36(2):148-160.

足等方面获取合作性的收益。

对于旅行社来说,其主要经营活动是把旅游过程中交通、饭店、娱乐、游览等分散的不同服务有机地组合成旅游者需要的旅游产品,是旅游活动的组织者和必不可少的中间介体,旅游产业聚集密度的提升为其经营活动提供了丰富的中间投入品。在当前的旅游方式下,虽然形式多样的自助游日益兴起,但是,借助于旅行社的团队旅游依然是占主导地位的旅游方式,部分自助游也往往通过旅行社完成旅行过程中的部分环节。而对于星级酒店来说,由于其涵盖了不同层次的住宿需求,为旅游者提供了住宿、餐饮、购物、会议、娱乐、健身等多项服务,基于旅游者需求衡量的旅游产业聚集密度提升显示了旺盛的旅游需求,为其提供了丰富的客源需求,促进了其劳动生产率的提升。

不过,由于旅游者花费中仅有其中一部分用于住宿方面,且经济型酒店、主题酒店的兴起也对星级酒店的客户需求产生了一定的分流,使得旅游产业聚集密度对星级酒店劳动生产率的影响要小于对旅行社的影响。其他旅游企业则显示了旅游产业内涵在娱乐、表演以及购物等方面的扩展,旅游产业聚集密度的提升为这些旅游产业关联企业提供了雄厚的市场基础和需求,有力地促进了其劳动生产率的提升。

17.4.2　规模经济

根据马歇尔外部规模经济理论(Marshall,1920)[①],旅游产业聚集密度影响旅游企业劳动生产率的渠道主要包括产业专属技能的劳动力池效应、旅游关联产业间投入产出效应和知识溢出导致的生产者函数改进效应,这也构成了旅游产业聚集密度效应重要来源和机制。

首先,旅游业内部具有类似技能的劳动力在特定区域的聚集,使旅游企业不仅可以调整劳动力的使用量有效地应付市场需求的波动,而且可以降低旅游企业从业人员的摩擦失业及工作转换中的成本。

其次,在旅游目的地意义上,地理邻近性在商业信任和共享价值观等方面对旅游业社会网络的形成和运作发挥着关键性的作用,并进一步通过相似或非相似旅游产品之间的相互学习促进了有关知识的有效共享,使集群内旅游企业获得了稳定的发展基础和机制。

此外,不同旅游企业在一定空间聚集的同时可以通过区域内共享基础设施、产业基础环境获得聚集密度收益,且当越来越多的旅游企业在特定区域聚集的时候,旅游产业地位在当地经济环境中会得到显著增强,有关旅游政策法规的"密度"及"频度"也会获得相应的提升,为旅游业发展提供了有效的制度支持,成为促进旅游业发展的关键性力量。因此,如果区域旅游企业及相关企业数量越多,则旅游企业产业内聚集效应越强,其劳动生

---

① Marshall A. *Principles of economics*[M]. London：Mac Millan,1920.

产率也越高,构成了旅游业发展过程中凡登效应的重要来源。

17.4.3 距离效应

根据旅游需求的距离衰减效应,旅游企业需求具有显著的本地需求效应,其日常经营所需的各种资源也首先会基于本地进行。

首先,旅游企业有选择在市场需求较大的地区进行生产和运营的激励,而当许多旅游企业都采取相同的决策时,旅游企业的区位选择形成了一种基于特定空间聚集的"外部性效应",导致旅游产业聚集密度大的地区对相关旅游企业有着更强的吸引力,并通过自我强化式的"循环性累积"过程推动了旅游业的总体发展。

其次,地理位置上的远离会造成企业成本的增加,鉴于知识溢出是旅游企业空间距离的函数,相对于地理位置比较分散的旅游企业而言,地理位置临近不仅有利于聚集区内企业有效地共享市场信息,而且有利于旅游企业间知识溢出—特别是隐性知识的溢出,促进旅游产品创新和劳动力技能的提升,有效地提升劳动生产效率,形成旅游业区域自我强化式的聚集发展机制。

17.5 效率悖论

17.5.1 合成悖论

我国现有旅游统计调查体系中涉及的旅游企业主要包括星级酒店(star-rated hotels)、旅行社(travel agencies)、旅游景区(点)(scenic spots)以及其他旅游企业(other)等类型(HASTs),这些企业不仅是各地旅游产业最重要的微观经济单元,也是各地旅游产业聚集过程中的核心旅游活动主体。

资本投入是旅游企业发展的重要动力之一,有关研究在验证凡登效应时并未考虑资本存量的影响(Wolfe,1968)[1],导致其关于凡登效应的估计是有偏的。一般而言,旅游企业资本深化主要表现为资本数量增加与资本质量改善两个方面。单位劳动力资本($pccs$)及其变动能够反映技术变化和要素成本比较下资本和劳动力数量规模的替代性动态平衡,因此,可以借助单位劳动力资本来检验地区旅游企业单位劳动力资本存量对劳动生产率影响,揭示地区旅游企业中资本深化的作用。

本讲研究结果显示[2],对于旅行社、酒店、景区和其他等各类型旅游企业劳动生产率

---

① Wolfe JN. Productivity and growth in manufacturing industry: Same reflections on professor Kaldors' inaugural lecture[J]. *Economica*, 1968,35(138): 117-126.

② 具体计量过程,请参阅杨勇. 集聚密度、多样性和旅游企业劳动生产率——兼对产业聚集理论观点的拓展研究[J]. 财贸经济,2015,36(2): 148-160.

而言,资本、劳动力等生产要素有着重要的促进作用。实际上,旅游业并不是一个低投入、高产出的劳动密集型产业,而是高投入、高产出的资源密集型或环境密集型产业。根据内生增长理论,投资能够产生溢出效应,就单位劳动力资本对旅游企业劳动生产率的作用机制而言,这不仅源于旅游企业经营过程中资本积累以及旅游专业化分工所带来的资本化或迂回化生产所导致的劳动效率提升,而且源于资本深化过程中对劳动的节省。

但是,不同旅游类型旅游企业要素聚集的外部性效应,可能并未对其劳动生产率产生有效的作用,使其更多呈现出特定类型旅游企业内部的外部性效应发挥作用。因此,虽然资本深化($pccs$)是地区旅游企业劳动生产率增长的关键因素,但是,旅游企业整体尺度的单位劳动力资本对 HASTs 各类旅游企业劳动生产率的效应却并不显著,造成了旅游企业生产率"合成悖论"现象。

旅游企业整体单位劳动力资本配置对劳动生产率作用的"合成悖论"说明,我国不同旅游企业劳动生产率增长更依赖于各类旅游企业内部的单位劳动力资本配置效应。究其因,这一方面是由于,"同质性产品"和"相同技术"是作为确定是否将同一组企业群作为一个产业的核心所在,而各类旅游企业生产的产品具有明显的差异性和非同质性,且生产方式存在着明显的不同,旅游者获得的也是一种相差悬殊的经历或过程,旅游产业也因此被质疑为是否是一个"产业"。尤其是,各类旅游企业在越来越依赖于自身技术和资源,且相互之间流动与融合性不够的情况下,旅游企业整体单位劳动力资本配置对这些旅游企业劳动生产率的影响失去了总体性效应。另一方面是由于,旅行社、酒店和旅游景区(点)等旅游企业分别具有各自的市场需求对象,在当前旅游者旅游方式愈益多样化,且越来越多地借助网络完成游程设计和预订等行为的情况下,不同类型旅游企业之间的相互作用路径越来越多地被隔断和削弱,其劳动生产率也越来越多地具有了独立的提升路径和轨道。

17.5.2　多样化悖论

作为一个复杂的综合性产业,旅游业具有高度多样性,需求侧旅游者在特定旅游目的地总支出也并不完全体现为供给侧旅行社、酒店或景区等旅游企业的收入,而且高度分散在各相关非 HASTs 企业中。仅仅依赖 HASTs 已不能满足旅游者的需求,越来越多的产业被纳入到在旅游业的发展过程。由此,旅游业环境的多样性构成了旅游业发展的重要维度。

在旅游者的时间成本、不同旅游产品的运输成本等交易成本随距离递增的情况下,旅游产业聚集密度的增加可以使旅游者在相对较紧的时间约束条件下获取多元的旅游体验,提升了消费者旅游满意度,增加了对消费者对该区域的旅游需求,进而促进了旅游企业劳动生产率的提高。从产业链角度而言,旅游产业链上核心企业间没有投入产出关系,旅游产业集群内部合作性特征竞争明显,HASTs 旅游企业和非 HASTs 企业的聚集合作更有利于通过距离临近服务元素的组合和知识创新而呈现出更高的创新效率,多元中间投入品成为导致旅游产业复合体或产业聚集形成的聚集性效应的重要源泉。并且,特定区域旅游经济活动密度借助"市场关联"性外部合作和竞争机制有效地促进了旅游业与相关行业的深度融合和品创新,通过旅游者满意度的提升促进了旅游业的整体发展。

国内有关研究证实了多样性对产业以及区域经济发展的促进作用,但是,本讲研究表明[①],旅游产业聚集环境的多样性对旅行社和其他旅游企业劳动生产率却具有消极的外部性影响,且对旅行社的负向影响程度更大。这形成了旅游企业劳动生产率与一般性研究结论和理论预期相符的"多样化悖论"现象。究其原因,这或许可以归结于如下几个方面。

1. 旅游企业间恶性竞争

在大部分旅游行业市场进出门槛低的情况下,大量中小旅游企业在旅游业发展过程中极易出现价格竞争、商业欺诈、以次充好等混乱的市场秩序,削弱了旅游业劳动生产率水平。

此外,相关研究发现,虽然企业所处环境的竞争程度有利于促进企业创新和增长,但是,由于不完全的产权保护,过度的竞争也会削弱研发投入和减弱劳动生产率的增长。

2. 旅游企业生态利基竞争

所谓旅游企业生态利基(ecological niche),是指旅游企业在旅游产业聚集区域中,在产业链上所占据的位置及其与相关产业之间的功能关系与作用。在实际的经营过程中,旅游企业面临市场的大小决定了其生态利基的宽度及其在市场需求的规模。然而,有限的市场需求限制了旅游企业生态利基的宽度,当 HASTs 和非 HASTs 企业生态利基重叠时,就会引发 HASTs 和非 HASTs 间生态利基的合作与竞争现象。

尤其是,由于随着旅游者需求的动态变化,单纯的 HASTs 旅游企业不再能为旅游者有效地提供针对性、个性化的旅游产品和服务,越来越多的旅游相关企业被纳入到旅游产业供给体系中,一批有别于传统观光旅游模式的新业态悄然兴起,为旅游相关企业提供了有效地市场需求。虽然旅游企业和相关企业间存在有效的合作模式和途径,但是旅游相关企业的竞争却减少了旅行社的生态利基宽度,对其劳动生产率造成了负面的影响。

3. 生产要素竞争

旅游企业经营根植于当地旅游业及社会经济文化环境之中,并受到不断变化的外部环境影响,旅游企业的外部活动越活跃,旅游产业聚集区内合作基础就越不稳固,尤其是,在地区旅游业组合表现为相关多样性的条件下,旅游企业从业人员的地理集中有利于劳动者更加便利地转换工作岗位。

---

① 具体计量过程,请参阅杨勇. 集聚密度、多样性和旅游企业劳动生产率——兼对产业聚集理论观点的拓展研究[J]. 财贸经济,2015,36(2):148-160.

在旅游企业和外部环境之间的关于人力资源和资本边际收益率发生错位的情况下，人力资源和资本会流出旅游行业去追逐更高的收益率。而较低的职业荣誉感则进一步导致旅游从业人员具有较大的流动性，旅行社从业人员队伍不稳定、人才缺乏，削弱了旅行社劳动力要素效率的提升。

4. 组织惰性

根据 Hannan 和 Freeman(1989)[①]，旅游企业组织惰性是其对变化的市场环境不能做出及时适应性调整的现象，体现了旅游企业保持现存结构状态不变的特性，显示了旅游企业在变化了的环境面前，维持旧有组织形态、业务类型和经营方式的僵硬性特征。随着社会经济发展模式由服务型经济模式向体验型经济模式转变，旅游者的消费观念、消费行为和消费态度也逐渐开始向体验性方向转移，呈现出旅游者出行个性化、自由化、体验性等特点。

尤其是，随着信息技术的快速发展，互联网已经成为旅游者获取旅游信息、选择旅游目的地、规划旅游行程、完成旅游消费的首选工具。且相比旅行社而言，携程、艺龙以及淘宝旅行等在线旅游企业在酒店、机票、门票、线路和组团服务方面整合了越来越的资源，使旅游者能够以较少的时间和费用成本获取可靠、准确即时的旅游信息，有关学者也借助调查证实了旅游电子商务的发展在提高旅游服务质量的同时也提高了顾客的满意度。因此，在动态机制下，多样化的旅游业环境对旅行社劳动生产率的消极效应会显示出更加明显的劳动生产率"多样性悖论"效应。这主要是由于随着时间的推移，新的旅游消费需求不断涌现，自助游从需求不断提升，消费者对网络的依赖性越来越强，旅游者越来越习惯于直接到网上预订机票、酒店，并自行设计旅游线路，倾向于自己安排行程，不受团队的时间和行程约束，由此催生了巨大的在线旅游市场，使其旅游行为更多地呈现出"去旅行社化"特征，影响了旅行社劳动生产率的提升和发展。

此外，旅游景区也日益利用互联网平台采取直销加分销、线上线下联动的形式开始新一轮的竞争，对传统线下旅行社企业形成了强烈的竞争和替代。不过，旅行社等传统旅游企业"组织惰性"的存在却阻碍了其随市场需求和环境变化而变化的能力，影响了其与市场环境间的匹配程度，不利于满足消费者新的旅游需求，对其劳动生产率提高造成了不利的影响。

---

① Hannan MT，Freeman J. *Organizational ecology*[M]. Cambridge：Harvard University Press，1989.

第18讲 技术效率

本讲假设区域旅游企业技术效率的差异是影响其旅游业发展表现的重要因素,借助随机前沿生产函数模型(Stochastic Frontier Approach,SFA),从旅游企业(包括旅行社、星级饭店、旅游区(点)及其他旅游企业)技术效率角度对区域旅游业发展进行分析。具体说来,本讲与已有研究的不同之处主要体现在三个方面:一是,突破旅游发展研究中的资源性视角,把各区域旅游业看成一个发展系统,并主要着眼于区域旅游业发展系统中的企业单元,考察和分析区域旅游企业劳动生产率;二是,借助计量经济学模型,并以 Battese 和 Coelli(1995)[①]提出的随机前沿生产函数模型为蓝本,采用形式灵活的超越对数生产函数,对区域旅游企业前沿生产函数和技术无效函数进行分析;三是,在技术非效率方程中引入了若干重要外生变量,探究引致技术效率差异背后的深层次原因,得出更加可具操作性的政策建议。

18.1 技术效率

学术界对旅游业发展概念存在不同的认识和界定,就区域旅游业发展水平而言,一方面,旅游业发展被理解为不同区域旅游业竞争的结果或最终表现;另一方面则被认为是不同区域旅游业在发展过程中所拥有的资源或决定性因素。事实上,区域旅游业发展是众多因素共同作用的结果。不同区域旅游业所拥有基础性资源的不同,只是部分地解释了彼此间发展水平差异出现的原因,其他原因则或许在于各区域对旅游资源利用的不同能力和技术效率。

18.1.1 发展载体

产业发展水平的关键在于产业内部因素,旅游企业就成为旅游业发展过程中技术性机制的关键载体。具体而言,旅游业是由许许多多相同属性的企业组成的,因而区域旅游业发展通过该产业内旅游企业的发展能力体现出来的,而旅游企业的发展能力又体现在

---

① Battese GE, Coelli TJ. A model for technical inefficiency effects in a stochastic production frontier for panel data[J]. *Empirical Economics*,1995,20(2):325-332.

其所生产产品或提供服务过程中所表现出来的技术效率的高低。

　　旅游企业是指那些以盈利为主要目的的为旅游者提供各种服务满足其需要的单位和集体,是区域旅游业发展中的重要微观经济单元,是旅游活动中不可或缺的纽带和桥梁,是旅游业发展中的重要参与者。在区域旅游业发展过程中,旅游目的地所具有的一系列有形和无形的资源性要素构成了旅游业发展的内在基础,由此所产生的一系列外化的产能和综合效能则构成了旅游业发展的现实表现,而旅游企业作为旅游目的地旅游业发展过程中的重要微观载体,其所具有的利用资源的技术效率则成为旅游目的地旅游业发展的内在基础和现实表现之间的重要过渡性纽带。

　　进一步,区域旅游企业劳动生产率是衡量其旅游业发展水平的重要外在指标,而影响劳动生产率差异的技术效率因素则构成了区域旅游业发展差异的重要内在技术性机制。实际上,技术效率的差异则在更为现实和长远的视角上影响着区域旅游业发展水平的差异,有关研究在旅游企业技术效率分析上的缺乏造成了区域旅游业发展研究领域中的空白,也影响了人们对区域旅游业发展的全面理解。

　　一般而言,旅游产业发展可以通过资本或劳动力等要素投入或生产率的提升来实现。1978 年以来,我国旅游业投入实现了稳步增长,这也引发了政府和研究者对我国旅游业发展方式、质量与可持续性问题的广泛关注。虽然研究者认为我国旅游业发展呈现出低效率的"高投入—低产出"模式,但是,我国旅游业效率上升也逐渐成为明显发展态势,并且,在我国旅游业效率区域分布格局上呈现出与区域旅游业总体发展水平相吻合的东高西低的空间分布状态,并在微观机制层面导致我国旅游发展水平的区域差异。不过,在旅游业发展效率差异的时间演变趋势上,研究者基于相异的研究方法得出了我国区域旅游业效率差距或收敛或发散的不同结论。就旅游业效率的微观企业载体而言,研究者针对酒店、旅行社、旅游交通等多种旅游企业,在旅游业综合效率研究的基础上,对效率进行了分解分析。

　　一般来说,研究者多基于投入产出关系采用生产函数法、DEA 方法对旅游业效率进行研究,普遍停留在旅游业效率描述、测算或分解等方面,对旅游业效率来源和产生机理的系统性分析和理论性阐释相对薄弱,缺少基于中国旅游业发展实际的实证性研究。尤其是我国幅员辽阔,各地旅游资源、经济社会发展水平带有明显的区域特色,因此,我国旅游业发展效率必然受到多元因素的影响。遗憾的是,研究者却普遍割裂了这二者之间的关系。

　　鉴于此,需要将旅游业发展效率的系列影响因素纳入统一的分析框架,实证探究这些因素对旅游业效率的具体影响。具体来说,可以采用随机前沿分析(Stochastic Frontier Approach,SFA),在设定恰当旅游企业生产函数基础上对其技术效率水平进行研究。采用随机前沿模型而非确定前沿模型,一方面可以避免将外生噪声误差计入内生技术无效方程中,降低所测定的旅游企业技术效率与真实效率水平之间的差异;另一方面则可以将系列影响因素同时纳入旅游企业效率分析框架中,较为准确地考察各因素对旅游企业效率的影响。

18.1.2 技术效率

技术在生产函数中是一个抽象而广泛的概念,表现为要素投入与产出之间的对应关系。前沿技术是指前沿生产函数所包含的投入产出的结构关系,代表在一定要素投入下达到最大产出的技术水平。旅游企业技术效率(Technical Efficiency,TE)是指旅游企业在某一组要素投入得到的实际产出水平与相应要素投入下的前沿技术产出水平之间的比例,反映了区域旅游企业在特定技术和要素投入规模下实际产出与最大可能产出(生产可能性边界)间的差距。

显然,前沿生产函数是衡量技术效率的基准,技术进步导致前沿生产函数的外移,技术效率衡量旅游企业在一定的技术及要素投入下实际产出与前沿产出的距离,技术效率越是逼近技术前沿,技术效率越高。因此,资本、劳动力等要素以及技术进步和技术效率的区域差异,共同决定着区域旅游企业劳动生产率的区域差异。对此,本讲借助图 18 - 1 进行简单的解释。

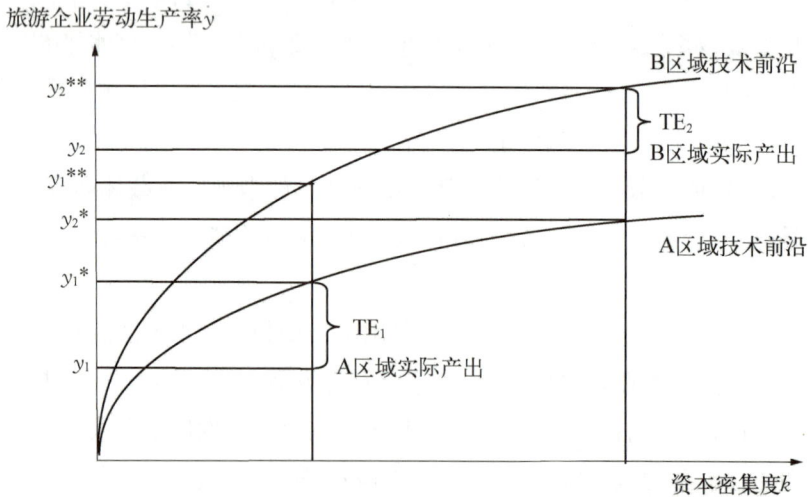

图 18 - 1 旅游企业劳动生产率差距分解示意图

在图 18 - 1 中,$(y_2 - y_1)$ 是 B 区域旅游企业劳动生产率比 A 区域高出部分。利用下式进一步分解:

$$y_2 - y_1 = (y_1^* - y_1) + (y_1^{**} - y_1^*) + (y_2 - y_1^{**})$$
$$= ((y_1^* - y_1) - (y_2^{**} - y_2)) + (y_1^{**} - y_1^*) + (y_2^{**} - y_1^{**})$$

$$= (TE_1 - TE_2) + TP + \Delta y_k \qquad (18-1)$$

从式(18-1)中可以看出,A区域与B区域旅游企业劳动生产率的差异可以分解为向生产可能性边界逼近程度的差异(技术效率变动,$TE_1 - TE_2$)、沿着生产可能性边界产生的差异(要素变动,Δy_k)以及生产可能性边界本身的差异(技术进步,TP)三个方面的差距。而通过分析这三部分之间的比例关系,往往能得出非常具有实践意义的结论。

若B区域与A区域旅游企业的劳动生产率差距主要由Δy_k引起,$(TE_1 - TE_2)$、TP的贡献非常微弱,甚至为负数,则可判断B区域旅游企业劳动生产率之所以比A区域高,主要是因为它实行"高投入高产出"的粗放型发展模式,这种模式产生的劳动生产率领先往往不能持久。如B区域的资本和劳动力投入与A区域相差不大,其旅游企业劳动生产率的领先主要是由于$(TE_1 - TE_2)$、TP的贡献形成,则表明B区域旅游企业生产过程中的技术性因素要优于A区域,这种领先往往具有较强的可持续性,从而形成旅游业的长久发展。

由于我国知识产权保护程度较低,方便了旅游企业生产技术在区域间传播扩散。鉴于此,我们假定在同一时间各区域旅游企业处于相同的技术前沿,[①]而集中分析技术效率差异的成因及其对旅游企业劳动生产率的影响。

18.2 影响因素

无疑,区域旅游企业劳动生产率的差异不仅来源于旅游企业自身,而且来源于其他系列相关基础性支持因素,比如基础设施、可达性、相关企业等。总体上说来,这些因素并非完全是为了旅游企业的发展而存在和不断得以完善,但是,其完善的程度却影响着区域旅游企业经营效率的高低。

对于中国这样一个庞大的经济体来说,政策的差异在很长的一段时间内成为决定地区发展差异的重要因素。由于地理位置、改革和发展的历史起点、享受中央政府倾斜程度等存在较大差异,各区域旅游企业经营过程中所处的环境也相当不同。东部交通条件远优于中西部,加之在改革开放以来的相当长时间内,中央实行鼓励东部沿海地区优先发展的倾斜政策,使东部地区的发展获得了大量财政、税收、投资、对外开放等方面的优惠政策。在这些因素作用下,相对中西部而言,东部区域由于系列政策层面上的先天优势支撑而形成了与旅游业有关的更为成熟的产品市场、要素市场、市场中介组织、法律制度环境,以及相对来说更为完备的基础设施支撑体系。由此,东部区域制度设施、基础设施质量的

---

① 假定在同一时间各省份旅游企业同处于相同的技术前沿,是构建随机前沿生产函数模型的基础。不过,由于我国幅员辽阔,且信息化程度较低,各省旅游企业技术同质性的假定是一个比较强的假定。但由于旅游企业多为技术含量较低的生活服务业(如餐饮业、酒店业等),对各省旅游企业进行技术同质性假定依然是比较合理的。

持续改善和提升成为促进旅游企业和劳动生产率不断提高的最重要的外部环境因素。

但是,区位条件的差异仅是解释区域旅游劳动生产率差异的外部性基础条件,要深入理解区域旅游企业劳动效率的差异,还必须结合旅游业的实际特点进行分析。本讲从如下方面进行进一步的分析,首先是旅游资源禀赋的丰裕度,其次是旅游业的产业地位,再次是旅游企业经营过程中的所依赖的劳动力素质。

18.2.1　资源禀赋

鉴于旅游业的特性,资源禀赋构成了旅游企业经营的基础。即,由于旅游业具有旅游资源的垄断性、独特性和不可移动性、不可复制性等不同于其他产业的特殊性(即便有些资源可复制,也改变了旅游资源原貌,常常因此而失去生命力),以旅游资源为依托经过开发而形成的旅游产品、特色旅游区(点)就构成旅游目的地所独有的吸引物,是吸引旅游者将旅游动机转化为现实行动的根本所在。尤其是,旅游者选择目的地的行为是其对资源感应效用的函数,旅游者常常趋向于资源禀赋丰度高、名大质佳的旅游景点,由此使得旅游景点与客源地之间的引力具有鲜明的资源指向性特点。

旅游企业的经营是围绕旅游资源等具体的吸引物而展开的,这种资源方面的比较优势在区域旅游企业经营过程中表现出某种差异性,即该地区的资源禀赋或产业发展的有利条件,是旅游企业开发形成差异性产品(或称特色产品)的基本根源,区域旅游企业劳动生产率也就体现在旅游企业将这种优势资源转换成可供销售产品的能力和效率。

18.2.2　旅游产业地位

就旅游业的产业地位而言,旅游业产业地位的高低从如下几个方面影响着我国区域旅游企业的经营表现:一是,一个地区旅游业产业地位越高,旅游企业就越容易得到政府政策层面甚至原材料方面的支持,为旅游者提供多样化的产品和服务。二是,旅游业产业地位越高,越易于形成有利于旅游企业经营的生态环境,这主要表现在,旅游业是一个关联很广的行业,旅游相关企业的健康、生命力、成就感以及企业不断扩张的商业冒险性投资,将从不同角度、以不同方式为旅游企业的健康经营提供巨大的贡献。三是,对于旅游业这样一个进入门槛较低的行业来说,旅游业产业地位的提升有利于旅游企业聚集效应的产生,并由此导致产业结构优化,进而影响旅游业配置效率。

旅游企业聚集能够对旅游企业技术效率的持续提升产生广泛而积极的影响,这是由于聚集企业自身具备自我强化的机制,一旦聚集规模达到某一临界值,旅游企业聚集规模将以更快的速度扩张,一方面单个企业的规模不断扩张,另一方面新企业不断进入,导致旅游业规模报酬递增效应的产生。

首先,旅游企业在空间地理位置上的临近,使旅游企业能够从较低的运输成本与交易成本中获利,也容易实现基础设施的共享、获得大量的熟练劳动力,并激发竞争、知识和技术的转移扩散。其次,有利于旅游企业获得先进的管理经验。一个地区容纳的旅游企业越多,旅游企业间的交流及就业人员的流动就越频繁,从而有利于管理经验扩散,旅游企业可借此提高劳动生产率。并且,旅游企业在某个区域内的大量集中有利于知识在旅游企业之间的外溢与扩散,有利于旅游业的创新和劳动生产率的提高。再次,有利于旅游企业增强效率动机。大量旅游企业的聚集直接使竞争环境变得更加激烈,迫使旅游企业积极适应变化后的市场环境,这有助于提高旅游企业的效率。同时,竞争性环境产生的信息比较动力、生存动力和信誉动力,能激励所有旅游企业提高效率。

18.2.3 劳动力素质

劳动力素质是旅游企业劳动效率提升的基础。作为一种劳动密集型的行业,随着旅游业的迅猛发展,业内竞争的不断加剧,区域旅游企业之间的竞争越来越体现为人才、员工整体素质的竞争。经济学理论认为,人力资本形成是通过对人进行教育及相关投资而形成的资本存量,体现了专业知识和专业技能。而专业化的知识和人力资本的积累可以产生效率的提高、成本的下降和收益的递增,从而使区域旅游企业能够以比竞争对手更低的成本提供同样的服务。

此外,既然旅游业产业地位高有利于旅游业聚集效应的形成,在利益驱动下,大量国内资本、外资和高素质的人才必然会流向旅游业聚集程度高的区域,由此形成巨大的外部效应,即每个旅游企业都从其他所有旅游企业所从事的研究与开发活动中受益,并在良性互动的过程中不断增强该趋势。卢卡斯(Lucas,1988)[①]指出,一国的平均人力资本水平影响着每一企业的单个生产率,而旅游企业所提供服务的无形性、易逝的特点,决定了旅游企业经营效率的提升必然同劳动力素质息息相关。

18.3 理论框架

技术效率的测量最早由 Farrell(1957)[②]和 Afriat(1972)[③]提出,用于衡量一个企业在等量要素投入条件下,其产出与最大产出(生产可能性边界)间的距离,距离越大,则技术效率越低。技术效率的测算在经济与管理领域中具有非常重要的意义。从旅游企业这一

① Lucas RE. On the mechanics of economic development[J]. *Journal of Monetary Economics*, 1988,22(1): 3 - 42.

② Farrell MJ. The measurement of production efficiency[J]. *Journal of Royal Statistical Society*, *Series A*, *General*, 1957,120(3): 253 - 281.

③ Afriat SN. Efficiency estimation of production functions[J]. *International Economic Review*, 1972,13(3): 568 - 598.

角度来看,运用随机生产前沿技术(SFA)测算技术效率,将有利于考察和评价区域旅游企业经营的综合绩效。另外,在涉及区域旅游企业劳动生产率的比较研究中,测算各个区域旅游企业的技术效率,能够了解各区域旅游企业的经营质量,进而分析旅游发展的内在维度和机制。

18.3.1 分析模型

本讲以 Battese 和 Coelli(1995)[1]提出的随机前沿生产函数模型(SFA)为蓝本,对区域旅游企业的生产函数和技术无效函数的参数进行估计。随机前沿生产函数模型的产出,是在考虑了随机冲击的情况下,一个行业中的企业在最好的投入与最佳的管理技术水平下所达到的最大产出。考虑如下边界生产函数,

$$\ln(y_{it}) = f(x_{it}, t, \beta) + v_{it} - u_{it} \quad i = 1, 2, \cdots, N, \ t = 1, 2, \cdots, N \quad (18-2)$$

其中,y_{it} 表示产出,x_{it} 表示投入向量,t 是时间趋势,代表随时间变化而出现的技术进步,β 是待估计的参数向量,$f(\cdot)$ 表示合适的函数形式(如 Translog 或者 Cobb-Douglas 等)。

式(18-2)的误差项由两个独立的部分组成。其中,v_{it} 是随机误差项,服从标准正态分布 $N(0, \sigma_v^2)$,u_{it} 是非负的代表第 i 个经济体在第 t 年非效率效应的随机变量,被假设服从非负断尾正态分布 $N^+(m_{it}, \sigma_u^2)$,即,

$$m_{it} = z_{it}\delta + \omega_{it} \quad (18-3)$$

式中,m_{it} 对应的函数即技术无效函数,$e^{-m_{it}}$ 反应的是第 i 个经济体在第 t 年的技术效率水平,m_{it} 越大表示技术无效程度越高。z_{it} 表示一组影响经济体技术效率的外生变量,δ 是这些变量的待估参数,反映外生性因素 z_{it} 对技术效率的影响,负值表示正的影响,正值则表明有负的影响,从而可以考察影响技术效率的经济变量的显著性及其隐含的经济含义。ω_{it} 为随机误差项,服从均值为 0、方差为 σ_ω^2 的断尾正态分布,如 $\omega_{it} \geqslant -z_{it}\delta$,以确保 u_{it} 非负。式(18-2)和式(18-3)的参数可通过最大似然法估计得出。

18.3.2 函数设定

在生产函数形式 $f(\cdot)$ 的选取上,目前,国内外常使用生产函数是柯布-道格拉斯生产函数(Cobb-Douglas Production)和超越对数生产函数(Translog Production)两种。但是,前者的表达式中关于规模报酬不变的严格假定限制了其使用的范围,而超越对数成本函数凭借其良好的弹性、易估算性、允许因素间的交互替代影响项的存在和允许规模报酬

---

① Battese GE, Coelli TJ. A model for technical inefficiency effects in a stochastic production frontier for panel data[J]. *Empirical Economics*, 1995, 20(2): 325-332.

变化的特性而获得了很好的应用。

鉴于此,本讲根据 Battese 和 Coelli(1995)[①]的定义,建立区域旅游企业技术效率的随机前沿生产函数模型。由于不仅要考虑前沿技术进步的因素,而且必须考虑前沿技术进步与投入要素对生产率的交互效应,函数形式采用包容性较强的超越对数生产函数[②]的时变(Time Varying)形式。就我国旅游业发展的具体情境而言,设定如下具体模型体形式,

$$ln\,y_{it} = \beta_0 + \beta_1 t + \frac{1}{2}\beta_2 t^2 + \beta_3 lnk_{it} + \frac{1}{2}\beta_4\,(lnk_{it})^2 + \beta_5 lnk_{it} \cdot t + v_{it} - u_{it}$$

$$(18-4)$$

式(18-4)中,i 和 t 表示区域和时间。y、k 分别为旅游企业劳动生产率和资本密集度。根据前文理论分析,技术无效函数为:

$$m_{it} = \delta_0 + \delta_1 east_i + \delta_2 middle_i + \omega_{it} \qquad (18-5)$$

其中,i 和 t 含义同上,$east$ 和 $middle$ 代表东部和中部虚拟变量,取值 0 或 1;δ_0 为待定常数项;δ_1、δ_2 分别代表东部和中部虚拟变量对技术无效程度的影响系数,根据前文理论分析可以推断,δ_1、δ_2 应为负数(即东部和中部区域旅游企业的技术无效程度要比西部低),且 δ_1 的绝对值大于 δ_2 的绝对值(即东部区域旅游企业的技术无效程度要比中部低);ω_{it} 是该回归方程的随机误差项,服从对称的正态分布 $N(0,\sigma_\omega^2)$。

鉴于区位优势、区域资源禀赋条件以及旅游产业地位之间的错位,引入旅游业产业地位、资源禀赋来替代区位因素,从另一个方向进行分析。考虑到目前区域旅游业劳动力就业有很大地域性特色,本讲引入劳动力素质这一控制变量。并且,鉴于旅游产业地位、劳动力素质等具有随时间变化而变化的时变性特征,进一步在技术无效函数中引入时间因素。由此,式(18-5)演变为,

$$m_{it} = \psi_0 + \psi_1 t + \psi_2 resource_{it} + \psi_3 industr_{it} + \psi_4 edu_{it} + \omega_{it} \qquad (18-6)$$

其中,i、t、ω_{it} 含义同上,ψ_0 为待定常数项,$resource$、$industr$ 和 edu 代表资源禀赋、旅游产业地位和劳动力素质,ψ_2、ψ_3、ψ_4 分别是资源禀赋、旅游产业地位、劳动力素质对技术无效程度的影响系数。

---

① Battese GE,Coelli TJ. A model for technical inefficiency effects in a stochastic production frontier for panel data[J]. *Empirical Economics*,1995,20(2):325-332.

② 超越对数生产函数形式的主要优点是,允许要素之间的替代弹性是可变的,因此可以灵活地选择投入要素进行针对性研究,交叉项反映要素的替代性,但超越对数参数过多和多重共线性导致精度下降,并且要求样本数据比较大,这样可能限制其应用范围。考虑到本研究所获得的样本数据比较大,故可采用超越对数生产函数这一函数形式进行实证分析。

进一步，根据 Battese 和 Coelli(1995)[①]的建议，定义，

$$\gamma = \frac{\sigma_u^2}{\sigma_u^2 + \sigma_v^2} \tag{18-7}$$

式(18-7)中 γ 反映的是随机扰动项中技术无效所占的比例，通过考察 γ 的大小可以判断上述模型设定是否合理。

当 γ 接近于 0 时，表明实际产出与可能最大产出的差距主要来自不可控制的纯随机因素造成的白噪声误差，而没有必要采用随机前沿模型，也就是说模型存在设定偏误。当 $\gamma = 0$ 时，表明实际产出与可能最大产出的差距主要来自不控制因素造成的噪声误差，这时完全不存在技术非效率项，用普通最小二乘法(OLS)即可实现对生产函数的参数估计。γ 越趋近于 1，则越能说明前沿生产函数的误差来源于表征技术非效率的随机变量 u_{it}，采用随机前沿模型对生产函数进行估计也就越合适。但是，当 $\gamma = 1$ 时，随机前沿模型也就变成了确定性前沿模型，不再存在随机冲击的效应。

本讲模型的特点是显而易见的。首先，采用随机前沿模型而非确定前沿模型，可以避免将影响各区域旅游企业劳动生产率的外生噪声误差也计入内生的技术无效当中，减小所测定的技术效率与真实的效率水平之间的偏差。其次，在超越对数生产函数中引入时间变量，可以估计旅游企业总体的技术进步和技术效率演变趋势。最后，可以测度旅游资源禀赋状况、旅游产业地位以及劳动力素质等特定因素对技术效率的影响程度。

18.4　理论分析[②]

18.4.1　动态趋势

实证检验表明，旅游企业技术无效程度在不断增强，致使旅游企业劳动生产率呈下降趋势，出现这种情形的原因可能在于如下两个方面。

一是，旅游业在要素供给方面的优势主要体现在丰富的自然和人文旅游资源，以及大量的廉价劳动力方面。旅游业是劳动密集型的行业，在我国人力成本比较低的情况下，旅游企业为控制要素投入的成本，会增加人力资源要素的使用，由此放弃了在技术方面的投资和提升，对旅游企业的技术效率产生负面的影响。

二是，影响旅游企业服务质量的不可控因素很多，在我国旅游业人员流动频繁的情况下，从业人员具有很大的短期化行为倾向，导致旅游企业服务质量的不合理波动。而且，

[①]　Battese GE, Coelli TJ. A model for technical inefficiency effects in a stochastic production frontier for panel data[J]. *Empirical Economics*, 1995,20(2): 325-332.

[②]　杨勇和冯学钢(2008)对上述模型进行了实证检验。详请参阅杨勇,冯学钢. 中国旅游企业技术效率区域差异的实证分析[J]. 商业经济与管理,2008,1(8): 68-74.

旅游业现有人才结构不合理,具有较高敬业精神和业务能力的服务人员匮乏,特别是高素质复合型管理人才奇缺,使我国旅游企业技术效率水平随着时间的演进反而出现了下降。

18.4.2　区位影响

区位是影响区域旅游企业劳动生产率的一个重要因素,与区位因素紧密相连的是经济环境、自然环境与社会、制度环境,区位经济环境的好与不好直接关系到旅游产品的销售量和类型,并且受出游距离递减和收入因素的影响,区位经济环境决定了旅游市场规模的大小。

东部区域发达的经济为旅游业劳动生产率的提升创造了良好的良性发展环境。旅游业作为一个关联性很广的行业,旅游产品的吸引力不仅来自产品本身,而且在更大程度上依赖于区域内的自然环境和社会环境。一个地区基础设施越好,旅游企业就越容易得到原材料、客源等方面的支持。且从更为实际的支持性因素与资源(比如良好的基础设施、居民消费水平等)上来说,旅游基础设施的建设会大大增强旅游目的地的吸引力,优化旅游企业的经营环境和经营基础,有利于提升旅游企业的经营效率。

18.4.3　人力资源

旅游人力资源是实现旅游业可持续发展的重要动力,需要注意的是,高流动性的旅游劳动力市场特性可能会对旅游企业的技术效率产生负面影响。

首先,旅游服务是一种高接触度的服务形式,旅游者在相关服务交付过程中参与其中全部或大部分的服务,由于顾客的参与度较高,旅游企业从业人员的素质和表现就会成为顾客评价旅游企业服务质量的有形依据。风景名胜区的服务质量会直接影响旅游者的感知水平和满意度,服务快捷程度、旅游企业对服务的重视程度、旅游行业利益相关者的企业家品质等变量构成了影响旅游企业服务质量的重要因素,而上述变量无疑与旅游从业人员的素质有着强烈的关联性。

其次,在旅游产品的提供过程中,旅游服务具有典型的生产和消费的同一性特征,这一特性决定了旅游企业人员素质的重要性。从要素条件来看,随着知识经济的发展和旅游业竞争程度的加深,自然资源等基本要素在旅游业竞争中的重要性正在不断下降,如何开发和更新高等要素,包括高级旅游企业开发和管理人员、具有一定技能的旅游从业人员等已成为增强旅游业发展、提升旅游企业经营效能的主要任务。这也显示出,旅游行业特性对劳动力素质提出了更高的要求,且劳动力素质的提升对于旅游企业技术效率的提升具有良性的影响机制。

再次,劳动力素质的提升还表现在旅游业内人力资本和知识、技术的积累方面,并进一步形成旅游业的外部经济效应。各区域平均人力资本水平影响着该区域每一旅游企业的单个生产率,即在人力资本存在外部性效应的情况下,在劳动力素质的提升过程中,每个旅游企业都从其他所有旅游企业所从事的人力资本开发和知识、技术的积累活动中受益。换言之,旅游企业人力资本开发和知识积累使公共知识存量增加,而这种公共知识存量可以被其他所有旅游企业免费利用,这种外部性必然有利于旅游企业技术效率的提升。

18.4.4 旅游业地位

就旅游业的产业地位而言,区域旅游业产业地位与旅游企业的技术无效程度负相关,即区域旅游产业地位越高,该区域旅游企业技术效率越高。这主要是由于,随着旅游业在国民经济中的地位日益凸显,很多区域将旅游业确定为本地区的支柱产业、龙头产业和先导产业,反映了政府层面上对旅游业的推动和支持。尤其是在风景名胜区的规划、开发中政府通常扮演开拓者、规范者和协调者三种角色,成为风景名胜区发展的重要保障因素。

此外,我国旅游业的管理体制的初步构架是在入境旅游的需求诱导下促成的,并受政治大环境的影响而迅速转为纯粹的供给主导型的模式。所以,尽管旅游管理体制在需求和供给的力量交织下不断变迁,但从总体上来看,政府长期占据了变革的第一行动集团的位置,旅游业管理体制的市场化程度较低。在这一体制下,受我国行政系统的 GDP 考核导向的影响,旅游产出在 GDP 中的比重越大,旅游产业地位越高,就越有可能获得更多的来自政府方面的政策、资源支持,政府的作用对区域旅游企业的技术效率有着显著的影响。

18.4.5 资源禀赋

就资源禀赋而言,旅游资源禀赋的差异对区域旅游企业的技术效率的影响较为微弱,出现这种状况的原因主要在于:

一是,旅游企业技术效率的形成和提升是众多因素共同作用的结果,资源性因素仅仅构成了影响旅游企业技术效率的基础性比较优势条件。而对于不同的旅游企业来说,所拥有基础性因素不同比例的组合,只是部分地解释了彼此间劳动生产率差异的不同,另一部分原因则在于旅游企业主体对各类资源利用的不同效果,即旅游企业所经营资源的发展性因素。这不仅包括旅游资源的保持维护能力,还包括旅游资源的增殖发展能力和资源利用的效率等方面的内容。进而言之,是不同旅游企业对于资源要素利用的能力和效率的差异,而不是要素本身,导致了区域旅游企业劳动生产率的差异。

二是,由于旅游景点与客源地之间的引力具有鲜明的资源指向性特点,而旅游业所依赖的资源具有垄断性、独特性和不可复制性等特性。这种特性决定了旅游资源禀赋在一定时期内具有相对的稳定性,且随着时间的演变和旅游资源的开发,旅游资源经营的边际收益递减效应必然会出现,使得旅游企业经营绩效在较长的时期内呈现出相对稳定性甚至出现下降的状况。

三是，随着人们旅游消费行为的多样化，旅游业的发展已经超越了单纯的旅游资源依赖型的阶段，使得旅游支出对旅游资源的依赖性降低。尤其是在当前体验经济逐渐成为一种新的旅游经济形式的情况下，旅游者注重寻求个性化的服务、灵活性、更多的冒险与多样化的选择，而旅游业作为最适合"体验经济"的生产和消费工具，其以观光为主流的旅游产品，正逐渐让位于新、奇、特的感同身受的参与性体验。并且，旅游企业已完成从单一的观光型产品向观光、度假、专项旅游产品相结合的完整的产品结构的转换，逐渐形成了观光、度假、专项旅游产品这三类产品独立发展的并行的结构关系。

四是，在现有的旅游经营体制下，旅游资源经营中经常存在的"公共地悲剧现象"会导致我国旅游企业经营效率对资本密集度因素的不敏感。其一，旅游资源在经营开发过程中逐渐演变为社会公共性很强的公共资源，旅游企业基于逐利的目的沉浸于提供旅游者所需的环境而损失了旅游者追求的自然原始与真实性，影响了旅游资源长远经营效益的获取。并且旅游企业的经营收益经常受到其他利益相关者的侵蚀，特别在一些旅游景区（点）的管理上机构重叠设置，管理混乱，形成了导致寻租收费积极、服务消极，矛盾扯皮不断、效率低下的局面，导致旅游企业经营长远利益的损失。其二，"公共地悲剧"导致我国旅游资源开发经营过程中普遍存在重经营、轻投资的短期化经营行为。特别是在国家级法律规定缺位的情况下，国家层面综合、统一管理模式的缺乏造成管理目标、绩效考核标准、社会公平原则中的诸多问题，形成旅游资源开发过程中以低标准低水平的维护替代高水平的科学有效的资源保护、以经济性开发特别是野蛮密集式旅游开发冲击资源保护和资源合理利用的局面。其三，短期化经营行为导致旅游企业的经营过程中服务意识的缺乏，服务质量相对不高，直接造成我国大众对旅游景区（点）多为"一次性"欣赏，而基本没有回头客的低水平旅游。总之，作为旅游企业经营的资源性基础，旅游资源经营过程中存在的问题影响了旅游企业的健康发展和长远经营效率的提升，使得在区域旅游企业资本密度（尤其是中西部地区）整体变化不大，影响了旅游企业劳动生产率的提升。

第 19 讲　结构变迁与效率

一般而言，以往关于我国旅游业发展问题的研究过多着眼于同一时间截面上的横向比较，忽略了旅游业发展过程中的产业结构变迁。实际上，假设旅游业发展的初始条件、制度等因素决定了旅游业相关生产要素在地区之间的配置结构，那么，等量旅游业相关生产要素在不同产业部门的配置却会产生不同的产出效率，并由此通过产业部门之间的前向、后向和旁侧的关联效应，对地区旅游业发展水平产生影响。

19.1　结构变迁

旅游业发展不仅体现在旅游产业动态发展能力，而且体现发展过程中的结构优化能力。因此，旅游业发展过程中所涉及的众多静态因素只是部分地解释了不同区域彼此间旅游业发展差异的原因，而在中观产业层面上，旅游产业结构演变与旅游业发展具有内在的联系，旅游产业结构的优化、旅游就业结构的变动、重大旅游产业结构的调整不仅对提高旅游业综合发展起到积极作用，而且体现出旅游业未来发展的能力。

具体说来，从旅游产业结构变动的过程和特征来看，旅游业发展和提升是产业结构演进的一个重要内容和方向，这一般可表现为：一是各旅游产业的劳动生产率水平和利用资源的效率水平普遍提高；二是各旅游行业间关系变得日益"柔性"，产业结构通过较强的"自组织能力"提高高效率行业比重，调整、改变行业间的生产能力配置，使资本和劳动等要素投入能够方便在不同行业间转换，不断提高旅游产业结构的经济绩效；三是结构关联度的提高，形成产业聚集发展，通过节约交易费用、促进分工、降低信息成本、整合资源、知识技术溢出等途径产生显著的经济效益。

实际上，旅游业发展作为对效率的一种外部测量，可以通过投入产出比测定，也可以通过劳动生产效率来衡量。尤其是，作为一种劳动密集型的行业，随着旅游业的迅猛发展，旅游产业结构的演进和旅游就业结构的变化保持着相关性。专业化的知识和人力资本在具有不同劳动生产率旅游行业间的分配影响着旅游业发展的表现，并对促进旅游产业结构的高度化演进和旅游业发展具有极其重要的作用。[①]

不过,有关研究不仅缺乏系统的理论分析框架,而且缺乏规范的实证研究范式。随着研究范式的转变,许多学者开始借鉴套用西方产业组织理论的研究范式分析中国旅游业的现实问题,但由于数据等方面的原因使得这一研究热点未能更深入、更系统。鉴于此,本讲借鉴研究要素流动对生产率增长的影响一般方法——Shift-Share 方法,分析不同区域旅游产业的劳动力流动对生产率增长的影响,探究旅游产业结构变化对旅游业发展的内在影响过程,揭示区域旅游业发展的一种内在机制,为旅游业转型的发展模式提供理论支持。

19.2　偏离—份额分析

现代经济增长的过程不仅是生产率增长的过程,也是经济结构不断调整的过程。Kuznets(1979)[②]认为,没有各种资源在不同经济部门之间的充分转移,获得人均产出的高增长率是不可能的。而产业结构作为一种资源转换器,其所蕴含的内在潜力核心就体现在经济资源通过产业结构转换而实现最优化配置的能力。

根据新古典经济学的均衡思想和等边际原理,经济资源在不同产业间实现最优化配置的结果表现为不同产业劳动生产率的趋同,[③]在竞争程度比较高的市场状态下,如果旅游业各行业劳动生产率存在差异,生产要素会从劳动生产率低的行业向劳动生产率高的行业流动,最终达到各行业的要素劳动生产率都相同的均衡点。在这样一个由非均衡走向均衡的过程中,旅游业实现了发展。

19.2.1　结构红利

旅游产业结构的有机性、演进的动态性以及产业结构由非均衡走向均衡的自组织能

---

① 旅游产业结构效益评价是衡量区域旅游业发展水平和阶段的重要手段,它能够为旅游产业结构和旅游就业结构调整提供很好的参考价值。已有研究成果表明,评价产业结构效益的方法有多种,其中产业结构偏离度是评价产业结构效益比较实用的方法。具体说来,旅游产业结构的变化不仅表现为旅游业各行业产值比重的变动,还可以表现为旅游业各行业产值比重的变动及相应行业从业人员构成的变动等。旅游就业结构与旅游产值结构之间的一种不对称状态构成了测度旅游产业结构效益的产业结构偏离度,

$$P = \sum_i |L_i - C_i|$$

式中,P 为产业结构偏离度,L_i 为产业劳动力比重,C_i 为同次产业收入的比重。P 值越大,劳动力结构与收入结构越不对称,两者的偏离度越高,产业结构效益愈低下,即产业结构效益越差。

② Kuznets S. Growth and structural shifts[C]. in Galenson W(Ed). *Economic growth and structural change in Taiwan. The postwar experience of the Republic of China*[M]. London: Cornell University Press, 1979: 15 - 131.

③ 需要注意的是,处于不同发展阶段的产业始终并存以及需求和创新因素则会导致产业间长期存在着增长速度和投资机会的巨大差异,因此各产业边际劳动生产率的均等化仅是一种短暂现象,产业间劳动生产率的差异才是产业发展中的常态。

力是产业结构所蕴含的内在潜力的关键体现。产业结构演进过程中合理化取向不应仅停留在产业间比例关系协调、供需结构相适应等表面现象，其自动、快速地向经济资源得以有效配置的最优化状态逼近过程中体现出来的能力，则构成了其所蕴含的内在潜力重要表现。研究经济资源如何在具有不同劳动生产率的旅游行业间的配置和流动，也就成为研究旅游产业结构所蕴含内在潜力的根本要义。

20 世纪 80 年代以来，国内外经济学者对我国的生产率增长的变化趋势进行了研究，并从制度、资本形成、产业结构变动等方面分析了影响我国生产率变动因素。而结构变化与生产率增长之间的关系可以用"结构红利假说"（the Structural Bonus Hypothesis）加以说明，其主要内容是，由于各部门生产率的水平和增长率具有系统差别，当投入要素从低生产率或生产率增长慢的部门向高生产率或生产率增长快的部门转移时，就会促进由各部门组成的经济体的总生产率增长。总生产率增长率超过各部门生产率增长率加权和的余额，就是结构变化对生产率增长的贡献，即"结构红利"。

围绕上述假说，20 世纪 50 年代以来，经济学家运用许多国家不同发展阶段的统计资料进行了大量的实证研究。但是，绝大多数这方面的研究都集中于结构变化的较高层次，即农业与非农产业或三次产业的结构变化对生产率增长的影响，而对经济发展过程中另一更具体层次的结构变化，即旅游业结构变化对生产率增长影响的研究却极为鲜见。关于前者研究的大量结论基本上都是肯定性的，也就是投入要素由农业向非农产业转移会对生产率增长产生显著影响。就后者的研究而言，虽然有学者就制造业进行深入的实证研究，并得出了多样化的结论，但是，关于旅游产业结构变化与生产率关系的深入分析却一直存在空白。这一方面影响了对旅游产业结构变迁的理解，另一方面使得有关研究忽略了旅游产业机构变动过程中生产率变化的内在作用机制，因此，有必要针对各区域旅游产业结构变化与生产率增长的关系进行更为深入的实证研究。

19.2.2 Shift-Share 方法

考察产业结构变化对生产率增长的影响可以应用不同的方法，但国际上多数研究者普遍采用的是 Shift-Share 方法。该方法最早由 Fabricant（1942）[1]提出，并经 Massell（1961）[2]获得了扩展，这种方法认为总的劳动生产率增长是由两部分原因引起的，各部门的劳动生产率增长和劳动力流动。因此，总生产率增长可以被分解为部门生产率增长的贡献和结构变化的贡献，而结构变化的贡献又被进一步分解为静态转移效应和动态转移效应。

利用 Shift-Share 方法，可将区域旅游业劳动生产率增长进行分解，以研究旅游业结

---

[1] Fabricant S. *Employment in manufacturing 1899 - 1939*[R]. NBER Working Paper, New York, 1942.

[2] Massell BF. A disaggregated view of technical change[J]. *The Journal of Political Economy*，1961,69(6): 547 - 557.

构变迁效应。旅游企业作为旅游业最重要的微观经济单元和现代旅游活动的主体,具有不同或相异属性的旅游企业组成了不同的旅游行业,其所表现出的结构则构成了旅游产业结构的重要载体和映射。据此,本讲将旅游产业结构分为旅行社、星级饭店、旅游景区(点)等细分行业部门。

设旅游业总体劳动生产率水平为 LP^t,其中 LP_i^t 是指各个产业部门的劳动生产率,上标 t 表示时期,下标 i 表示不同的产业部门,$i=1,2,3,\cdots,n$,S_i^t 表示行业 i 的 t 期的劳动力占旅游业总劳动力的份额。那么,旅游总体劳动生产率可以表示成,

$$LP^t = \frac{Y^t}{L^t} = \sum_{i=1}^n \frac{Y_i^t L_i^t}{L_i^t L^t} = \sum_{i=1}^n LP_i^t S_i^t \qquad (19-1)$$

根据式(19-1),可以推知 t 期的总体劳动生产率相对于 0 期的增长为,

$$LP^t - LP^0 = \sum_{i=1}^n (LP_i^t - LP_i^0)S_i^0 + \sum_{i=1}^n (S_i^t - S_i^0)LP_i^0 + \sum_{i=1}^n (S_i^t - S_i^0)(LP_i^t - LP_i^0)$$

$$(19-2)$$

根据(19-2)式,用旅游业劳动生产率的初始水平 LP^0 分别除以上述方程的两端,就得到旅游业劳动生产率增长率的分解方程,

$$\frac{LP^t - LP^0}{LP^0} = \frac{\sum_{i=1}^n (S_i^t - S_i^0)LP_i^0}{LP^0} + \frac{\sum_{i=1}^n (S_i^t - S_i^0)(LP_i^t - LP_i^0)}{LP^0} + \frac{\sum_{i=1}^n (LP_i^t - LP_i^0)S_i^0}{LP^0}$$

$$(19-3)$$

具体说来,公式(19-3)可以分解成如下三项。

一是,静态结构变迁效应。式(19-3)右边第一项被称为静态结构变迁效应,反映的是劳动要素从劳动生产率较低的旅游行业向具有较高初始劳动生产率水平的旅游行业转移时引致的总体劳动生产率的净增长效应。如果劳动生产要素流向相对劳动生产率较高的旅游行业 i,则该旅游行业在 t 期内的份额变化值大于 0,对其赋予的权重也较大,因此,旅游行业 i 的静态结构变迁效应也较大。

二是,动态结构变迁效应。式(19-3)右边第二项被称为动态结构变迁效应,它和第一项有所不同,表现了劳动要素移动引起的动态效应,反映了劳动要素从劳动生产率增长较慢的旅游行业流向劳动生产率增长较快的旅游行业所引致的总体劳动生产率的净提升。静态结构效应和动态结构效应之和即为结构变化对旅游业劳动生产率增长的贡献。

三是,劳动生产率增长效应。式(19-3)右边第三项被称为劳动生产率增长效应,它衡量的是由于各个旅游行业内部的技术效率变化和技术进步等因素所导致的各旅游行业内劳动生产率增长对旅游业总劳动产率变化的贡献。

19.3　结构变迁效应

随着对产业结构研究的不断深入,学者们逐渐认识到产业结构自身是一个有机的、开放的系统,其合理化是一个动态、渐进的过程,而在旅游产业结构演进过程中形成的"自组织能力"决定了旅游产业结构的发展潜力。如果将不同旅游行业劳动生产率与劳动要素之间的动态变动关系看作旅游产业结构自组织能力的衡量基准的话,Shift-Share 方法提供了有效的度量旅游业发展潜力的方法。即从效率角度来看,旅游产业结构的"自组织能力"决定了旅游业发展的经济效率,如果旅游产业结构僵化,呈现出较强的"粘性"[①],经济资源自动向高效率产业流动的机制受到阻滞,结构转换极其缓慢甚至停止,劳动等要素投入得不到有效的配置,那么,旅游业的发展潜力就必然低下。如果经济资源向高效率产业的流动机制相对顺畅,旅游产业结构"自组织能力"强,则能通过劳动等投入要素的流动,压缩低劳动生产率行业的比重,提高高效率行业比重,调整、改变产业间的生产能力配置,形成较高的旅游业发展潜力,促进旅游业的长远发展。

19.3.1　静态结构变迁效应

根据前文分析,式(19-3)右边第一项"静态结构变迁效应"(Static Shift Effect)衡量了在劳动生产率水平不变的情况下,劳动力要素向最初时期具有较高生产率水平的旅游行业转移时导致总的生产率增长的影响。如果初期具有较高生产率水平的行业吸收了更多的劳动力,并提高了自己的劳动份额,则该项的符号为正,这被称为"结构红利假说"。

$$\sum_{i=1}^{n}(S_i^T - S_i^0)LP_i^0 > 0 \qquad (19-4)$$

该假说是解释结构变动和生产率增长的重要理论,它的基本思想可以追溯到经典的二元经济模型(Lewis,1954)[②],即假设经济中存在多余的劳动,随着更多的劳动投入到具有更高生产率增长的现代经济当中,总的生产率水平将不断提高。因此,作为旅游产业在自身发展过程中所具备的发展壮大的能力以及在未来发展过程中的后续能力,旅游业发展潜力可以通过"结构红利假说"进行衡量。

19.3.2　动态转移效应

式(19-3)右边第二项为行业结构的动态转移效应(Dynamic Shift Effect),衡量了劳

---

① 所谓"粘性",是指旅游产业结构不随旅游业发展而及时迅速地变动、在一定时间内保持相对的稳定性的状态。结构粘性经常使旅游产业结构不能发挥出最大的效益,造成效率的损失。

② Lewis W. Economic development with unlimited supplies of labor[J]. *Manchester School of Economics and Social Studies*, 1954,22: 139-191.

动要素向更高产率增长率行业转移时对总生产率增长所造成的影响。如果行业的劳动生产率和劳动份额同时增长（或同时减少），该项为正。如果生产率增长较高的行业劳动份额减少，或者生产率增长较低的行业劳动份额增加，则该项为负。Peneder(2002)[1]称该项为负的情况为"结构负利假说"(the Structural Burden Hypothesis)。

$$\sum_{i=1}^{n}(S_i^T - S_i^0)(LP_i^T - LP_i^0) < 0 \qquad (19-5)$$

对某些地区来说，如果劳动力从最初劳动生产率低的旅游行业流动到了最初劳动生产率高的旅游行业中，则"结构红利"为正。但是，如果说劳动力并没有从劳动生产率增长较低的旅游行业流动到劳动生产率增长较快的旅游行业，即劳动力更多地投入到劳动生产率增长率较低的旅游行业中，则会出现"结构负利"现象，这必然在一定程度上影响该区域旅游业的长远发展。

值得注意的是，虽然结构变化对旅游业劳动生产率增长具有一定促进作用，但与行业内部劳动生产率增长的影响强度相比，却存在较大差距，这也在一定程度显示出"结构粘性"在广泛范围内的存在性。另一方面，Shift-Share 方法的计算结果并没有包括结构变化对生产率增长的全部影响，忽略了行业之间的凡登效应（Verdoorn Effect）（Timmer & Szirmai, 2000）[2]。而根据凡登效应，产出增长和生产率增长之间存在正的相关关系。当要素投入转移到具有更高凡登效应弹性值的行业中会促进生产率的增长，反之则相反，因此，采用 Shift-Share 方法一般会低估结构变动对生产率增长的贡献。另一方面，资本也构成了旅游业投入的基本要素，其在不同行业间的优化配置同样有利于旅游业发展，限于篇幅，本讲未对上述问题进行更为深入的分析，这也构成了该论题的进一步的研究方向[3]。

---

① Peneder M. *Structural Change and Aggregate Growth*[R].WIFO Working Paper No.182. Austrian Institute of Economic Research, Vienna, 2002.

② Timmer MP, Szirmai A. Productivity growth in Asian manufacturing: The structural bonus hypothesis examined[J]. *Structural Change and Economic Dynamics*, 2000, 11: 371-392.

③ 关于凡登效应（Verdoorn Effect），请参阅本书第16讲。

第 20 讲　会展的经济效应

目前，会展的经济效应越来越受到业界和学界的关注。根据一般经验性判断和西方会展发达国家的数据统计，会展不仅本身具有巨大的经济效益，而且通过与相关产业的互动共赢对举办地经济产生了强大的拉动效应。但是，在使用上述有关结论时，必须保持必要的小心和谨慎，避免对会展经济效应的夸大和误解，正确而客观地评价其在国民经济发展中的地位和作用。鉴于系统研究会展经济效应的文献还不太多，且理论学术界有关的有关研究大多停留在经验性总结和个案统计的基础之上，本讲借鉴经济理论研究的方法，对评价会展经济效应中涉及的若干关键问题进行了诠释和辨析，为比较全面和客观地分析会展经济的地位和作用提供一般性分析框架。

20.1　收益发动机

相关研究领域已形成了系统地研究会展经济效应的方法和实际研究路径。就会展本身而言，会展为参展企业以及参展观众提供了有效的交流平台[①]。但是，鉴于会展的关联性和复杂性，对其经济效应的分析不能仅局限于会展自身。尤其是会展的鲜明特性使得研究者通常基于"原因－结果"的逻辑分析框架对会展广泛的经济社会效应进行分析，并在对会展经济效应衡量和测算过程中主要采用"乘数效应"和"溢出效应"等方法进行了实际的分析，会展的角色也由此被视为"收益发动机"（revenue generator）或"经济兴奋剂"（economic stimulant）。而基于会展前向、后向和平行联系的分析使相对简单的"因果"分析法得以扩展，提供了更为宽广和纵深的分析视角和分析广泛会展效应的综合性框架。

20.1.1　关联效应

首先，会展具有显著的前向联系（forward linkages），在增加旅游客流量、强化基础设

---

① 仅就会展而言，一方面，会展为企业开展营销活动提供了一个很好的场所；另一方面，会展汇聚了巨大的信息流，降低了企业获得优质资源的交易成本，有利于资源的优化配置。

施水平、创造大量的短期或永久性的就业机会、提升公共道路和快速交通能力等方面作用显著。[①] 其次,就会展的后向联系(backward linkages)而言,通常考虑的是导致会展事件出现的系列理念、思想方面的背景支持,这些后向联系为其举办提供了思想意识形态方面的合理化支持,与会展举办之间具有直接的因果关系,商业方面考虑、转换举办地或国家在外界或世界上形象等则构成了会展举办的更为现实的考虑。第三,会展与金融、保险、市政建设、环保、会计、审计等行业之间具有紧密的平行联系(parallel linkages),并通过会展的旁侧效应(side-effects)促进了这些行业的管理和技术更新、专业技术人员的培养,进而波及整个社会、经济领域。显然,上述联系之间存在着重复和交叉,完全地分离会展这三种影响不仅不可能,而且也不必要。但是,该分析框架却为我们提供了研究会展效应有用的启发式思维,也为我们提供了更为全面和深入地研究会展经济、社会效应的视角。

需要指出的是,上述研究视角基本是在同一时间截面上的分析,而从时序角度的研究分析则表明,会展的即期影响应该和长期影响分离开来。即对于会展来说,就业机会的创造和旅游收入是会展举办者所期望的主要即期影响,但是,会展所导致就业量的增加可能仅是一种"短期"的经济刺激现象,随着会展的结束,就业量可能会"退回常态(back to normal)",恢复到会展举办前的水平。而"新高度(new plateau)"式的替代理论则认为,由于或直接或间接地提升了会展举办地的居民意识、吸引力和可进入性,会展会对当地旅游业会产生持续的"后会展效应"。并且,这些相关会展效应的叠加提升了会展举办地在旅游市场上的竞争力,将旅游者的旅游需求提升到一个新的层次上。[②]

实际上,会展的经济效应影响并不表现为单纯的积极性影响或简单的直入式影响,其经济效应更多地呈现出复杂化的影响机制。因此,就研究方法而言,仅仅从一般意义上探讨会展经济影响还远远不够,并且经常会夸大会展的经济社会效应,为此,需要在衡量会展效应的方法上进行深入的探讨。

20.1.2　投入产出分析

在衡量会展经济效应的众多方法中,投入产出分析[③](input-output analysis)是普遍使用的方法之一,有关研究者从应用和方法论角度对其进行了深入的研究和探讨,并在实证方面进行了应用。但是,作为一种相对宏观的分析方法,投入产出分析在较大尺度下对

---

① 需要注意的是,对于会展前向影响某些积极方面的分析有时仅是有关人士一厢情愿的分析和论证,许多会展的影响并没有被证实,并且,关于一些会展场馆的后续使用也存在大量的问题。不过,虽然如此,会展对承办地或举办地基础设施水平提升的促进作用却是不容忽视的。对于一些大型节事活动(mega event)来说,即使经济收益并不成功,但对举办地或承办地基础设施的贡献却是积极和持久的。

② 虽然旅游者关于会展举办地或承办地意识的提升有利于该处旅游业未来的发展,却并没有在相关文献中发现支撑该论断的直接证据。

③ 应用投入产出表评价会展对经济影响的主要目的是求出与会展相关的直接消费和再消费对产出、家庭收入、附加值及就业的总的影响。

微观个体(如家庭)受会展影响的分析显得相对薄弱。

基于此,有关研究者在投入产出分析基础上构建了社会核算矩阵(social accounting matrix,SAM),将家庭等微观经济个体纳入到会展经济效应分析中,并进一步采用区域投入产出模型方法(IMPLAN)对与会展相关的旅游者花费对举办地居民收入的影响进行了确认和分析。另一方面,鉴于投入产出分析法的缺陷,更为复杂的可计算一般均衡模型(computable general equilibrium,CGE)模型在研究会展经济效应的过程中得到了初步的应用,有研究者在CGE模型的应用中就奥运会对当地经济发展的影响进行了实证分析。

无疑,来自方法论和会展消费方面解读的差异影响了会展经济效应研究之间的可比性:一方面,会展消费研究在方法论、分析范围、数据搜集方法以及消费调查的准确性上大相径庭。另一方面在实际的研究过程中,会展消费支出数据通常都是通过调查得出,但是,相关研究在目标调查群体的选择方面存在着巨大的方法论差异。一种替代性方法是调查酒店、餐饮、出租车、零售等商业单位,但是,由于区分旅游者和本地居民的消费难度较大,关于这些商业单位的调查数据并不令人满意。因此,需要从会展参与者花费和当地政府组织两方面收集数据对会展经济效应进行了一般性分析,结合上述两种方法对会展消费调查结果进行校正。

因此,虽然研究者就会展经济效应进行了多角度的分析,甚至在宽广的视野下肯定了会展所拥有的潜在经济、旅游或商业、社会文化、心理和政治影响,为各地举办会展提供了论据支持。尤其是有关政府官员和会展组织者在论证其将要花费的公共开支的合理性时,经常援引会展具有经济效应或其他影响的系列证据。但是,许多相关证据并没有经过科学的计算,或者仅进行了粗略的估算,这不仅不够严谨,而且带有很大的随意性。

鉴于上述分析,在实际的会展工作和研究过程中,需要对会展经济效应进行科学、客观和全面的分析,就会展经济效应进行细致的量化分析,为相关各方提供精准的决策依据。遗憾的是,虽然许多研究已经在会展产出方面做了努力,研究者却依然没有形成一个前后一致的、综合性的研究框架。本讲在有关文献的基础上构建一个分析会展经济效应的一般性框架,为了分析上的方便,本讲的研究将主要着眼于会展的"本地"经济效应,并在此基础上进行适当的扩展。在构建的过程中,注重了当前统计体系下相关数据调查途径的可行性和数据的可得性。

20.2　会展消费主体与"新钱"

无论是"因果"分析,还是更为复杂的投入产出、CGE模型分析,消费是会展对本地经济影响主要驱动因素之一,有关学者着眼于会展观众或会展旅游者的消费支出研究了特定种类会展的经济影响,衡量了会展旅游者消费支出的经济影响。鉴于会展对本地经济的影响主要是消费驱动的,并且关于会展经济影响的定量研究还比较粗糙,本讲把会展对本地经济产生影响的关系转化成为代数方程,并在此基础上构建一个评价会展对当地经济影响的一般性模型系统,为会展经济效应的定量分析提供基础。

20.2.1　会展消费主体

就会展经济效应中所要考虑的、与会展有关的消费主体[①]来说,主要包括由于会展而留在本地的当地居民或本地企业(L_s)、由于会展吸引而来旅游者或引致企业和并非单纯是由于会展吸引而来的旅游者或引致企业由于会展的存在而延长了在会展举办地停留时间的旅游者或引致企业(V_e)[②]以及由于会展所引致的政府参与(G_f)。

L_s 与本地居民或本地企业的相对规模、V_e 与相关旅游者或引致企业的相对规模以及政府参与程度(G_f)可以通过调查途径获得。基于此,可以将 L_s、V_e 和 G_f 用本地居民或企业总数(L)、旅游者或外来企业总数(V)和政府总规模(G)来表示,而 ϕ、ψ 和 ρ 则分别表示各会展消费主体在各自群体中所占的比例,则,

$$V_e = \phi V,\ L_s = \psi L,\ G_f = \rho G \qquad (20-1)$$

总体而言,会展消费主体的花费可以在广义上分为三类:本地居民或本地企业的消费、旅游者和引致企业的消费以及当地政府的消费支出。因此,在衡量会展的经济影响时,需要区分不同的会展消费主体 i。

鉴于政府的不可分性,我们用 G_f 单独表示政府消费支出,并且,用 G_j 表示与特定消费类型 j 有关的政府消费和公共开支,则,

$$G_f = \sum_j G_j \qquad (20-2)$$

式(20-3)中,S_{total} 为总消费支出,S_j 为各会展消费主体 i 在特定消费类型 j 上的总花费支出,$\lambda_{V,j}$、$\lambda_{L,j}$ 分别为会展消费主体 V_e、L_s 在特定消费类型 j 上的平均消费支出。

$$S_{total} = \sum_j (S_j + G_j) = \sum_j S_j + G_f$$

---

① 本讲用"消费主体"而没有用"消费者",主要包括消费者、企业、政府等关键会展消费者。实际上,研究会展效应还必须考虑观众、运动员、媒体、教练、主要赞助商以及辅助人员,甚至还要包括提供无偿服务的志愿者等相关团体或人员。Tyrrell 和 Johnston(2001)提供了一个一般的分析框架,并以罗德岛(Rhode Island)为例说明,如果没有采用该框架,会展经济效应将必然会被高估。Crompton、Lee 和 Shuster(2001)则将当地居民排除在外,用以收入作为评价基准,提供了分析重大节事(major event)活动对当地经济影响的分析框架。(详请参阅 Tyrrell TJ,　Johnston RJ. A framework for assessing direct economic impacts of tourist events: Distinguishing origins, destinations and causes of expenditures[J]. *Journal of Travel Research*, 2001,40(1): 94-100.　Crompton JL, Lee S, Shuster T. A guide for undertaking economic impact studies: The Springfest example[J]. *Journal of Travel Research*, 2001, 40(1): 79-87.)

② 如果没有会展,该部分消费主体将不会出现在会展举办地,因此,还应包括由于会展而改变了消费计划的消费主体。

$$\text{其中,} \quad S_j = \varphi V \lambda_{V,j} + \psi L \lambda_{L,j} \tag{20-3}$$

20.2.2 "新钱"

从会展消费主体的消费支出角度来看,会展举办地经济的注入资金主要来自业内会展旅游者的消费、举办地之外参加者的消费以及政府、企业以及协会的赞助费。但是,在使用"会展消费"概念及有关数据时,需要注意的是,只有和会展有关的"新钱"(new money)才能给会展举办地本地经济带来一定的经济影响。因此,只有使用"新钱"才能正确地计算会展经济影响乘数,估算会展对举办地的经济影响,如果没有会展的存在,这些和会展相关的消费支出("新钱")将不会发生。[①]

作为旅游业中发展最快的分支之一,随着会展——尤其是大型会展——受到有关城市或国家的强烈追捧,推崇者强调了这些会展对旅游者的吸引作用及其所带来的巨大消费需求,而后者给会展举办地注入的大量"新钱"通过会展与其他产业的联系和作用通道刺激了当地经济的发展。

但是,考察和分析各种各样的会展消费支出能否成为刺激当地经济发展的"新钱",需要关注消费主体的两种"消费支出转换(expenditure-switching)"。一类是"时间转换"(time-switching),即会展消费主体根据有关会展改变了其到某会展举办地"既定的"旅游行程,这对于会展举办地来说,该群体的消费支出确实发生了,但只是由于会展而转换(或提前或推迟)了其消费支出的时间。另一类是"偶发性的"(casuals)消费支出,即会展消费主体由于其他原因到会展举办地旅游,却由于受到会展的吸引而放弃了再去其他地方的机会,而如果没有会展的吸引,该群体的消费支出会花费在其他地区而非会展举办地。

尽管上述两类旅游者的会展消费开支对于本地经济而言属于"新钱"的范畴,但是,却由于这些消费——尤其是第一类转换消费——只是会展消费主体转换了支出时间,因此,在衡量会展经济影响的过程中需要将其排除。在实际的研究过程中,有些研究者对会展消费主体的该部分开支进行了剔除,但是,也有一部分研究者采用了"旅游者消费毛支出"(gross tourist expenditure)对会展的经济影响进行衡量。不过,考虑到衡量的准确性,在会展效应研究过程中需要将会展消费主体由于会展而发生的消费分离出来。通过旅游者($\beta_{V,j}$)以及相应的和会展相关的消费支出比例($\delta_{V,j}$)可分离出每个旅游者和会展相关的净消费支出,

$$\lambda_{V,j} = \delta_{V,j} \beta_{V,j} \tag{20-4}$$

另一个值得关注的问题是本地居民的消费支出,如果会展的经济效应主要源于其所

---

① 在一个封闭经济系统中,"新钱"成为刺激经济的有效资源注入。

带来的"新钱",那么,本地居民的消费开支将不会对会展经济效应产生贡献,这其实基于如下基本假设,即本地居民的消费开支即使没有用于会展方面的话,也会以其他形式在本地花费掉。[①] 因此,探讨本地居民的会展消费支出需要明确如下关键问题:当地居民是否受到会展的吸引而将本应该用于其他地方的开支花费在会展节事活动上? 参加相关会展是否意味着对原来其他活动或花费的替代? 进行有关产品或服务消费是否是由于会展而发生? 从这个角度来说,本地居民的会展消费支出并没有为本地经济带来新鲜的血液,但是,研究者在研究过程中却往往并不去区分旅游者和本地居民消费,这无形中夸大了会展的经济影响,也对决策者对会展经济效应及其决策的造成了误解和误导。

一种例外的情况是,当有足够的证据证明本地居民将本来打算到其他地区旅游的消费开支用于会展消费或会展使得本地居民增加了额外的消费支出时,这部分消费开支(设该部分占居民消费支出的比例为 $\delta_{L,j}$)可以成为"新钱"并对当地经济会产生影响。遗憾的是,该点却经常被忽略,原因就在于相关证据的收集是相当困难和费力的。

不过,如果遵循该原则,将研究的重点集中在"旅游者"[②]消费开支方面,则会引起另一方面的问题。即如果要对会展的经济效应进行精确度量的话,本地居民的相关消费依然是不可忽视的方面,尤其是,会展使本地居民的消费留在本地,实现了本地居民对到其他地方旅游、消费其他地区产品或服务的"进口替代",将对本地经济产生的促进作用。在衡量和评价会展经济效应时,如果把上述本地居民消费开支的积极和消极影响考虑进来,无疑会提升会展经济效应的评价质量,使相关评价更为准确、合理与全面。通过本地居民的消费支出($\beta_{L,j}$)以及相应支出比例($\delta_{L,j}$)可计算出每个本地居民消费支出中可成为"新钱"的部分,

$$\lambda_{L,j} = \delta_{L,j}\beta_{L,j} \qquad (20-5)$$

在旅游者和本地居民的消费开支之外,还有一个值得关注的方面,就是用于设施、交通或市场营销等方面的公共开支。会展对举办地经济、社会以及形象等方面所具有的提升作用成为政府及其官员广泛关注会展的重要原因,但是,如果与会展有关的某些公共开支是从"既定的"其他项目上转移出来,则对经济产生的拉动作用或许并不明显。[③] 不过,值得注意的是,一些小地方如果承办或举办大型会展,将会得到地方或国家资金的鼎力支持,这些"外援"无疑有利于提升当地的基础设施水平,为本地经济带来巨大的效益。另一

---

① 该假设忽略了消费者支出对经济发挥作用的另一个方面,即对不同产业来说,乘数效应该是不同的。因此,在一封闭的经济体内,注入经济体的同样数额的资金,其作用效果也会不同。另外,该假设忽略了"漏出效应",即如果本地居民的消费不用于会展消费的话,可能用于购买其他地区的产品和服务。上述两个方面都会影响会展对经济影响作用的发挥。

② 不过,需要注意的是,"旅游者"的概念至今仍没有一个统一的定义,研究者在"停留时间""出行距离""出行目的"等方面存在着诸多的分歧。

③ 同样,此处的一个内涵前提假设是,政府开支用于不同方面对经济的促进作用是相同的。

方面,会展——尤其是大型会展——的举办需要配置大量的资源,而这些资源不仅需要来自政治方面的协调,而且具有一定的优先权,基于机会成本角度,这也构成了与会展有关的另一种政府消费支出。设由政府引致的消费为 G'_f,则,

$$S_{total} = \sum_j S_j + G_f + G'_f$$
$$= \sum_j (\phi V \delta_{V,j} \beta_{V,j} + \psi L \delta_{L,j} \beta_{L,j}) + G_f + G'_f \qquad (20-6)$$

20.3 捕获率和乘数

与某次会展相关的总消费(gross expenditure)构成了会展经济效应形成的基础,但是,就会展消费给本地经济带来影响的作用机制、途径以及所涉及的具体问题而言,还需要进一步的细致考察。

20.3.1 捕获率

会展对经济发展所起到的"乘数效应"得到了研究者的广泛重视,但是,研究者在使用"乘数"的过程中,最为常见的错误是使用旅游者等会展消费主体的最终花费乘以"乘数"来衡量会展的经济影响,这至少从如下两方面夸大了会展经济效应。一方面,根据前文的分析,使用"最终花费"夸大了消费主体与会展相关的消费支出;另一方面,并不是所有的会展消费都会留在举办地的经济系统中,由于会展举办地空间范围的局限、相关资源不足以及和其他地区之间经济联系的增强,一定比例的会展消费必然会被用于购买会展举办地以外厂商提供的产品或服务,一部分会展消费由此"漏出(leakage)"了会展举办地,削弱了会展的经济效应。

实际上,会展消费主体购买的产品或服务在会展举办地形成最终需求,而只有部分产品和服务应该被视为对会展举办地产品或服务的最终需求,后者在会展消费主体花费中的比例被称为"捕获率(capture ratio, σ)"。

因此,在使用会展"乘数"概念之前,必须将消费主体所购买产品或服务中来自举办地之外的部分进行必要的扣除,[①]那么,

$$DS = \sigma S_{total} \qquad (20-7)$$

一般而言,在封闭条件下,不存在对外贸易,$\sigma = 1$,否则,$0 \leqslant \sigma < 1$[②],消费主体购买

---

① 但是,该捕获率的使用需要视情况而定。对于会展消费主体花费在门票、娱乐、住宿、餐饮等方面的开支而言,这些开支均可以为本地所捕获。其他一些产品(如石油、书籍、T恤衫等)不可能都是由本地所生产,因此,只有部分零售环节的价值为本地所捕获。另一方面,由于各地产业状况和会展所依托产业基础的不同,捕获率也因地而异。

② 一般而言,旅游者花费中只有约 $60\% \sim 70\%$ 的部分成为会展举办或承办地的最终需求。

的部分产品或服务来源于本地生产经济系统之外,导致了($1-\sigma$)份额的"漏出",降低了会展经济效应的发挥。

20.3.2　会展乘数

关于会展经济效应的研究并不仅仅局限于哪一部分应该包含在内,衡量会展经济效应的另一个关键是追踪会展第一波影响和直接经济效应的链式反应。因此,采用合适的"乘数"(multiplier,M)有助于衡量会展对本地经济所产生的整体性波及效应(overall ripple effect),即:①

$$TS = \sigma S_{total} \cdot M \qquad (20-8)$$

作为经常被用于衡量会展次生经济效应的工具,会展乘数的关键在于识别和关注了当地经济产业之间的相互依赖。与会展有关的消费支出直接刺激了相关经济活动的进行,而"乘数"则衡量了会展的间接影响。

但是,需要注意的是,"乘数"概念经常被错误地使用和解读,尤其是,在非经济学研究人员(noneconomists)中,"乘数"概念存在大量的、令人费解的原因和来源。因此,在使用"乘数"概念和分析方法时,需要保持必要的谨慎,对"乘数"使用中应该注意的问题进行细致的分析。研究者经常就奥运会等大型事件(mega events)对当地经济的影响提出批评和质疑,乘数的不恰当使用使研究者高估了有关会展对当地经济的影响是其中最受诟病的方面。此外,对"乘数"在会展中应用的分析可以发现,会展乘数的使用中还存在一些问题,即要么夸大了乘数的作用,要么遗漏了某些因素,实际上低估了乘数作用,或者在应用乘数分析中错误地理解会展的产业经济内涵及相关产业,有关产业边界模糊不清,使会展乘数的计算出现较大了误差。本讲从会展乘数发挥作用所依赖的产业体系以及会展消费的税收"漏出"两个方面进行简要的分析。

首先,会展乘数作用的发挥依赖于特定的产业体系。会展乘数虽然解析了不同产业之间的关联,但却随产业和地区的不同而表现出显著的差异。相关产业体系的健全与否和效能高低必然会影响到会展乘数作用的发挥,设会展相关产业体系的效能水平为 φ($\varphi \in [0,1]$),则实际的会展乘数水平为,

$$M_{actual} = \varphi M \qquad (20-9)$$

在会展乘数效应的实际作用途径和机制方面,投入产出表(input-output tables)发挥着基础性作用,且乘数效应因不同经济体系、不同产业以及不同形式的产业联系而不同,

---

①　需要注意的是,会展的直接经济效应来自消费主体在产品或服务购买上的开支,而间接效应则显示了会展所引起的产品或服务销售所导致的产业链之间销售数量的增加。会展引致的销售效应则主要是由于本地居民家庭收入的上升导致其关于本地产品或服务的需求增加对销售所产生的总体影响。

并与会展消费主体及其他相关产业的消费模式及边际消费倾向(ρ)有着密切的联系。在实际的会展乘数应用过程中,可以使用相关乘数值乘以会展分配给其他每个行业(住宿、交通、娱乐等)的消费获得全部产业和各个产业的附加值。

不过,需要注意的是,会展乘数的取值范围因所研究的地区而有所差异,地区内家庭收入或者附加值增量也会有所不同,会展消费主体的消费支出在特定行业上的分配模式则构成了影响会展经济影响乘数效能发挥的决定性因素。因此,在会展与其他产业投入产出形式的关联中,会展消费分配给其他独立的产业部门,形成对经济的多元化、整体性影响,由此,住宿、交通、购物、食品、饮料、娱乐以及有组织的旅游等产业部门成为会展消费的主要相关产业,专业会议组织者(PCO)、招待服务业、专业化的技术支持以及广告宣传业等商业服务业亦与会展消费密切相关,并尤以分配给会展组织者的消费份额最大。关于澳大利亚从会展相关消费获得利益的商业类型的调查表明,在会展组织者之后,依次为向会展提供服务的商业、食宿业、国内航空公司、食品及饮料杂货店及国际航空公司,总体而言,上述商业大约占会展相关行业消费的 75%。

不过,需要注意的是,一般说来,特定产业的乘数效应往往基于复杂的投入产出表实现,在美国,通常使用区域产业乘数系统(regional industrial multiplier system,RIMS II)模型进行分析,该模型中的系列乘数的计算基于区域内产业之间的联系而进行,并提供了 473 个细分行业的最终需求产出乘数,包括酒店住宿业、餐饮业、文化艺术业、休闲业等。就大型事件(mega events)而言,其在区域经济体系内并不是一个常态的事件,因此,产业之间的联系或许并不能得以完善地形成,相关产业体系的效能水平(φ)不能得到充分的发挥,基于会展乘数的经济效应分析也就显得不够准确。实际上,在大型会展(mega events)期间,会展乘数效应被显著地高估了,其对当地的经济影响也必然地被夸大。

此外,诱发的投资是会展乘数效应发挥作用的另一个注入消费的动力来源。无论私人部门以及公共部门之间的消费是否平衡,与会展相关的"新钱"所带来的投资都对收入和就业具有乘数效应。但是,需要注意的是,在会展效应被普遍高估的情况下,过度投资可能成为某些地区会展业发展中的突出现象。因此,在全面评价会展对旅游目的地的经济贡献时,必须充分考虑由于会展能力过剩而造成的运营成本的消耗,而这些消耗都会通过相关产业体系效能水平(φ)削弱会展乘数效应的发挥。

进一步,设会展及相关产业体系内的平均边际消费倾向为 ρ,则式(20-9)演变为,

$$M_{actual} = \varphi \frac{1}{1-\rho} \qquad (20-10)$$

从其他地区购买相关产品或服务是会展举办地会展效益的一次性"漏出",而缴纳给

国家的税款则在会展及其相关产业的每一个环节都构成了会展效益的"漏出",之所以把缴纳给国家的税收视为"漏出",关键在于会展举办地居民不能再消费该部分收益,[①]因而对会展效应的发挥也具有"链式"的连锁反应特点。

设税率为比例税率(t)[②],则式(20 - 10)演变为,

$$M_{actual} = \varphi \frac{1}{1 - \rho(1 - t)} \qquad (20 - 11)$$

式(20 - 6)—式(20 - 11)构成了分析和衡量会展经济影响效应的基本关系框架,藉此,可以构建衡量会展效应的一般性分析模型,

$$TS = \sigma \left(\sum_j (\phi V \delta_{V,j} \beta_{V,j} + \psi L \delta_{L,j} \beta_{L,j}) + G_f + G'_f \right) \varphi \frac{1}{1 - \rho(1 - t)} \quad (20 - 12)$$

但是,作为复杂的作用过程,式(20 - 12)依然是相对简单的表达,在具体的实际应用过程中,还需要注意以下方面的问题,这也构成了会展乘数发挥作用的约束性条件和前提。

20.3.3 内涵前提、诱发效应及其他

一个关于会展乘数效应的方法论争议来自一个内涵的前提假设,即会展举办地的生产能力未获得充分的利用,存在多余的生产能力。鉴于此,会展乘数在使用过程中也经常被误解,因为,在会展举办的时候,如果会展举办地的生产能力已获得充分的使用,本地产品或服务供应商无法通过增加额外的人员雇佣或资本投入来增加产品或服务的供给,则一方面,随着消费主体消费总量的增加,捕获率(σ)将逐步下降,另一方面,会展消费的次生性经济影响及其对本地经济的整体性波及效应将不复存在。

乘数可以被分解为由它们而产生的各种效应,即初始的、产品诱发的以及消费诱发的效应。因此,在会展的传统经济影响评价中,有几类其他的经济效应应该引起足够的重视,这些影响由于会展相关消费而产生,却与会展消费主体的消费没有直接的关系,主要包括新的商业的发展、诱发的投资、当地经济实体的净利润和成本以及举办地旅游宣传的长期收益等方面。基于此,在实际研究中,有关研究者区分了Ⅰ型乘数和Ⅱ型乘数。其中,Ⅱ型乘数主要用于测算与会展相关的旅游对经济的影响,它既考虑了产品诱发的效应,也考虑了消费诱发效应,Ⅰ型乘数则不考虑消费诱发效应。不幸的是,由于难于测算,在许多关于会展经济效应的研究中,这些影响都被忽略了。例如,新的商业发展,原则上得益于会展的举办,但是,在实践中,却是难以被分离和测算的。不过,在非计划库存为零

---

① 国家收税后也可能将其用到该地区内,但是,这主要取决于宏观经济政策的考量和方向。
② 当然,也可以设定为定额税率,限于篇幅,此处仅考虑比例税率。

的均衡产出状态下,对消费和产品的衡量是"一枚硬币的两个面",产品诱发效应已经被反映在会展业内消费的增加中,所以不应再重复加以计算,则会展实际的经济效应应该更接近 I 型乘数值。

此外,会展就业乘数也是会展效应中广泛使用的乘数之一,其结果表现为产出的增加。因此,由会展消费引起的就业增量可以根据投入产出表用会展就业乘数求出。根据会展协会(Convention Liaison Council)的统计资料,美国的会议产业创造了 150 万个正规职业(岗位),间接创造了 140 万个非正式职业(岗位),但是,使用这些乘数会夸大所产生的就业量。实际上,根据投入产出表计算的就业产出模型,其内在假设是企业年销售额与就业水平之间存在恒定的比例关系,然而,不同的企业因企业性质、规模不同而不同,也有着不同的边际倾向来雇用员工以增加销售量。在一些企业,员工水平和营业额变化之间的关系并不明显。而在另一些企业,则可能通过提升现有雇员的努力以增加产量。在这种情况下,在职的工作人员将被要求增加额外的工作时间或强度来满足会展导致的峰值需求,或者在短期内增加少量的人员雇用需求,而后者仅仅为会展举办地外的地区提供了短暂的、新的就业机会,因此,根据投入产出表使用会展就业乘数也就存在明显的问题。

20.4　有待进一步研究的问题

无疑,在实实在在的经济效应之外,会展效应还表现在对会展举办地居民自身形象的提升和促进作用并能够带来巨大的"心理收益"(Getz,1997)[1]。事实上,由于会展经济效应如此显著,以至于对经济增长的影响是有关各方在承办会展中主要的考虑因素,这也得会展的负面影响被广泛忽略,甚至被刻意隐藏起来。尤其对于一些大型会展活动(mega events)而言,由于时限比较紧张,承办和举办过程中官僚式的果决行动取代了审慎的讨论和思考,并且,世界的瞩目使大型节事活动显得宏伟壮观和光彩夺目,尽量避免乏味和本地问题的凸显,一定程度上影响了相关人员关于大型节事活动的客观分析。

系列研究表明,会展举办地社区居民的收益并不总是正的,这也是举办地社区居民产生消极态度的主要原因。一方面,相关会展影响的研究主要集中于其累积效应上,而忽略了会展效应在社区内的"分配性效应(distribution effects)"。会展所带来的交通阻塞、机动车事故以及噪音等均成为影响对社区居民生活的重要负面"分配性效应",就社区居民家庭而言,这些不期而遇的后果对其产生的影响要远胜于心理上的自豪感,并且,由会展所引致的有形收益主要集中在旅游等某些特定产业上,而这可能仅仅惠及一

---

① Getz D. *Events management and event tourism*[M]. New York: Cognizant Communication. Corporation, 1997.

小部分居民。另一方面,会展举办地住宿、餐饮等服务设施会由于会展的举办而显得紧张,相关产品或服务的价格也会提高,由此产生的"替代性效应(displacement effects)"使得会展旅游者会"替代"掉部分普通旅游者[①],并且,相关会展也在价格的上升和交通拥挤等方面为会展举办地带来了显著的负面影响,甚至本地居民经常感到被排除在本地服务之外的压力。

另有研究文献表明,一些大型会展活动(mega events)的成本已经远远超过了其所带来的各种收益总和,其负面效应包括税收支出的机会成本[②]、成本和收益在举办地社区居民之间的分配以及替代效应的经济和社会成本等。因此,在强调会展经济效应的同时,需要进一步强化对会展社会效应等方面的全面整体性分析。

无疑,本讲的讨论主要集中于会展对于举办地"本地"经济影响量化衡量过程中涉及的一些概念和方法,但是,值得注意的是,会展经济效应的研究应该包含更为广泛的内容。

首先,从区域角度而言,在实际的研究中,研究人员忽视了关于"漏出"的一个基本问题,即从会展消费主体和地区经济影响分布角度对会展相关消费进行的研究。尤其是,关于会展,特别是影响较大的大型会展(比如奥运会),给会展举办地之外地区带来利益的研究依然十分薄弱。事实上,会展,特别是大型会展,的经济效应绝不仅仅局限在举办地。特别是对于发展中国家,举办地举办会展要大量投资进行基础设施建设,而且从建材、机械到相关的化工、电子通信设备等都需要采购其他区域的大量产品,从而带动其他区域相关产业发展。但是,囿于基础数据的缺乏,相关研究依然不够成熟,对于一些影响力较小的会展在较小空间尺度的区域影响来说尤其如此。显而易见,会展相关消费的分布应该是进一步研究的重要问题。

其次,除了上述会展经济效应以外,还有一些特殊的收益和成本与会展息息相关,但是,却难以被量化。比如,会展旅游对社会、文化和环境的影响可能是正的,也可能是负的,需要采用成本收益方法正确地对其进行计算。尽管有研究者在评价特殊活动的影响的时候,已经对这类收益和成本予以了充分的注意,但是,在会展经济效应的研究中,却只做了极为表面的研究,或者甚至完全将其忽略了,使得支持举办某些会展的观点甚至明显地依赖于个人的或政治的信念,而不是建立在细致的经济核算基础之上。因此,在关注会展经济效应研究的同时,会展相关研究应该具有更为开阔的视野,引入新的研究方法,为公众认识以及会展投入决策提供一个有用的分析工具。

最后,需要明确的是,式(20-12)衡量模型或许由于统计数据的缺失而少有应用,相关参数也大多缺乏具有可比性的经验性结果,系统的研究也相对缺乏,所以,为了全面、正

---

① 这也是本讲构建的会展经济效应一般分析框架中忽略的部分。
② 机会成本是经济学中的一个很重要的概念,通常是指将一项资源用于某一方面时而放弃的将其用于其他方面所能获取的最大收益。

确地回答上述现实经济问题,需要首先从投入产出乘数的基本原理入手,理清会展乘数作用的传导机制,密切结合会展产业的现实问题,合理量化和界定相关指标,纠正应用中出现的各种偏差,使会展经济效应分析更加符合实际,也更为客观而精准。

参 考 文 献

[1] Abreu M, De Groot HLF. Florax RJGM. Space and growth: A survey of empirical evidence and methods[J]. *Région et Développement*, 2005,21: 13 − 43.

[2] Afriat SN. Efficiency estimation of production functions [J]. *International Economic Review*, 1972,13(3): 568 − 598.

[3] Anselin L. *Spatial econometrics: methods and models* [M]. Dordrecht: Kluwer Academic Publishers, 1988.

[4] Ateljevic I, Doorne S. Theoretical encounters: A review of backpacker literature [A]. In Richards G, Wilson J (Eds). *The Global nomad: Backpacker travel in theory and practice*[M]. Clevedon: Channel View, 2004: 60 − 76.

[5] Auty RM. *Resource-based industrialization: Sowing the oil in eight developing countries*[M]. NewYork: Oxford University Press, 1990.

[6] Baldwin R E, Forslid R. The core − periphery model and endogenous growth: Stabilizing and destabilizing integration[J]. *Economica*, 2010,67(267): 307 − 324.

[7] Battese GE, Coelli TJ. A model for technical inefficiency effects in a stochastic production frontier for panel data [J]. *Empirical Economics*, 1995, 20 (2): 325 − 332.

[8] Beaver A. *A dictionary of travel and tourism terminology*[M]. Wallingford: CAB International Publishing, 2002.

[9] Becker GS. A Theory of social interactions [J], *The Journal of Political Economy*, 1974,82(6): 1063 − 1093.

[10] Ciccone A, Hall RE. *Productivity and the density of economic activity*[R]. NBER Working Paper No. 4313,1996.

[11] Cohen E. Backpacking: Diversity and change [A]. In Richards G, Wilson J (Eds). *The global nomad: Backpacker travel in theory and practice* [M]. Clevedon: Channel View, 2004: 43 − 59.

[12] Crompton JL, Lee S, Shuster T. A guide for undertaking economic impact studies:

The Springfest example[J]. *Journal of Travel Research*, 2001,40(1): 79 – 87.

[13] Crouch GI. A study of international tourism demand: A review of findings[J]. *Journal of Travel Research*, 1994,33(1): 12 – 23.

[14] Deasy G, Griess P. Impact of a tourist facility on its Hinterland[J]. *Annals of the Association of American Geographers*, 1966,56(2): 290 – 306.

[15] d'Hauteserre A. Lessons in managed destination competitiveness in the case of Foxwoods Casino Resort[J]. *Tourism Management*, 2000,21(1): 23 – 32.

[16] Dixit A K, Stiglitz J E. Monopolistic competition and optimum product diversity [J]. *The American Economic Review*, 1977,67(3): 297 – 308.

[17] Egghe L, Rousseau R. An informetric model for the Hirsh-index [J]. *Scientometrics*, 2006,69(1): 121 – 129.

[18] Ellison G, Glaeser EL. Geographic concentration in U.S. manufacturing industries: A dartboard approach [J]. *Journal of Political Economy*, 1997, 105(5): 889 – 927.

[19] Ellison G, Glaeser EL. The geographic concentration of industry: Does natural advantage explain agglomeration? [J]. *American Economic Review*, 1999,89(2): 311 – 316.

[20] Enoch Y. Contents of tour packages: A cross-cultural comparison[J]. *Annals of Tourism Research*, 1996,23(3): 599 – 616.

[21] Fabricant S. *Employment in manufacturing 1899 – 1939* [R]. NBER Working Paper, New York, 1942.

[22] Farrell MJ. The measurement of production efficiency[J]. *Journal of Royal Statistical Society*, *Series A*, *General*, 1957,120(3): 253 – 281.

[23] Freeman, RE. *Strategic management: A stakeholder approach* [M]. Boston: pitman Publishing Inc, 1984.

[24] Friedrich CJ. *Alfred Weber's theory of the location of industries* [M]. The University of Chicago Press, 1929.

[25] Fujita M, Krugman P, Venables A. *The spatial economy: Cities, regions and international trade*[M]. Cambridge: MIT Press, 2001.

[26] Fujita M, Thisse J F. *Economics of agglomeration: Cities, industrial location, and regional growth*[M]. Cambridge University Press, 2002.

[27] Gelb AH. *Windfall gains: blessing or cursed*[M]. NewYork: Oxford University Press, 1988.

[28] Getz D. *Events management and event tourism* [M]. New York: Cognizant Communication. Corporation, 1997.

[29] Glaeser EL, Kallal HD, Scheinkman JA, Schleifer A. Growth in cities [J]. *Journal of Political Economy*, 1992, 100(6): 1126 - 1152.

[30] Gylfason T, Herbertsson T, Zoega G. A mixed blessing: Natural resources and economic growth[J]. *Macroeconomic Dynamics*, 1999, (3): 204 - 225.

[31] Habakkuk HJ. *American and British Technology in the Nineteenth Century, Cambridge*[M]. MA: Cambridge University Press, 1962.

[32] Hannan MT, Carroll GR, Dundon EA, Torres JC. Organizational evolution in a multinational context: Entries of automobile manufacturers in Belgium, Britain, France, Germany, and Italy[J]. *American Sociological Review*, 1995, 60(4): 509 - 528.

[33] Hannan MT, Freeman J. *Organizational ecology* [M]. Cambridge: Harvard University Press, 1989.

[34] Hardin G. The tragedy of the commons [J]. *Science*, 1968, 162 (5364): 1243 - 1248.

[35] Harris, C. The market as a factor in the localization of industry in the United States[J]. *Annals of the Association of American Geographers*, 1954, 44(4): 315 - 348.

[36] Hassan S S. Determinants of market competitiveness in an environmentally sustainable development[J]. *Journal of Travel Research*, 2000, 38(2): 263 - 271.

[37] Healy RG. The "common pool" problem in tourism landscape[J]. *Annals of Tourism Research*, 1994, 21(3): 596 - 611.

[38] Heller M. The tragedy of the anticommons: Property in the transition from Marx to markets[J]. *Harvard Law Review*, 1998, 111(3): 621 - 688.

[39] Henderson V, Kuncoro A, Turner M. Industrial development in cities[J]. *Journal of Political Economy*, 103(5): 1067 - 1090.

[40] Hirsch J E. An index to quantify an individual's scientific research output[J]. *Proceedings of the National Academy of Sciences*, 2005, 102(46): 16569 - 16572.

[41] Hoover. M. The measurement of industrial localization[J]. *Review of Economics and Statistics*, 1936, 18(4): 162 - 171.

[42] Isard W. Distance inputs and the space-economy part II: The locational equilibrium of the firm[J]. *Quarterly Journal of Economics*, 1951, 65(3): 373 - 399.

[43] Isard W. *Location and space-economy*[M]. Cambridge: MIT Press, 1956.

[44] Jackson J, Murphy P. Clusters in regional tourism: An Australian case[J]. *Annals of Tourism Research*, 2006,33(4): 1018-1035.

[45] Jackson J. Developing regional tourism in China: The potential for activating business clusters in a socialist market economy[J]. *Tourism Management*. 2006, 27(4): 695-706.

[46] Jacobs J. *The Economy of cities*[M]. New-York: Vintage, 1969.

[47] Kaldor N. *Causes of the slow rate of economic growth of the United Kingdom: An inaugural lecture*[M]. Cambridge: Cambridge University Press, 1966.

[48] Krugman P. Increasing returns and economic geography[J]. *The Journal of Political Economy*, 1991,99(3): 483-499.

[49] Kuznets S. Growth and structural shifts[C]. in Galenson W (Ed). *Economic growth and structural change in Taiwan. The postwar experience of the Republic of China*[M]. London: Cornell University Press, 1979: 15-131.

[50] Leiper N. The framework of tourism: Towards a definition of tourism, tourist, and the tourist industry[J]. *Annals of Tourism Research*, 1979,6(4): 390-407.

[51] Lewis W. Economic development with unlimited supplies of labor[J]. *Manchester School of Economics and Social Studies*, 1954,22: 139-191.

[52] Liang LM. H-index sequence and h-index matrix: Construction and applications [J]. *Scientometrics*, 2006,69(1): 153-159。

[53] Lim C. A Meta-Analytic review of international tourism demand[J]. *Journal of Travel Research*, 1999,37(2): 273-284.

[54] Lim C. A survey of tourism demand modeling practice: Issues and implications[A] in Dwyer L, Forsyth P (Eds). *International handbook on the economics of tourism* [M]. Cheltenham: Edward Elgar, 2006: 45-72.

[55] Lucas RE. On the mechanics of economic development[J]. *Journal of Monetary Economics*, 1988,22(1): 3-42.

[56] Marshall A. *Principles of economics*[M]. London: Mac Millan, 1920.

[57] Marshall A. *Principles of economics*[M]. London: Macmillan, 1962.

[58] Martin P, Ottaviano GIP. Growing locations: Industry location in a model of endogenous growth[J]. *European Economic Review*, 1999,43(2): 281-302.

[59] Martin P. Growth and agglomeration[J]. *International Economic Review*, 2001, 42(4): 947-968.

［60］ Martin P，Ottaviano GIP. Growth and agglomeration［J］. *International Economic Review*，2001，42(4)：947－968.

［61］ Massell BF. A disaggregated view of technical change［J］. *The Journal of Political Economy*，1961，69(6)：547－557.

［62］ Mill RC，Morrison AM. *The tourism system*（the 7th Edition）［M］. New York：Kendall Hunt Publishing，2012.

［63］ Mill RC，Morrison AM. *The tourism system: An introductory text*［M］. New York：Prentice-Hall International，1985.

［64］ Morrison AM，Hsieh S，O'Leary JT. Travel arrangement classifications for European international travelers［C］. In Gasser RV，Weiermair K(Eds). *Spoilt for choice: Decision making processes and preference changes of tourists: Proceedings of the Institute of Tourism and Service Economics International Conference，November，University of Innsbruck*［M］，Germany：Kulturvel，1993：221－235.

［65］ Moses LN. Location and theory of production［J］. *Quarterly Journal of Economics*，1958，72(2)：259－272.

［66］ McRae-Williams PJ. Wine and tourism：Cluster complementarity and regional development［J］. *New Zealand Tourism and Hospitality Research Conference*，Wellington，2004.

［67］ Peneder M. *Structural change and aggregate growth*［R］. WIFO Working Paper No.182. Austrian Institute of Economic Research，Vienna，2002.

［68］ Plog S. Why destinations rise and fall in popularity［J］. *The Cornell Hotel and Restaurant Administration Quarterly*，1974，14(4)：55－58.

［69］ Poon A. *Tourism，technology and competitive strategies*. Wallingford，UK：CAB International，1993.

［70］ Porter M E. *On competition*［M］. Boston：Harvard Business School Press，1998.

［71］ Porter M E. *The competitiveness advantage of nations*［M］. New York：Free press. 1990.

［72］ Redding S，Venables A J. Economic geography and international inequality［J］. *Journal of International Economics*，2004，62(1)：53－82.

［73］ Saad，G. Exploring the h-index at the author and journal levels using bibliometric data of productive consumer scholars and business-related journals respectively ［J］. *Scientometrics*，2006，69(1)：117－120.

［74］ Sachs JD，Warner AM. Fundamental sources of long-run growth［J］. *American*

Economic Review，1997,87(2)：184－188.

[75] Sachs JD，Warner AM. Natural resource abundance and economic growth［R］. *NBER Working Paper*，No. 5398,1995.

[76] Sachs JD.，Warner AM. The curse of natural resources［J］. *European Economic Review*，2001,45(4)：827－838.

[77] Schwanen T，Dijst M. Travel-time ratios for visits to the workplace：the relationship between commuting time and work duration［J］. *Transportation Research Part A：Policy and Practice*，2002,36(7)：573－592.

[78] Sidiropoulos A，Kassayova K. Law of the constant ratio. Towards a better list of citation superstars：Compiling a multidisciplinary list of highly cited researchers［J］. *Research Evaluation*，2006,15(3)：154－162.

[79] Smith S LJ,赵丽霞,刘臻译. 旅游测度 & 旅游卫星账户［M］. 中国统计出版社,2004.

[80] Song H，Li G. Tourism demand modeling and forecasting：A review of recent research［J］. *Tourism Management*，2008,29(2)：203－220.

[81] Sørensen F. The geographies of social networks and innovation in tourism［J］. *Tourism Geographies*，2007,9(1)：22－48.

[82] Thaler R. Anomalies：Saving, fungibility, and mental accounts［J］. *Journal of Economic Perspectives*，1990,4(1)：193－206.

[83] Timmer MP，Szirmai A. Productivity growth in Asian manufacturing：The structural bonus hypothesis examined［J］. *Structural Change and Economic Dynamics*，2000,11：371－392.

[84] Torvik R. Natural resources, rent seeking and welfare［J］. *Journal of Development Economics*，2002,67(2)：455－470.

[85] Tyrrell TJ，Johnston RJ. A framework for assessing direct economic impacts of tourist events：Distinguishing origins, destinations and causes of expenditures［J］. *Journal of Travel Research*，2001,40(1)：94－100.

[86] USAID. *Creating competitiveness in Sri Lanka*［EB/OL］. http://www. usaid. gov，2005.

[87] Veblen T. *The theory of the leisure class*［M］. New York：Modern Library，1934，p.25，30.

[88] Witt SF，Witt CA. Forecasting tourism demand：A review of empirical Research［J］. *International Journal of Forecasting*，1995,11(3)：447－475.

［89］Wolfe JN. Productivity and growth in manufacturing industry：Same reflections on professor Kaldors' inaugural lecture［J］. *Economica*，1968，35(138)：117－126.

［90］World Tourism Organization (WTO). *Tourism to the year 2000: Qualitative aspects affecting global growth*［R］. Madrid，Spain：World Tourism Organization，1993.

［91］Yale P. *The business of tour operations*［M］. Essex，UK：Longman，1995.

［92］Yamamoto K. Agglomeration and growth with innovation in the intermediate goods sector［J］. *Regional Science & Urban Economics*，2003，33(3)：335－360.

［93］波特(Porter M E). 簇群与新竞争经济学［J］. 经济社会体制比较，2002，(2)：21－31.

［94］曾丽. 从2000年至2009年《旅游学刊》载文统计探究旅游学术研究的发展［J］. 旅游学刊，2010，25(5)：92－96.

［95］陈才. 旅游学研究方法论体系研究——一种社会学视角的探讨［J］. 旅游学刊，2007，22(1)：84－89.

［96］陈继勇，雷欣，黄开琢. 知识溢出、自主创新能力与外商直接投资［J］. 管理世界，2010，(7)：30－42.

［97］丁楠，周英博，叶鹰. h指数和h型指数研究进展［J］. 图书·情报·知识，2008，(1)：72－77.

［98］董亚娟，薛玉刚. H指数：面向科研绩效评价的统计理念革新［J］. 内蒙古财经大学学报，2014，12(2)：33－35.

［99］杜江，张凌云. 解构与重构：旅游学学科发展的新思维［J］. 旅游学刊，2004，19(3)：19－26.

［100］樊福卓. 地区专业化的度量［J］. 经济研究，2007，(9)：71－73.

［101］胡鞍钢，刘生龙. 交通运输、经济增长及溢出效应——基于中国省际数据空间经济计量的结果［J］. 中国工业经济，2009(5)：5－14.

［102］林毅夫. 经济学研究方法与中国经济学科发展［J］. 经济研究，2001，(4)：74－81.

［103］刘庆余. 20年来中国旅游研究进展：国家自然、社科基金旅游项目反映的学术态势［J］. 旅游学刊，2008，23(3)：78－84.

［104］罗明义. 论旅游经济学的研究对象和内容［J］. 旅游研究，2009，1(2)：8－12.

［105］马歇尔(Marshall A.)，朱志泰译. 经济学原理［M］. 北京：商务印书馆，1964.

［106］诺斯(North DC)，陈郁等译. 经济史中的结构与变迁［M］. 上海三联书店，上海人民出版社，1994：24－25.

［107］朴志娜，吴必虎，Morrison，沈晔，李梦姣. 全球旅游研究格局的综合分析(2003—

2012)[J]. 旅游学刊,2015,30(7)：108－118.

[108] 钱颖一. 理解经济学研究[J]. 经济学报,2017,(1)：1－12.

[109] 唐顺英. 近十年中国旅游类博士学位论文分析与展望[J]. 旅游学刊,2013,28(3)：106－113.

[110] 王梅英,刘雪立. h-指数及其扩展指标的研究进展[J]. 中国科技期刊研究,2011,22(2)：184－189.

[111] 王玉,许昌泰. 中国科学院部分院士 H 指数分析[J]. 现代情报,2010,(10)：23－25.

[112] 徐嵩龄. 中国遗产旅游业的经营制度选择——兼评"四权分离与制衡"主张[J]. 旅游学刊,2003,18(4)：30－37.

[113] 许鑫,徐一方. Ht 指数—基于时间维度的 H 指数修正[J]. 情报学报,2014,33(6)：605－613.

[114] 杨勇,冯学钢. 中国旅游企业技术效率区域差异的实证分析[J]. 商业经济与管理,2008,1(8)：68－74.

[115] 杨勇,许鑫. 我国旅游研究者学术影响力及学科发展研究—基于 CNKI 旅游学术论文的统计分析[J]. 旅游学刊,2017,32(9)：103－115.

[116] 杨勇. 从"公共地陷阱"到"反公共地悲剧"——基于利益相关者视角的旅游资源经营行为分析[J]. 四川师范大学学报(社会科学版),2008,35(2)：133－139.

[117] 杨勇. 集聚密度、多样性和旅游企业劳动生产率——兼对产业聚集理论观点的拓展研究[J]. 财贸经济,2015,36(2)：148－160.

[118] 杨勇. 旅游资源与旅游业发展关系研究[J]. 经济与管理研究,2008,(7)：22－27.

[119] 杨勇. 社会交往、旅游情境对旅游需求的影响研究—基于春节"黄金周"的实证分析[J]. 旅游学刊,2016,31(10)：56－69.

[120] 杨勇. 收入来源、结构演变与我国农村居民旅游消费：基于 2000—2010 年省际面板数据的实证检验分析[J]. 旅游学刊,2015,30(11)：19－30.

[121] 杨勇. 中国旅游产业区域聚集程度变动趋势的实证研究[J]. 旅游学刊,2010,25(10)：37－42.

[122] 杨勇. 中国省际旅游业竞争力分析——ARU 结构与影响因素[J]. 山西财经大学学报,2007,29(10)：53－60.

[123] 依绍华. 旅游学科研究进展及当前研究热点领域[J]. 旅游学刊,2011,26(5)：22－29.

[124] 尹贻梅,陆玉麒,刘志高. 旅游企业集群：提升目的地竞争力新的战略模式[J]. 福建论坛,2004,(8)：22－25.

［125］张凌云,兰超英,齐飞,等. 近十年我国旅游学术共同体的发展格局与分类评价——基于旅游学术期刊论文大数据的视角［J］. 旅游学刊,2013,28(10)：114－125.

［126］张凌云,齐飞,吴平. 近十年我国旅游学术共同体成果的 h 指数测度与评价［J］. 旅游学刊,2014,29(6)：14－23.

［127］张凌云. 我国旅游学研究现状与学科体系建构研究［J］. 旅游科学,2012,26(1)：13－25.

［128］张薇,钟晟,张晓燕. 1998～2007 年全球旅游研究进展—基于 SCIE、SSCI 和 A&HCI 三大检索文献计量分析［J］. 旅游学刊,2009,24(12)：78－83.

［129］朱竑,刘迎华. 从《旅游学刊》和 *Annals of Tourism Research* 的比较看中外旅游研究的异同和趋向［J］. 旅游学刊,2004,19(4)：92－95.

索　引

【暂时先按章节先后次序排列】

后　记

　　"审问、慎思、明辨"。学术研究是一个归纳提升的过程,也是每一个有志于旅游学术的研究者的必由之路。"莫愁前路无知己",学术道路上,我们都不孤单,只有共同的努力,才能推动旅游研究的更大发展。积跬步,至千里。才是当前旅游经济学研究所应秉承的基本理念。

　　诸多的旅游现象和行为似乎可以很好地用经济学的相关模型加以描述和分析。旅游经济学可以是由一个个为解释特定旅游现象而构建的模型所组成的。这些模型解释的对象,可能差别很大,模型的设定也可能相差甚远。从这个意义上说,旅游经济学可以被看成是一个"故事集"。但是,这些"故事"背后的思想是一致的,讲"故事"的方法也是类似的。对于"旅游经济学"而言,"高级"与中级、初级之间,分析问题的视角、风格及逻辑似乎都大不相同。就内容而言,本书"高级"之词,难免存在勉强之处。有关章节的内容,用到了较为初级的数学和经济学知识,其他内容也大都没有超出中级微观与宏观经济学所涉及的范围。不过,本书采用"高级"一词,一方面表达作者在该领域中的努力,此所谓"进阶";另一方面,也想借此提醒相关研究者,旅游经济学的成长之路,还相当长,仍需诸多学者的努力和奋斗。

　　笔者是半路出家的旅游研究者。在到华东师范大学旅游学系之前,一直在大学的经济学院读书学习,几乎没有接触过旅游的课程,当然也没有做过旅游的研究。但是,经济学领域的学习为笔者的研究提供了基本的理论和方法论支持。几年来,断断续续写了几篇旅游经济研究方面的文章,也形成了自己的一些研究感受。在此,不揣浅陋,选取有关专题,胪陈管见,将一些研究内容和感悟呈现给大家,希望对大家做旅游学术研究、做有意义的旅游经济学术研究、做有影响的旅游经济学术研究,有所启发。

　　最后,特引用学者陈平原在《坚守自家的阅读立场》(原载《人民日报》2013年4月23日第5版)一文中的一段话,与大家共勉:"人生原本千姿百态,可如今信息的传播太猛、太烈……在我看来,热衷于追赶潮流,某种意义上是对于'不一样的人生'的背叛与戕害。……今人的阅读,过于集中在'时尚话题'——从时事到财经到八卦到琐闻,因而浪费了大量美好时光,实在可惜。若是退休养老,以此自娱,那无不可;但如果还处在学习或奋进的阶段,则最好基于自家的立场,自觉地关闭某些频道,回绝某种信息,遗忘某些知识,抗拒某些潮流,这才可能活出'精彩的人生'来。"

杨　勇

2018年1月10日